정서적으로 건강한 제자

정서적으로 건강한 제자

지은이 | 피터 스카지로
옮긴이 | 정성묵
초판 발행 | 2021. 4. 28
등록번호 | 제1988-000080호
등록된 곳 | 서울특별시 용산구 서빙고로65길 38
발행처 | 사단법인 두란노서원
영업부 | 2078-3333 FAX | 080-749-3705
출판부 | 2078-3332

책값은 뒤표지에 있습니다.
ISBN 978-89-531-4001-1 04230
      978-89-531-2253-6 (세트)
독자의 의견을 기다립니다.
tpress@duranno.com www.duranno.com

두란노서원은 바울 사도가 3차 전도 여행 때 에베소에서 성령 받은 제자들을 따로 세워 하나님의 말씀으로 양육
하던 장소입니다. 사도행전 19장 8-20절의 정신에 따라 첫째 목회자를 돕는 사역과 평신도를 훈련시키는 사역,
둘째 세계선교™와 문서선교단행본·잡지 사역, 셋째 예수문화 및 경배와 찬양 사역, 그리고 가정·상담 사역 등을 감
당하고 있습니다. 1980년 12월 22일에 창립된 두란노서원은 주님 오실 때까지 이 사역들을 계속할 것입니다.

정서적으로
건강한 제자

피터 스카지로 지음
정성묵 옮김

두란노

추천의 글

피터 스카지로의 《정서적으로 건강한 제자》는 마음에 드는 점이 한두 가지가 아니다. 그는 활동량으로 제자훈련을 평가하는 방식에 반대하고 속도를 늦춰 하나님과 함께하는 것으로 평가하는 방식을 옹호한다. 미국화 된 예수를 버리고 십자가에 달리신 예수님을 알아야 한다고 강조한다는 점이 가장 마음에 든다.

스캇 맥나이트(Scott McKnight) _노던신학교 신약학 교수, 《예수신경》(*Jesus Creed*)의 저자

이 문화적 순간에 피터와 제리 스카지로 부부, 그리고 정서적으로 건강한 제자훈련의 사역보다 교회 리더들에게 더 중요한 목회적 선지자적 목소리는 없다고 말해도 과언이 아니다.

토드 윌슨(Todd Wilson) _제자훈련 단체 Exponential의 공동설립자

교회가 꼭 읽고 널리 알려야 하는 책이다. 이 책은 점점 도시화와 다문화로 향하는 세상 속에서 건강하고 능력 있는 교회를 세우는 법을 알려 준다.

존 퍼킨스(John M. Perkins) _《정의를 강물처럼》의 저자

예수님과 함께
하나님 나라를 이루는
모든 제자들에게 이 책을 바친다.

Contents

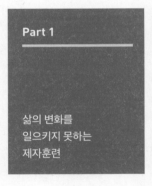

Part 1

삶의 변화를
일으키지 못하는
제자훈련

이토록 열심인데 무엇이 문제였을까

분노와
상처로 가득한
내 사역 앞에서

나의 제자훈련 여정은 열아홉 살 때 친구의 손을 잡고 한 교회의 찬양 집회에 가면서 시작되었다. 그곳에서 나는 예수님을 영접했다. 그 즉시 대학교 캠퍼스의 기독교 동아리에 가입하고 일주일에 3-4번씩 성경 공부 모임을 찾아다녔다. 하루에 2-3시간씩 성경책을 붙들고 놓지 않을 정도로 말씀을 향한 열정이 불같이 일어났다. 만나는 사람마다 붙잡고 복음을 전했으며, 모든 제자훈련을 찾아다니며 등록하고 열심히 다녔다.

당시의 나를 한마디로 표현하자면 "게걸스럽다"라는 말이 딱 어울린다. 내 영적 식탐은 만족할 줄 몰랐다! 예수님에 관해 배우고 또 배워도 부족함을 느꼈다. 성경을 공부하고, 기도하고, 복음의 은혜를 분명히 전하고, 내 영적 은사를 발견하고 사용하며, 세상의 가난하고 헐벗은 자들을 향한 그리스도의 심장을 얻는 법을 열심히 배웠다.

대학교를 마친 뒤에는 고등학교에서 영어를 가르치다가 대학 캠퍼스 사역인 IVF(InterVarsity Christian Fellowship)의 간사로 사역했다. 덕분에 실질적인 사역 기술과 성경 지식이 한층 더해졌다. 하나님을 향한 갈망이 너무 커서 에베소서와 골로새서와 빌립보서 전체를 외우기도 했다.

하나님에 관해 최대한 알려는 이 깊은 갈망은 나를 미국 유명한 신학교 2곳으로 이끌었다. 프린스턴신학교와 고든콘웰신학교에서의 3년은 매순간이 즐거웠다. 원어로 성경을 공부할 뿐 아니라 교회사와 조직 신학과 성서해석학도 배웠다. 북미를 대표하는 신학자들에게서 배우고 도전을 받는 일은 실로 값진 선물이었다.

대학 졸업을 6개월 앞두고서 아내와 결혼했다. 결혼 직후 스페인어를 배우기 위해 코스타리카로 향했다. 그곳에서는 10명의 아이들이 정신없이 뛰어다니는 한 가정에서 1년간 신세를 졌다. 그들은 아무도 영어를 하지 못했고 우리는 스페인어를 한마디도 하지 못했다. 1년의 시간을 무사히 보내고 나서 미국으로 돌아왔다. 그리고 1987년 9월에, 다인종 노동자 계층, 특히 이민자들이 주를 이루는 뉴욕 시의 한 지역에서 뉴 라이프 펠로십 교회(New Life Fellowship Church)를 시작했다.

나는 리더십과 강연에 은사가 있었고, 복음을 전하고 성경을 가르치는 일을 사랑했다. 무엇보다도 예수님과 불같은 사랑에 빠져 있었다. 그런 만큼 나는 스스로를 누구보다도 믿음이 좋고 성숙한 신자로 여겼다. 하지만 착각도 그런 착각이 없었다.

어디서부터 무엇이
잘못된 것일까?

우리 교회의 첫 예배는 겨우 몇 명으로 시작했다. 하지만 하나님이 강하게 역사하신 덕분에 교회는 급성장을 거듭했다. 내가 스페인어를 할 줄 안다는 장점을 살려, 창립 3년째부터는 스페인어 예배를 드렸다. 6년째가 끝나갈 무렵, 영어 예배에는 400명 가까이 사람들이 모이고 스페인어 예배에는 약 250명이 모였다. 게다가 새로운 교회를 두 곳이나 개척했으니 실로 눈부신 성과가 아닐 수 없었다.

하나님은 기도, 금식, 병 고침, 영적 전쟁, 성령의 은사들, 하나님의 음성을 듣는 법에 관한 많은 것을 가르쳐 주셨다. 매주 새로운 사람들이 그리스도를 영접했고, 또 수많은 사람이 그리스도와의 개인적인 관계를 만들어 갔다. 가난한 사람들을 창의적으로 섬기는 사역들이 속속 탄생했다. 우리는 리더들을 양성하고 소그룹들을 끊임없이 늘리고 노숙자들을 먹이고 새로운 교회들을 개척했다. 하지만 그렇게 겉만 화려할 뿐 표면 아래, 내적 상태는 그리 좋지 않았다.

미성숙하고 유치한 행동들이 계속해서 반복되어 나타났다. 갈등이 끊이질 않았다. 인종적, 경제적, 문화적 담을 허물겠다는 명목 하에 부담스러운 대화를 하지 않다보니 우리 공동체는 하루가 다르게 탈선의 길로 향했다. 무엇보다도 가장 답답한 것은 일부 핵심 교인들의 바람직하지 않은 모습이었다. 그들 스스로는 하나님을 향한 열정으로 불타오르고 있었지만, 남들은 그들을 비판적이고 믿을 만하지 않으며 다가가기 부담스러운 존재로 여겼다.

당시에는 전혀 깨닫지 못했지만 우리 교회의 많은 문제는 다름 아닌 나 자신의 문제와 미성숙에서 비롯한 것이었다. 나의 피상적인 제자로의 삶이 내가 이끄는 사람들 속에서 그대로 재생산되고 있었다.

우리 교회는 역동적으로 움직였지만 리더들, 특히 우리 부부에게는 전혀 즐거운 곳이 아니었다. 그래서인지 사역자들의 사임이 잦았다. 하지만 우리는 그것을 영적 전쟁과 뉴욕 시의 혹독한 목회 환경 탓으로 돌렸다. 주변에서는 그것이 큰 조직과 사업체에서 흔히 나타나는 자연스러운 성장통이라며 나를 격려했다. 하지만 우리는 사업체가 아니었다. 우리는 교회였다!

아내와 나는 무엇인가 잘못되고 있다는 것을 알고 있었다. 우리 부부의 사기는 나날이 떨어져만 갔다. 교회 리더들은 사역을 무거운 짐처럼 느끼고 있었다. 우리는 하나님 나라를 위한 열심으로 천하를 얻고도 자기 영혼을 잃은 자들이었다(막 8:36).

무엇인가 단단히 꼬여 있었다. 나는 남몰래 은퇴를 꿈꾸고 있었다. 그때 겨우 30대 중반이었다. 영적으로 나를 점검해 보았지만 기쁨이 없는 원인을 찾아낼 수 없었다. 부도덕한 짓을 저지른 것도 아니고 원한을 품고 살아온 것도 아니고 남의 것을 탐하지도 않았는데 도대체 왜 이런 것일까? 도무지 이유를 알 수 없었다.

분노와 상처로 가득한
내 모습을 감추다

1993-1994년에 내 세상이 무너지기 시작했다. 무엇보다도 스페인어 예배 모임이 분열되고 절대 깨지지 않을 것이라 확신했던 관계들이 무너졌다. 감당할 수 없는 충격이 찾아왔다. 어느 주일 오후, 스페인어 예배를 드리기 위해 예배당에 들어간 순간, 200명이 빠져나간 것을 보았다. 그 순간의 충격이 지금도 어제 일처럼 생생하다. 겨우 50명만 듬성듬성 앉아 있었다. 나머지는 우리 교회에서 사역하던 스페인어 목사들 중 한 명을 따라 새로운 교회를 세운 상태였다.

그 후 몇 주간, 거대한 해일과도 같은 것이 남은 교인들까지 휩쓸어갔다. 어서 사울의 집(나의 리더십)을 떠나 다윗의 집(하나님이 행하시는 새로운 일)으로 가자고 권하는 전화가 교인들의 집마다 빗발쳤다. 내가 전도하고 오랜 세월 동안 혼신의 힘을 다해 제자로 키웠던 사람들이 속속 떠나갔다. 그들 중 많은 이들의 얼굴을 다시는 볼 수 없었다.

나도 모르게 이중생활이 시작되었다. 겉으로는 풀이 죽어 있는 남은 교인들을 격려하기 위해 애를 썼다. "우리의 죄까지도 선하게 사용하여 하나님 나라를 넓히시니 놀랍지 않습니까? 교회가 둘로 늘어났으니 손해가 아니라 오히려 이익이지 않습니까? 이제 더 많은 사람이 예수님을 영접할 수 있게 되었어요. 누구든 새 교회로 가고 싶다면 얼마든지 가셔도 좋습니다."

그것은 거짓말이었다. 나는 예수님 흉내를 내고 있었다. 최소한 내가 상상한 예수님처럼 행동하려고 발악을 했다. 하지만 그러는 내내 속은 시커멓게 탔다. 내 행동은 전혀 건강하지도 구속적이지도 않았다.

속으로는 깊은 상처가 나고 분노가 치밀었다. 이런 감정은 불같은 미움으로 발전했다. 내 마음속에 용서의 자리는 없었다. 분노로 가득했고, 내 힘으로는 그 분노를 식힐 수 없었다.

차 안에 혼자 앉아 있다가 문득 내게 일어난 일과 교회를 분열시킨 목사를 생각하면 격노가 일어나 속이 심하게 뒤틀렸다. 그러다가 차마 입에 담지 못할 욕이 제멋대로 튀어나왔다.

내 영혼의 상태를 보는 것이
너무 두렵다

"목사가 되기로 한 것은 내 인생 최악의 결정이었습니다." 나는 기도

중에 하나님께 그렇게 고백했다.

나는 절박하게 도움의 손길을 찾았다. 마침내, 좋은 목회자 친구가 훌륭한 기독교 상담자를 소개시켜 주었고 시간을 내어 아내와 함께 찾아갔다. 때는 1994년 3월이었다.

굴욕도 그런 굴욕이 없다고 생각했다. 쥐구멍이 있다면 들어가고 싶은 심정이었다. 마치 교무실로 불려가는 어린아이가 된 기분이었다. "상담은 엉망진창으로 망가진 사람들에게나 필요한 거잖아요. 저는 아니에요. 저는 그렇게까지 망가지지는 않았어요!"

내 영혼의 상태를 찬찬히 들여다보는 것은 두려운 동시에 후련한 경험이었다. 당시에는 내 모든 문제가 도시 목회의 스트레스와 복잡성에서 비롯했다고 생각했다. 나는 퀸즈라는 지역, 직업, 어린 4명의 자녀, 아내, 영적 전쟁, 다른 리더들, 기도해 주는 사람들의 부재를 탓했다. 심지어 3개월 사이에 7번이나 고장을 일으킨 자동차를 탓하기도 했다. 매번 원인을 찾았다고 확신했다. 하지만 오산이었다. 원인은 내 밖이 아닌 안에 있었다. 당시에는 그것을 인정할 수도 인정하고 싶지도 않았다.

이후 2년간 내 삶은 끊임없이 나락으로 떨어져만 갔다. 내 삶이 마치 블랙홀에 빠져 들어가는 것만 같았다. 도와달라고, 나를 변화시켜 달라고, 하나님께 눈물로 부르짖었다. 하지만 하나님은 내 부르짖음에 귀를 닫기로 작정하신 것처럼 느껴졌다.

상황은 점점 더 나빠지기만 했다. 담임목사 자리를 유지하면서 전처럼 매주 설교를 하기는 했지만 스페인어 예배 교인들이 대거 빠져나가면서 나에 대한 신임은 바닥에 떨어졌다. 급한 대로 나 대신 교회를 이끌어 줄 사역자들을 추가로 영입했다. 깊은 패배감이 밀려왔다. 그들이 나보다 잘할 것이라는 생각에 교회 재건을 그들의 손에 맡겼다.

그리고 나는 영적 전쟁과 도시 목회에 관해 배우기 위해 리더십 세미나를 찾아다니기 시작했다. 다른 교회의 부흥회도 쫓아다녔다. 믿음을 끌어올릴 기회를 하나도 놓치고 싶지 않았다. 우리 교회의 새벽기도회도 크게 보강했다. 내 삶을 파괴하려는 사탄의 세력을 호되게 꾸짖으며 부흥을 위해 밤낮으로 기도했다. 유명하다는 교회 리더들을 찾아다니며 조언을 구했다.

개인적으로는 조금씩 진전이 보이는 듯했다. 당장 눈에 보이지는 않아도 분명 변화가 일어나고 있었다. 최소한 나는 그렇게 생각했다. 하지만 그때 아내의 상태는 곪을 대로 곪아 있었다.

교회를 떠나기로 결정하자
새로운 길이 보였다

1996년 1월 둘째 주, 아내는 교회를 떠나겠다는 청천벽력과도 같은 통보를 해 왔다. 아내는 남편 없는 여자처럼 홀로 네 딸을 키우느라 지쳤으며 교회의 위기가 꼬리를 무는 현실에 탈진 직전이었다. 그러다 급기야 어느 날 조용히 선언했다. "교회를 그만 다니겠어요. 교회를 다닐수록 살아 있는 기분을 느끼기는커녕 점점 더 죽어가는 기분이에요."[1]

아내의 이야기를 들은 나는 결국 백기를 들었다. 교회 장로들에게 나의 새로운 위기를 알렸다. 장로들은 우리 부부가 한 주간 오롯이 휴식을 취하며 전문적인 도움을 받도록 배려해 주었다.

몇 주 후 우리는 한 기독교 상담 센터를 찾아갔다. 극심한 압박에서 벗어나 교회의 문제를 객관적으로 파악할 기회가 되기를 바랐다. 나는 하나님이 아내를 고쳐 주시기를 바랐고, 아내는 하나님이 우리 교회를 고쳐 주시기를 바랐다. 우리는 둘 다 이 고통이 하루라도 빨리 끝나기를 바랐다.

그 다음 주는 2명의 상담자와 시간을 보냈다. 그들은 우리의 숨은 감정들을 서로에게 털어 놓을 만큼 안전한 환경을 제공해 주었다. 뜻밖에도 우리는 진정으로 영적인 경험을 하게 되었다. 그 경험은 정말 이상하게 시작되었다. 아내와 나는 밤늦게까지 대화를 나누고서 잠이 들었다. 그런데 새벽 2시쯤 아내가 나를 흔들어 깨웠다. 아내는 침대 앞에 서서 단어 하나하나를 신중히 골라가며 충격적인 말을 했다. 처음으로 아내는 나와 우리의 결혼과 교회에 관해서 느껴온 바를 가감 없이 털어 놓았다.

아내의 폭발은 고통스러웠지만 우리에게 해방의 물꼬를 열어 주었다. 아내는 마침내 '선한' 영적 허울을 벗어던졌다. 그 허울은 우리의 결혼생활과 삶에 관한 진실을 직시하지 못하도록 방해한 큰 걸림돌이었다.

나는 귀를 기울였다. 아내도 귀를 기울였다. 우리는 부모들의 삶과 결혼생활을 되짚어 보았다. 우리 교회의 상태를 솔직히 돌아보았다. 우리 교회의 상태는 내 어릴 적 가정의 역기능적인 면들을 그대로 보여 주고 있었다. 그 전까지만 해도 우리는 둘 다 이런 감정을 느껴서는 안 되는 것으로 알고 살아왔다.

진정한 제자훈련이라고 생각했던 것이 겨우 몇 센티미터 깊이밖에 되지 않는 피상적인 제자훈련이라는 충격적인 사실을 발견했다. 우리는 17년 넘게 예수님을 믿어 왔지만 그간 우리가 알고 실천해 온 제자훈련은 수박 겉핥기에 불과했다. 그토록 오랫동안 성경을 공부하고 열심히 기도했지만, 내 삶 속에서 아직 하나님께 열지 않은 부분이 많이 남아 있다는 사실은 커다란 충격이었다.

어떻게 이럴 수 있단 말인가. 나는 예수님을 따르는 일과 관련해서 수많은 목사와 리더들이 가르쳐 준 모든 것을 빠짐없이 실천했다. 나는 충성을 다하고 철저히 헌신했다. 나는 하나님의 능력, 성경, 기도, 성령의 은사를 믿었다. 그런데 어떻게 내 삶과 결혼생활, 나아가 내 리더십이 이토록 철저히 좌초할 수 있단 말인가. 하나님의 폭발적인 능력은 다 어디로 갔단 말인가.

특히, 신앙과 리더로서의 역할과 관련해서 나는 죽은 것만 같았다. 하지만 처음에는 죽음처럼 느껴지던 이 경험이 사실은 하나님과의 새로운 관계를 여는 긴 여정의 시작이었다. 그것은 우리의 삶, 결혼생활, 가정, 교회, 나아가 세상의 수많은 교회들이 변하게 되는 출발점이었다. 나는 기독교 신앙 자체가 문제가 아니라 우리가 제자로 훈련을 받고 제자를 키워 온 방식이 문제임을 발견했다.

겉모습만 멀쩡한
구멍 가득한 부실한 제자훈련

나는 사위 브레트(Brett)에게서 석조 건축에 관한 많은 것을 배웠다. 5년 전 사위는 한 석공 장인의 수습공으로 역사상 가장 오래된 직업 중 하나인 석공 분야에 입문했고, 최근에서야 두 번째 단계인 숙련공이 되었

다. 장인이 되기까지는 아직 7년 이상을 더 수련해야 한다. 총 훈련 기간
은 10년을 훌쩍 넘어 15년까지 걸릴 수도 있다.

석공 분야에서 수습공에서 숙련공을 거쳐 장인의 단계까지 이르는 과
정이 너무 느리고 고되다 보니 손에 꼽을 석공 장인이 많지 않는 것도 이
상하지 않다. 이러한 석공 장인이 지은 건물은 혹독한 날씨에서도 몇 천
년을 버틸 수 있다. 이집트의 피라미드, 중세의 성들, 오늘날의 잘 만들어
진 농가 돌집들을 보면 알 수 있다.

돌을 캐서 자르고 옮기고 나서 장인을 고용하는 데 드는 비용과 시간
이 막대하다 보니 건축업계는 계속해서 값싼 대안을 찾아왔다. 요즘에는
진짜 돌처럼 보이는 외관을 만들기 위해 '클래딩'(cladding)이라고 하는 석판
을 주로 사용한다.

클래딩은 크게 두 종류로 나뉜다. 천연 클래딩과 인조 클래딩이 있다.
천연 클래딩은 커다란 암석을 3-13센티미터 두께의 얇은 석판으로 잘라
서 집이나 빌딩의 외벽에 붙이는 것이다.

인조 클래딩은 시멘트 같은 인공 재료로 만든 자재이다. 얼핏 값비싼
천연 암석처럼 보이고 촉감도 비슷하지만 석공 장인이 사용하는 육중한
돌은 물론이고 천연 클래딩보다도 저렴하다. 심지어 설치도 빠르고 쉽
다. 아예 'DIY' 제품으로 선전하는 브랜드도 있다. 유튜브 설명만 보면 누
구나 쉽게 설치할 수 있다.

지금쯤이면 내가 왜 석조 건축과 클래딩 이야기를 꺼냈는지 짐작했으
리라 생각한다. 답은 간단하다. 현대 교회의 제자훈련이 대부분 클래딩
과 비슷하다.

표면적으로는 모든 것이 진짜처럼 보인다. 교인들은 활기차고 낙관적

이며 예수님이 인생의 위기와 골짜기를 너끈히 지나게 해 주실 것이라는 믿음으로 충만하다. 뜨거운 예배와 가슴 울리는 설교로 하나같이 영적으로 고양되어 있다. 교회마다 감동적인 간증을 들으며 뜨거운 눈물을 흘린다. 소그룹 모임과 주일 모임은 활발하고 훈훈하다. 하나님이 우리 가운데 행하기를 원하는 새로운 일들이 일사천리로 진행되고 있는 느낌이다.

문제는 무거운 돌처럼 큰 하중을 견딜 수 있는 예수님의 제자훈련 방식은 찾아보기 힘들다는 것이다. 겉으로는 세찬 비바람과 세월의 무게를 견딜 만큼 진짜처럼 보인다. 하지만 실상은 그렇지 못하다.

예수님의 제자가 된 이후 처음 17년 동안의 내 삶이 바로 클래딩의 삶이었다. 겉으로는 충분히 좋아 보였지만 내 제자훈련과 리더십에는 커다란 구멍이 가득했다. 잠시 동안은 큰 문제가 없었다. 내 은사와 열정이 표면 아래 공백의 상당 부분을 덮어 주었기 때문이다. 하지만 오래지 않아 얇은 판 아래에 숨겨진 나와 우리 교회의 부실한 제자훈련 상태가 적나라하게 드러났다.

정서적으로 건강한 제자훈련이라는
두꺼운 돌

정서적으로 건강한 제자훈련(Emotionally Healthy Discipleship)은 육중한 돌과도 같은 진짜 제자훈련으로 방향을 급선회하라는 강력한 촉구이다. 물론 그 과정은 힘들고 복잡하고 부담스럽다. 하지만 진정한 석조 건축물처럼 오랜 시간을 버티는 결과물이 탄생한다.

정서적으로 건강한 제자훈련(EHD)의 본질은 올바로 실행될 때 교회나 사역 단체나 여타 조직의 모든 영역을 변화시킬 수 있는 성경적인 신학이다. 정서적으로 건강한 제자훈련(EHD)은 무거운 하중을 견딜 수 있는 돌 위에 세워진 제자훈련의 구조이다. 이런 종류의 훈련을 거칠 때 교인들은 주변에서 아무리 거센 위기와 격동이 일어나도 조금도 요동치지 않는다. 구체적으로, 정서적으로 건강한 제자훈련(EHD)은 다음과 같은 결과를 만들어 낸다.

- 매일같이 우리를 짓누르는 바쁜 일상 가운데 삶의 속도를 낮추어 예수님과 깊은 개인적 관계를 만들게 돕는다.
- 현대 문화의 가치들과 목표들이 얼마나 타락했는지, 자신을 부인하고 자기 십자가를 지고 예수님을 따르라는 혁신적인 부르심과 얼마나 상충하는지를 판단하기 위한 가이드라인을 얻을 수 있다.
- 삶에서 나타나는 하나님의 한계라는 선물에 저항하지 않고 항복할 수 있다.
- 슬픔과 상실을 예수님을 따르는 삶으로 통합할 수 있다. 그 결과 하나님이 슬픔과 상실 속에 묻어 두신 보화들을 놓치지 않게 된다.
- '타인을 사랑하는 능력이 얼마나 자랐는가'라는 분명한 영적 기준에 따라 영적 성숙을 가늠할 수 있다.
- 어린 시절의 가정과 지난 삶이 현재의 제자훈련에 영향을 미친다는 점을 이해한다. 그래서 더 이상 몸에 배인 습관과 과거의 상처에 임시적인 해법을 적용하려고 하지 않는다.
- 자신의 약함을 하나님의 능력을 덧입어 그분의 사랑을 세상에 전하

기 위한 핵심적인 요소로 받아들인다.

이런 점을 이해하기 전까지 나는 여느 교회 리더들처럼 교인들의 제자훈련이 슬럼프에 빠져 있을 때마다 그저 더 분발하고 새로운 프로그램을 추가하는 방식으로 대응했다. 제자를 훈련하는 방식과 제자훈련에 사용하는 자료들의 질에 문제가 있다는 점을 전혀 알지 못했다. 그러니 삶의 여러 영역에서 슬럼프 상태에 빠져 있는 교인들을 다시 전진하게 만드는 일이 제대로 되지 않았다. 같은 방식으로 노력을 더해 봐야 아무런 변화가 나타나지 않았다. 그럴수록 더 많은 노력이 좀처럼 장기적인 열매로 이어지지 않는다는 사실로 인해 혼란과 답답함만 가중되었다.

개인적인 삶과 목회가 모두 나락으로 추락한 뒤에야 비로소 문제가 자료 자체에 있다는 사실을 깨달았다. 우리에게 필요한 것은 사람들의 표면적인 삶 아래를 다루어 그들이 깊은 변화를 이루고 나아가 세상에 장기적이고도 지속 가능한 영향을 미치도록 만드는, 완전히 새로운 방식의 제자훈련이었다. 바로, 변화적인 모델이 필요했다.

그때부터 25년간 우리 부부와 뉴 라이프 펠로십 교회의 팀은 조사와 연구와 개인적인 성장의 긴 여정에 돌입했다. 목회하느라 바쁜 가운데서도 시간을 내어 가족체계이론, 수도원 운동과 영성, 기독교 내 다른 전통들의 장점, 2천 년의 교회사, 역사 신학, 결혼과 가정에 관한 연구들, 대인관계 신경생물학(interpersonal neurobiology), 가난하고 소외된 자들에 대한 목회, 퀘이커(Quaker) 영성까지 변화에 관한 모든 것을 공부하며 지혜와 성경적인 원리들을 모았다.

우리의 목표는 전통적인 제자훈련 모델에서 깊은 변화를 만들어 내는 변화적인 모델로 이동하는 것이었다. 〈그림1〉은 전통적인 모델과 변화적인 모델의 차이점을 간단하게 보여 준다.

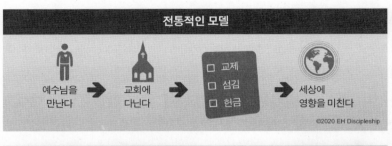

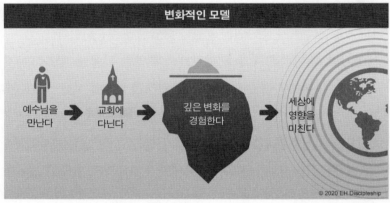

<그림1> 전통적인 모델과 변화적인 모델 비교

  우리는 정서적으로 건강한 제자훈련(EHD)을 북미를 넘어 전 세계의 수많은 교회에 전파하는 특권을 누렸다. 그 과정에서 얻은 귀중한 통찰과 피드백이 모여 이 책이 되었다.
  당신이 삶과 교회를 성장시켜 온 방식을 처음부터 다시 생각해 보기를 바라는 마음으로 이 책을 썼다. 정서적으로 건강한 제자훈련(EHD)은

리더십과 팀 구축, 가정과 독신자 사역, 양육, 설교, 소그룹, 예배, 주일학교 사역, 교육, 행정, 아웃리치까지 교회와 공동체 삶의 모든 측면에서 새로운 문화를 형성하기 위한 새로운 시각과 새로운 비전과 새로운 패러다임을 제시한다.

이 모델을 실행하는 것은 힘든일이다. 많은 시간이 걸릴 것이다. 하지만 이것 하나만큼은 장담할 수 있다. 예수님과 함께 걷는 이 여정이 너무도 보람차고 유익해서 다시는 클래딩 제자훈련이라는 얇은 판으로 돌아가고 싶지 않을 것이다.

이 책을
읽는 법

이 책을 쓰는 과정은 기나긴 여정이었다. 오래전에 이 책의 초판을 쓰고서 《정서적으로 건강한 교회》라고 제목을 붙였다. 그 후로 나와 아내가 쓴 다른 책들을 한 권이라도 읽어 본 사람이라면 지난 세월 동안 하나님이 우리의 관점을 꾸준히 다듬어 주셨다는 사실을 알 것이다. 그래서 단순히 《정서적으로 건강한 교회》의 개정판을 내는 것으로는 그간 새롭게 얻은 통찰을 담기에는 역부족이라고 판단했다. 완전히 새로운 책이 필요했다. 초판의 근간을 이루는 내용은 어느 정도 그대로 가져왔지만 약 75-80퍼센트는 완전히 새로운 내용으로 채웠다. 수년 전에 초판을 읽은 독자들도 우리가 그 뒤로 이 모델을 실제로 적용하면서 얻은 많은 새로운 통찰을 만나게 될 것이다.

이 책을 쓰며 매순간 당신을 떠올렸다. 담임목사에서 부목사, 사역 리더, 장로와 집사, 소그룹 리더, 교단이나 사역 단체 리더, 찬양팀원, 행정 직원, 지원 인력, 선교사, 사업가까지 당신의 역할이 무엇이든 당신과 마주앉아 커피를 마시는 장면을 상상하며 이 책을 썼다. 나는 교회를 사랑하며, 오늘날 세상에서 리더로 사는 것이 얼마나 힘들고 고통스러운 일인지를 누구보다도 잘 알고 있다.

이 책을 읽는 동안 당신과 당신의 교회가 영적으로, 신학적으로, 정서적으로 도전을 받고 한 단계, 아니 몇 단계 성장하게 되기를 바란다.

이 책의 목표는 제자 양성을 위한 완전히 새로운 방식을 제시하는 것이 아니다. 하지만 제자훈련에 있어 리더의 역할이 중요함을 모두가 알 것이다. 리더는 행동이나 말이 아니라 중심에서부터 교회를 이끌어야 한다. 물론 교회 전체를 염두에 두고 이 책을 쓰기는 했지만, 교회가 원하는 의미 있는 변화는 반드시 목회자나 자원봉사자 등 리더들에게서 시작된다. 리더의 개인적인 변화가 성도들에게 영향을 미치고, 그 뒤에 세상으로 뻗어나간다.[2]

이 책은 두 부분으로 구성되어 있다. 1부는 제자훈련의 현 상태에 관한 내용이다. 2부는 정서적으로 건강한 제자훈련의 7가지 증거에 관한 이야기이다.

1부에서는 피상적인 제자훈련의 4가지 주된 원인을 탐구할 것이다. 우리가 갖지 못한 것을 주려는 것, 정서적 성숙과 영적 성숙을 분리하는 것, 역사적 교회의 보물들을 무시하는 것, 성공을 잘못 정의하는 것이 그 원인들이다. 당신의 제자훈련이 현재 어떤 상태인지 정확히 확인하기 위한 정서적/영적 성숙도 평가를 해 볼 기회도 제공할 것이다.

2부에서는 정서적으로 건강한 제자훈련의 7가지 증거를 살펴보겠다. 외적 활동보다 내적 삶을 우선시하는 것, '미국화 된' 예수가 아닌 십자가에 달리신 예수님을 따르는 것, 한계라는 하나님의 선물을 받아들이는 것, 슬픔과 상실 속에 숨겨진 보화들을 발견하는 것, 사랑을 성숙의 핵심 지표로 삼는 것, 과거의 힘을 깨뜨리는 것, 약함을 통해 이끄는 것이 그 증거들이다. 깊은 곳에서부터 변화된 제자들과 리더들을 양성하려면 이런 신학적 현실이 우리 삶과 목회 문화의 조직에 깊이 스며들어야 한다.

마지막으로, 당신의 교회나 사역 단체에서 정서적으로 건강한 제자훈련(EHD)을 실행하는 데 도움이 되는 장기적인 전략을 살펴볼 것이다. 그 전략에는 교회를 이끌기 위한 실용적인 가이드라인을 제시하는 것뿐만 아니라 당신과 교역자들부터 변화되는 것도 포함된다.

천천히 곱씹으며 읽기 바란다. 책을 읽지만 말고 책이 당신을 읽게 하라. 다시 말해, 어떻게 하면 당신의 교회나 사역 단체가 깊은 변화를 경험하고 그리스도를 위해 세상에 막대한 영향을 끼칠 수 있을지에 관한 성령의 음성에 귀를 기울이라. 하나님이 말씀하실 때마다 멈춰서 귀를 기울이라. 들은 말씀을 기록할 수첩을 한 권 마련해도 좋다. 무엇보다도 가장 중요한 것은 하나님의 초대에 응하는 것이다. www.emotionallyhealthy.org에서 무료 토론 가이드를 다운로드해서 팀원들과 함께 토론해도 좋다.

이 책을 읽는 동안 하나님이 당신을 새롭게 만나 주셔서 성장시키시고 당신의 교회나 사역 단체를 변화의 장소로 변화시키시길 기도한다. 그래서 "물이 바다를 덮음 같이 여호와의 영광을 인정하는 것이 세상에 가득"해지기를 간절히 소망한다(합 2:14).

삶의 변화를
일으키지 못하는 제자훈련

이토록 열심인데
무엇이
문제였을까

Chapter 1

천하를 구원시켰는데
왜 나는
행복하지 않을까

올리버 색스(Oliver Sacks)는 베스트셀러 《아내를 모자로 착각한 남자》(*The Man Who Mistook His Wife for a Hat*)에서 가족의 돌봄 탓에 오히려 수십 년간 미성숙한 상태로 지낸 한 여인에 대해 이야기한다.[1]

매들린(Madeleine)은 1980년 환갑의 나이에 세인트베네딕트병원(St. Benedict's Hospital)에 입원했다. 그녀는 앞이 보이지 않는 뇌성마비 상태로 태어났다. 그러다 보니 평생 아기처럼 하나부터 열까지 가족들의 도움을 받으며 살아왔다. 신경과 의사로서 그녀를 담당했던 색스는 그녀가 언변이 뛰어날 만큼 지능이 뛰어나지만 손으로는 아무것도 할 수 없다는 사실에 충격을 받았다.

"책을 많이 읽으셨다고요? 그렇다면 점자에 익숙하시겠군요."

색스의 말에 매들린은 이렇게 대답했다.

"전혀요. 책은 늘 다른 사람이 읽어 주었거든요. … 저는 점자를 읽을 줄 몰라요. 단 한 글자도 몰라요. 사실, 손으로 할 줄 아는 건 '하나도' 없답니다. 이 손은 아무 짝에도 쓸모가 없어요."

매들린은 두 손을 들어보였다. "저주받은 반죽 덩어리죠. 아무 느낌도 없어요."

색스는 놀란 표정을 지으며 속으로 생각했다. '보통 손은 뇌성마비의 영향을 받지 않는데 어찌된 일일까? 저 손은 완벽한 기능을 할 잠재력이 있어 보여. 하지만 그 잠재력을 전혀 발휘하지 못하고 있어. 혹시 한 번도 사용하지 않아서 '쓸모없는' 상태로 남아 있는 것은 아닐까? 하나부터 열까지 남들

이 해 주기 때문에 정상적인 손인데도 계발하지 못한 것은 아닐까?'

매들린은 손을 사용해 본 기억이 없었다. 색스에 따르면 "그녀는 스스로 밥을 먹어 본 적도, 스스로 화장실을 사용해 본 적 없었다. 그 무엇도 자기 힘으로 해 본 적이 없고 항상 남들의 도움에만 의존했다."

매들린은 마치 손이 없는 인간인 것처럼 60년을 살았다. 이에 색스는 한 가지 실험을 해 보기로 했다. 그는 매들린의 식사를 가져다 주는 간호사들에게 우연인 것처럼 그녀의 손이 살짝 닿지 않는 거리에 식사를 놓으라고 지시했다.

하루는 놀라운 일이 벌어졌다. 한 번도 일어나지 않았던 일이 일어났다. 배고픔을 참다못한 그녀가 가만히 기다리는 대신 팔을 뻗어 더듬거렸다. 그리고 이내 빵을 찾아 자기 입으로 가져갔다. 이것이 그녀가 60년 만에 처음으로 손을 사용한 순간이었다.

그때부터 급격한 발전이 나타났다. 그녀는 곧 사방으로 손을 뻗어 온 세상을 만지면서 다양한 음식, 그릇, 도구를 탐구하기 시작했다. 어느 날은 점토를 달라고 하더니 이것저것을 만들기 시작했다. 인간의 얼굴과 체형도 탐구했다.

색스는 매들린의 손에 관해서 이렇게 썼다. "일단 감각이 살아나자 그것은 단순히 세상을 탐구하는 눈먼 여인의 손이 아니라 눈먼 예술가의 손이 되었다. 그것은 이 세상의 감각적이고 정신적인 현실을 향해 활짝 열린 사색적이고 창의적인 지성의 손이었다."

매들린의 예술 솜씨는 놀라운 속도로 발전했다. 급기야 1년 만에 그녀는 "세인트베네딕트병원의 맹인 여류 조각가"로 그 지역에서 꽤 유명해졌다.

그토록 위대한 잠재력이 많은 육체적 한계를 지니고 있을 뿐 아니라 60대인 여성의 몸속에 숨어 있을 줄 상상이나 했겠는가. 가족들은 그녀를 돌봐 준다고 생각했지만 사실상 그녀를 '불구로' 만들고 있었다.

이 이야기는 그 자체로도 흥미롭지만 안타까울 정도로 비슷한 교회들의 상황을 잘 보여 주고 있다. 제자훈련이라는 명목으로 '아기처럼' 돌봄을 받는 바람에 영적 불구 상태로 전락한 사람들이 너무도 많다. 그들은 예수님 안에서의 자유와 부함을 약속하는 신앙을 굳게 믿으면서도 실상은 철저히 비성경적인 방식에 갇혀 있다. 특히, 자신과 남들에 대한 관계의 측면에서는 더 그렇다. 이보다 더 큰 문제는 그런 사실을 전혀 눈치 채지 못하고 있다는 점이다. "소용없어. 어쩔 수 없어. 나는 원래 이런 사람이야." 그들은 마치 이렇게 말하듯 어깨를 으쓱한다.

내가 피상적인 제자훈련이라고 말하는 이 문제는 어제 오늘의 일이 아니다. 하지만 오늘날에 와서 훨씬 더 심각해졌다.[2] 45년 전 내가 처음 예수님을 믿었을 당시, 교회를 가리켜 너비는 1킬로미터에 달하지만 깊이는 1센티미터에 불과하다는 말이 유행했었다. 하지만 요즘은 너비가 1킬로미터이지만 깊이는 반 센티미터도 되지 않는다는 말이 심심치 않게 들린다.[3]

이러한 흐름을 바꾸려는 노력이 전혀 없었다는 말은 아니다. 사실 나는 전 세계의 많은 교회와 협력하면서 이 문제를 다루려는 노력을 많이 보았다. 곳곳에서 부흥회가 개최되고 이를 위해 계획을 세우는 공동체도 속속 생겨났다. 성경을 읽고 배우는 일을 강조하고 영적 전쟁에 더 적극적으로 참여하는 분위기가 일어났다. 역동적인 찬양 예배가 계획되고 하나님의 초자연적인 능력을 재발견하려는 노력이 잇따랐다. 가난하고 소외된 사람들을 돌보는 일에도 더욱 힘을 기울이는 등 많은 노력이 나타났다.

이 모두는 값진 노력이다. 하지만 그 무엇도 다음과 같은 근본적인 질문을 제대로 다루고 있지 않다. "깊은 제자훈련을 방해함으로 사람들이 영적으로 성숙하지 못하도록 막는 이면의 문제점들은 무엇인가?"

지난 25년간 나는 이 질문에 관해 깊이 고민해 왔다. 사람들을 미성숙하게 만드는 제자훈련 시스템에 관해서 고민하고 또 고민했다. 나는 한 교회의 담임목사이자 교단, 인종, 지역, 문화, 경제 수준을 초월해서 전 세계의 수많은 교회와 협력하는 리더로서 그런 고민을 해 왔다. 그 결과, 제대로 깊이가 있는 제자훈련을 하려면 적어도 4가지 전통적인 제자훈련에서의 실패를 다루어야 한다는 결론에 이르렀다. 그 실패들은 다음과 같다.

1. 우리는 정서적 미성숙을 용인했다.
2. 우리는 하나님과 '함께하는 것'보다 하나님을 '위해 일하는 것'을 강조했다.
3. 우리는 교회 역사의 보물들을 무시했다.
4. 우리는 성공을 그릇되게 정의했다.

각 실패의 배경과 의미를 이해하는 것이 중요하다. 현 상황의 심각성을 분명히 이해하지 않으면 이런 실패를 온전히 다루기 위한 장기적인 해법을 끝까지 밀고 나가기 힘들기 때문이다. 이런 실패를 제대로 다루지 않으면 그것들이 교회 속에서 일으키고 있는 광범위한 피해가 지속될 수밖에 없다.

자, 교인들을 덜 온전하고 덜 인간적이고 덜 예수님 같은 상태에 붙잡아두는 제자훈련 시스템의 근본 문제점들을 차례로 살펴보자.[4]

우리는 정서적 미성숙을
용인했다

'영적인' 것이 무엇을 의미하는지에 관한 우리의 시각이 점점 왜곡되어, 급기야 눈에 보이는 모순점들도 보지 못하는 지경에 이르렀다. 예를 들어, 우리는 다음과 같은 상황을 그냥 받아들이게 되었다.

- 대외적으로 복음을 잘 전하는 유능한 설교자이지만 집에서는 냉담한 배우자나 폭력적인 부모이다.
- 리더로서의 역할은 완벽하게 감당하지만 배우려고 하지 않거나 불안정하거나 방어적이다.
- 성경을 자유자재로 인용할 수 있지만 자신이 다혈질인 줄은 전혀 모르고 있다.
- 때마다 금식하며 기도하지만 남들을 비판하는 태도는 여전하며 그것을 오히려 분별력이라고 주장한다.
- '하나님을 위해' 사람들을 이끈다고 말하지만 마음속에서는 남들에게 추앙을 받으려는 불손한 동기를 품고 있다.
- 동료의 무례한 말에 상처를 입지만 갈등을 피해야 한다는 이유로 그냥 혼자 앓고서 넘어간다.

- 여러 사역을 오가며 밤낮으로 헌신하지만 속으로는 자신을 챙길 시간이 없다고 불평한다.
- 큰 사역 단체를 이끌지만 자신의 내적갈등이나 약점을 남들에게 솔직히 털어 놓는 일이 거의 없다.

이 모두는 감정적으로 미성숙한 실례이다. 하지만 우리는 이것이 모순된 모습이라는 사실을 보지 못하고 있다. 그 이유는 무엇일까? 그것은 감정적인 건강과 영적인 건강을 서로 분리해서 보기 때문이다. 감정적으로는 미성숙해도 영적으로는 성숙한 것이 가능하다는 생각은 어디서 나온 것일까? 원인은 1-2가지가 아니겠지만 여기서 2가지 큰 이유에 초점을 맞춰 보자.

이웃사랑으로 하나님에 대한 사랑을 측정하지 않았기 때문이다

예수님은 하나님에 대한 사랑과 다른 사람에 대한 사랑이 서로 불가분의 관계에 있다는 점을 반복적으로 강조하셨다. 예수님께 가장 큰 계명을 알려 달라는 부탁에 하나님을 사랑하는 것과 이웃을 내 몸처럼 사랑하는 것을 '동시에' 꼽으셨다(마 22:34-40).

사도 바울도 고린도교회에 보낸 첫 번째 편지에서 같은 점을 지적했다. 그는 아무리 믿음이 뛰어나고 많이 베풀고 심지어 영적 은사가 커도 사랑이 없으면 '아무런' 소용이 없다고 경고했다(고전 13:1-3). 다시 말해, 주변 사람들로부터 늘 다가가기 힘들거나 냉담하거나 불안하거나 방어적이거나 완고하거나 비판적인 사람이라는 평을 듣는다면 영적으로 미성숙하다는 것이 성경의 가르침이다.

사랑에 관한 예수님의 가르침은 실로 파격적이다. "너희 원수를 사랑하며 너희를 박해하는 자를 위하여 기도하라 … 너희가 너희를 사랑하는 자를 사랑하면 무슨 상이 있으리요"(마 5:44, 46). 예수님께는 원수들이 영적 삶의 방해물이 아니었다. 오히려 하나님과의 더 깊은 교제를 경험하기 위한 통로였다. 이것이 예수님이 "비판을 받지 아니하려거든 비판하지 말라"와 같은 엄한 경고를 하신 이유다(마 7:1).[5] 예수님은 우리가 사람들에 대한 사랑이라는 고된 길을 피하기가 얼마나 쉬운지를 잘 아셨다.

예수님은 하나님과의 관계만 강조하고 타인과의 관계는 가볍게 여겼던 1세기 랍비들의 가르침을 뒤엎으셨다. 랍비들은 예배 중에 누군가와의 관계에서 마음에 걸리는 일이 있다면 (언제나 하나님이 먼저이기 때문에) 일단 하나님께 예배하기를 마치고 나서 그 사람을 찾아가 화해해야 한다고 가르쳤다. 하지만 예수님은 이 가르침을 뒤엎어 이렇게 말씀하셨다. "예물을 제단에 드리려다가 거기서 네 형제에게 원망들을 만한 일이 있는 것이 생각나거든 예물을 제단 앞에 두고 먼저 가서 형제와 화목하고 그 후에 와서 예물을 드리라"(마 5:23-24).[6]

예수님이 말씀으로 가르치시고 본을 보여 주신 사실은 하나님에 대한 사랑이 다른 사람에 대한 사랑의 척도라는 것이다. 예수님이 이 점에 대해서 다르게 생각할 여지가 없을 정도로 분명하게 말씀하셨다. 그런데도 제자들은 그분과 다른 생각을 했고, 지금 우리도 다르게 생각하고 있다.

안타깝게도 내 초기의 제자훈련과 리더십 개발 과정에서는 이런 종류의 제자훈련 시스템이 빠져 있었다. 타인에 대한 사랑으로 하나님에 대한 사랑을 판단하지 않았다. 그로 인해 예수님을 영접하고서 처음 17년간 내 영적 정서적 성장이 심각하게 저해되었다. 나름대로 열심히 영적 훈련과 제자훈련을 한다고 했지만 아내부터 시작해서 가까운 사람들조차도 나를 사랑이 많은 사람으로 인식하지 못했다. 해를 거듭해도 내 사랑에 대한 생각과 훈련은 조금도 나아지지 않았다. 오히려 책임이 크고 많아질수록 내 의견에 반대하거나 하나님 나라를 넓히기 위한 내 노력에 제동을 거는 사람들을 더 참아 주지 못하는 사람으로 변해 갔다.

영적인 것을 강조하고 정서적인 것을 불신했기 때문이다

대부분의 크리스천들은 하나님이 주신 인간의 다른 모든 측면들, 이를테면 육체적, 정서적, 사회적, 지적 측면들보다 영적 측면을 중시한다.

이렇게 영적인 것을 우선시하는 경향은 그리스도가 탄생하시기 몇 세기 전을 살았던 그리스 철학자 플라톤(Plato)의 영향으로 거슬러 올라간다. 플라톤이 교회 리더들에게 미친 영향은 오늘날까지도 지속되고 있다.[7] 나중에 초기 교회의 사상 속으로 녹아 든 그의 메시지는 기본적으로 "몸은 나쁘고 영은 좋다"라는 것이었다. 다시 말해, 감정을 비롯해서 영적이지 않은 측면들은 의심해야 할 것들로 여겼다. 감정적인 것을 악하다고 여기지는 않았지만 영적인 것보다 못하다고 보았다.[8] 이는 신앙생활에서 허용되는 영역이 기도, 성경 읽기, 섬김, 예배 출석 같은 몇몇 영적 활동들로 심각하게 제한되는 결과를 낳았다.

그러나 우리는 단순히 영적 존재만이 아니다.[9] 창세기 1장 26-27절은 우리가 하나님의 형상을 따라 지음을 받았다고 말한다. 이는 우리가 온전하고 복합적인 존재라는 뜻이다. 온전하려면 영적인 측면만이 아니라 육체적, 정서적, 사회적, 지적 측면까지 두루 갖추어야 한다.

하지만 어떤 이유로 우리는 영적 차원을 정서적 차원 위에 두려는 생

각에 사로잡혀 있다. 이러한 비성경적인 마음가짐은 감정들(특히 슬픔, 두려움, 분노)을 영적인 것보다 못할 뿐 아니라 성령에 '반하는' 것이라는 시각으로까지 발전했다. 심지어 감정을 차단하는 것이 미덕이라고 생각하는 이들도 존재한다. 분노를 부인하고 고통을 무시하고 우울증을 쉬쉬하고 외로움으로부터 도망치고 의심을 억누르고 성적인 욕구를 부인하는 것이 영적 삶의 증거처럼 여겨지기에 이르렀다.

나는 정서적으로 둔감한 크리스천 리더들을 매일같이 만난다. 그들은 자신의 감정을 거의 혹은 전혀 모르고 있다. 기분이 어떠하냐고 물으면 "내 기분은…"이란 말로 시작하지만 끝까지 들어보면 그저 현실을 그대로 묘사하거나 자신의 생각을 설명하는 말일 뿐이다. 그들의 감정은 깊이 숨어 있다. 몸짓이나 목소리나 얼굴 표정을 보면 분명 감정이 있다. 하지만 그것이 무엇인지를 정확히 말하지 못할 만큼 자신의 감정에 무신경하고 무감각하다.

새로 시작한 사역으로 인해 육체적으로 녹초가 되고, 감정적으로 고갈된 한 목사와 최근에 나눈 대화에서 이 현상을 목격했다. 그의 눈은 바닥을 보고 있고 어깨는 축 처져 있었다. 그리고는 지난 3개월 동안의 극심한 스트레스를 토로했다. 내가 하나님이 주시는 감정의 소리에 귀를 기울여 보라고 권하자 그는 마치 외계인을 본 듯한 표정으로 나를 보았다.

"도대체 지금 무슨 말씀을 하시는 거예요?"

그는 자신의 정서적, 육체적 상태를 리더십이나 하나님과의 관계에 전혀 연결시키지 못하고 있었다.

수많은 다른 목사들처럼 이 목사도 감정을 하나님이 인간에게 주신 중요한 측면으로 받아들일 때 가능해지는 예수님과의 더 풍성한 관계를 놓치고 있다. 심리학자 댄 알렌더(Dan Allender)와 신학자 트렘퍼 롱맨 3세(Tremper Longman Ⅲ)는 《감정, 영혼의 외침》(The Cry of the Soul)에서 이 점을 다음과 같이 기술하고 있다.

> 감정을 무시하는 것은 현실에 등을 돌리는 행동이다. 반면, 감정에 귀를 기울이면 현실로 안내된다. 이 현실이야말로 우리가 하나님을 만나는 지점이다. … 감정은 영혼의 언어이다. 감정은 마음에서 터져 나오는 외침이다. … 하지만 우리는 귀를 닫은 채 감정을 부인하거나 왜곡하거나 외면할 때가 너무도 많다. … 강렬한 감정들을 무시하는 것은 자신에게 거짓되게 구는 행동이며 하나님을 알 수 있는 놀라운 기회를 버리는 행동이다.[10]

안타깝게도 내가 거쳐 온 교회들은 하나같이 내 마음과 감정의 악함만을 강조했다. 그래서 감정을 느낄 때마다 죄책감을 느꼈다. 이는 내 믿음을 의심하게 만들기도 했다. 하지만 감정에 대해 성경적인 바른 정의를 배우고 난 후 이때까지의 생각이 바뀌었다.

나는 예수님과 하나님이 동일하신 분임을 믿으면서도 예수님의 인간적인 면에 관해서는 별로 생각해 본 적이 없었다. 나 자신의 인간적인 면에 대해서도 마찬가지였다. 예전에 썼던 묵상 노트와 기도 수첩을 확인해 보면 내가 섬기고 따랐던 예수님을 인간으로 생각한 적이 없음을 알 수 있다.

나는 인간적인 한계를 무시한 채 하나님을 위해 더 많은 일을 하겠다고 죽도록 일을 했다. 분노나 우울증 같은 부정적인 감정은 하나님께 반하는 것으로 여겨 어떻게든 피하려고만 했다. 하루 종일 기도와 성경에만 매달리는 것이 집을 청소하고 아내의 말에 귀를 기울이고 아이들의 기저귀를 갈고 내 몸을 돌보는 일보다 더 영적인 것처럼 살아갔다. 그것이 얼마나 무서운 함정인지 알지 못했다.

내가 섬겼던 예수님은 신적 측면만 가득하고 인간적인 측면은 철저히 빠진 허상이었다. 예수님이 부끄러움 없이 감정을 자유롭게 표현하신 이야기들은 내 머릿속에 없었다. 하지만 분명 예수님은 눈물을 흘리고(눅 19:41), 비탄에 젖고(막 14:34), 분노를 표출하셨다(막 3:5). 예수님도 연민을 느끼셨고(눅 7:13), 놀라움과 감탄을 표현하셨다(눅 7:9).

17년 동안 나는 하나님을 찾는 일에서 정서적인 요소를 철저히 무시하며 살았다. 내 신앙을 형성했던 교회들과 사역 단체들은 영적 측면만 강조하는 제자훈련 방식을 고수했을 뿐, 정서적인 부분에서 내게 도움이 될 만한 훈련을 갖추고 있지 못했다. 중요한 것은 많은 책을 읽고 여러 세미나에 참석하느냐가 아니었다. 내 안에 있는 하나님 형상의 정서적인 측면을 인정하지 않았다면 17년은 고사하고 50년이 지나도 나는 여전히 정서적인 아기로 남아 있었을 것이다. 나는 심각하게 균열이 간 기초 위에 내 삶을 쌓고 남들을 가르쳤다. 그리고 그 균열을 가장 가까운 사람들에게 계속해서 숨길 수는 없었다.

우리는 하나님과 '함께하는 것'보다
하나님을 '위해 일하는 것'을 강조했다

사역 리더들에게 있어 힘든 과제 중 하나는 하나님을 '위해 일하는 것'과 하나님과 '함께하는 것' 사이의 균형을 어떻게 유지할 것인가이다. 우리는 하나님을 섬기기 위해 동분서주하는 가운데 그분과의 관계를 놓치는 경우가 너무도 많다. 시간을 헛되게 사용하면 안 된다는 강박에 잠시도 가만히 앉아 있을 틈이 없다. 주변의 끝없는 의무들을 감당하느라 파김치가 된 채로 하루를 마감하는 일이 많다. 그렇다면 '쉬는 시간'이 오면 쉴 수 있을까? 그렇지 않다. 쉬는 시간에 해야 할 일들이 이미 과중한 삶을 더욱 무겁게 짓누른다.

심지어 우리 중에는 마약이나 술이 아닌 '활동'에서 오는 아드레날린 분출에 중독된 사람도 적지 않다. 쉬면서 재충전해야 한다는 충고의 글을 읽지만, 잠시 한눈을 파는 순간 많은 것이 무너질까 봐 두려워 계속해서 쳇바퀴를 돌린다. 그렇게 눈코 뜰 새 없이 바쁘다 보니 하나님이나 자신이나 남들과의 관계에 투자할 시간이나 에너지는 거의 남아 있지 않다. 그 결과 우리의 삶은 성경적인 변화를 이루지 못한다. 그런 상태에서 우리가 이끄는 사람들에게 줄 수 있는 것은 피상적인 제자훈련뿐이다.

시간이 지날수록 다른 사람을 이끄는 일들이 자신의 영혼을 망가뜨리는 짐이 된다. 끊임없이 밀려오는 일거리에 짜증과 화가 나기 시작한다. 하나님으로부터 단절되어 힘든 상황 속에 갇혀 있는 것만 같아 숨이 막혀 온다.

내가 리더의 책임을 맡았던 초창기의 상황이 그러했다. 할 일은 산더

미처럼 쌓여 있는데 시간은 부족해서 피를 말리는 상황이 반복되었다. 설교를 준비할 시간만 겨우 낼 뿐, 성경을 묵상하거나 하나님 앞에 조용히 무릎을 꿇고 교제할 여유는 좀처럼 생기지 않았다. 하나님 앞에서 내 실패와 약점에 관해서 깊이 돌아보는 시간을 좀처럼 갖지 못했다. 다른 사람을 섬기기 위해 부지런히 뛰어다니지 않고 그냥 예수님 앞에 앉아 그 순간을 즐기는 것이 내게는 사치처럼 느껴졌다.

예수님과 '함께하는' 시간만 없는 것이 아니라 나 자신과, 남들과 함께하는 시간도 내지를 못했다. 생각해 보라. 나 자신과도 교감하지 못하는데 어떻게 남들과 제대로 교감할 수 있겠는가. 나 자신과 건강한 관계를 맺고 살아가지 못하는데 어떻게 남들과 건강한 관계를 맺고 살아갈 수 있겠는가. 나 자신과 친밀하지 못한데 어떻게 남들과 친밀한 관계를 유지할 수 있겠는가.

'함께하는 것'과 '위해서 일하는 것' 사이의 균형은 새로운 도전이 아니며, 사역자들만을 위한 도전도 아니다. 이것은 적어도 성경만큼 오래된 도전이다. 특히, 유명한 마리아와 마르다의 이야기에서 이것이 얼마나 어려운지를 확인할 수 있다.

> 그(마르다)에게 마리아라 하는 동생이 있어 주의 발치에 앉아 그의 말씀을 듣더니 마르다는 준비하는 일이 많아 마음이 분주한지라 예수께 나아가 이르되 주여 내 동생이 나 혼자 일하게 두는 것을 생각하지 아니하시나이까 그를 명하사 나를 도와주라 하소서 주께서 대답하여 이르시되 마르다야 마르다야 네가 많은 일로 염려하고 근심하나 몇 가지만 하든지 혹은 한 가지만이라도 족하니라 마리아는 이 좋은 편을 택하였으니

빼앗기지 아니하리라 하시니라(눅 10:39-42).

마르다는 적극적으로 예수님을 섬겼지만 그분은 놓치고 말았다. 이 순간 마르다의 삶을 표현하면 '의무를 수행하는 삶'이었다. 꼭 해야 할 일들, 당장 급한 일들, 마르다는 그런 일을 하느라 바빴다. 하지만 의무에 온 신경을 쏟다 보니 예수님의 사랑을 잃어버렸다. 사실, 마르다의 문제점은 일시적으로 바쁜 것만이 아니었다. 그녀의 삶을 보면 중심에서 벗어나 엉뚱한 것들을 향해 있음을 알 수 있다. 혹시 예수님의 발치 아래에 앉아 있을 시간이 난다 해도 그녀는 여전히 다른 생각을 했을 것이다. 그녀는 과민하고 짜증과 걱정이 많은 사람이었다. 그녀의 삶이 정돈이 되어 있지 않았다는 가장 확실한 증거 중 하나는 예수님께도 해야 할 일을 지시했다는 것이다. "그를 명하사 나를 도와주라 하소서!"

반면, 마리아의 삶은 달랐다. 마리아는 예수님의 발치에 앉아 그분의 말씀 하나하나에 귀를 기울였다. 그녀는 예수님과 함께하는 시간에 집중했다. 예수님을 깊이 사랑해서 그분과의 깊은 교제를 만끽했다. 그분과 함께하는 시간을 오롯이 즐겼다. 마리아의 영성은 예수님을 '위해서 일하는 것'보다 그분과 '함께하는 것'을 더 중시하는 '슬로우' 영성이었다.

마리아의 무게 중심은 오직 하나, 예수님이었다. 혹시 마리아는 집 안일이 많아서 거들게 되어도 언니처럼 걱정하거나 짜증을 내지는 않았을 것이다. 예수님께 초점을 맞추고 그분을 삶의 중심에 두었기 때문에 훨씬 마음의 여유가 있었을 것이다. 예수님 자체에 집중한 것이 더 나은 선택이었다.

초신자 시절의 나는 마리아와 꽤 비슷했다. 처음에는 예수님과 사랑에 빠졌다. 성경을 읽고 기도하면서 그분과 단 둘이 있는 시간을 더없이 소중히 여겼다. 하지만 언제부터인가 예수님을 '위해서 일하는 것'이 그분과 '함께하는 것'보다 더 중요해졌다. 그러다 보니 그분과 더 많은 시간을 갖고 싶어도 그럴 시간이 없어졌다. 내 저울은 〈그림3〉처럼 한쪽으로 기울어져 있었다. 균형을 잃을 때가 많았다.

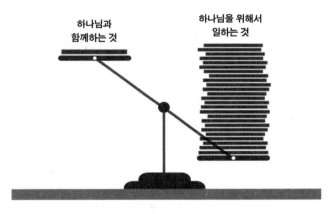

〈그림3〉 균형을 잃어 버린 신앙생활의 모습

경건의 시간과 묵상을 통해 그리스도와의 개인적인 관계를 길러야 한다는 점을 배우고 마음에 새기기는 했지만, 교회에서 배운 또 다른 메시지가 내 마음속을 더 깊이 파고들었다. 그 메시지는 바로 내 모든 은사를 십분 발휘해서 예수님을 섬기고 그분을 위해서 최대한 많은 일을 해야 한다는 것이었다. 예수님을 섬기라는 메시지가 예수님과 함께하기 위해 삶의 속도를 늦추라는 메시지를 이겼다.

다른 사람들을 제자로 훈련시키거나 이끄는 것은 곧 자신을 내어 주는 행위이다. 더 정확하게는, 하나님 안에서 우리에게 있는 것을 내어 주는 일이다. 예수님과의 여정 가운데 우리가 얻은 것을 내어 주는 일이다. 이는 우리가 가진 것만 내어 줄 수 있다는 뜻이다. 우리가 매일 실제로 사는 삶만 내어 줄 수 있다.

그렇다면 우리에게 무엇이 있는가? 무엇을 내어 줄 수 있는가? 우리 대부분의 경우, 내어 줄 수 있는 것이 그리 많지 않다. 하나님과 '함께'하는 깊은 내적 생활에서 자양분을 얻지 못하는 하나님을 '위한' 일은 결국 변질되며, 그 과정에서 우리도 변질된다.[11] 하나님의 사랑에서 자신의 가치를 찾지 못하고 자신의 가치를 사역의 성패와 성과에 연결시키기 시작한다. 그럴 때 그리스도와 함께하는 삶에서 비롯하는 평안과 명료함과 부요함이 서서히 부지불식간에 사라진다.

우리는 교회 역사의
보물들을 무시했다

재정, 건강, 역사, 신학, 그 무엇에 관해서든 무지는 우리의 삶과 의사 결정에 심각한 악영향을 미칠 수 있다. 무지는 부지불식간에 우리의 삶을 파괴할 수 있다.[12] 타라 웨스트오버(Tara Westover)가 자서전 《배움의 발견》(Educated)을 통해 전해 주는 이야기가 이 점을 잘 보여 준다.

타라는 아이다호 주 시골에서 7남매 중 막내로 태어났다. 그녀의 부모는 극단적인 모르몬교도이자 세상을 극도로 경계하는 사람들이었다. 그

녀의 자서전은 세상의 모든 교육을 악으로 여기는 편집광적인 부모 아래
서 살아온 길고도 고통스러운 이야기를 담고 있다. 그의 부모는 모든 종
류의 세상 교육이 아이들과 청소년들을 세뇌시키기 위한 정부의 거대한
음모의 일부라고 생각했다. 그래서 타라의 형제자매들은 홈스쿨링으로
교육을 받았다. 하지만 17세가 된 타라는 더 넓은 세상에서 공부하기를
원했고, 엄청난 노력으로 독학 끝에 브리검영대학(Brigham Young University)에
합격했다. 거기서 교육의 공백들을 서서히 메워 나갔다. 예를 들어, 그녀
는 홀로코스트나 공민권 운동 같은 굵직한 역사적 사건들에 관해서 한 번
도 들어본 적이 없었다. 브리검영대학에서 학위를 마친 뒤에는 케임브리
지대학(Cambridge University)에서 역사학으로 박사 학위까지 취득했다.

그녀는 무지에서의 해방이 자신에게 미친 극적인 영향을 다음과 같이
술회하고 있다.

> 역사가 아니라 역사학자들을 공부하기로 결심했다. 나의 관심은 홀로코
> 스트와 공민권 운동에 관해서 배우고 난 후 내가 얼마나 무지한지를 절
> 실히 느낀 데서 비롯하였다. 우리는 과거에 관해서 남들이 전해 주는 만
> 큼만 알 수 있다. 오해를 바로잡는 일이 얼마나 중요한 것인지를 깨달았
> 다. 내 오해는 너무 심각했다. 그것이 바뀌니 세상이 바뀔 정도였다.[13]

이 문장을 읽었을 때 역사에 관한 오해로 그녀의 삶이 잘못된 방향으
로 흐른 것과 교회 전체의 역사에 관한 무지로 교회가 잘못된 방향으로
흐른 것이 너무 비슷하다는 생각을 했다. 오해와 무지는 우리의 신학과
제자훈련을 심각하게 왜곡시켰다. 우리는 성경적인 보물들을 잃고 그로

인한 장기적인 폐해를 겪어 왔다. 실로 안타까운 일이다.

하지만 좋은 소식은 얼마든지 바로잡을 수 있다는 것이다. 열심히 배워 그릇된 관념을 바로잡으면 우리가 아는 '세상이 바뀔' 것이다. 그러면 교회는 비약적인 성장을 이룰 것이다.

오해를 바로잡아 줄 진리들은 무엇일까? 영적 보화가 가득한 상자를 열어 그야말로 우리 세상을 바꿔 놓을 만큼의 3가지 진리가 있다. 바로, 다음과 같다.

> 진리1. 우리는 하나님의 거대한 강의 한 지류이다.
> 진리2. 우리는 세 분파로 이루어진 하나의 글로벌 교회이다.
> 진리3. 우리는 나름의 치부와 맹점을 가진 하나의 운동이다.

다른 두 진리의 원천이 되는 것, 즉 우리가 하나님의 거대한 강에 속한 한 지류라는 진리부터 살펴보자.

우리는 하나님의 거대한 강의 한 지류이다

나는 복음주의 개신교 중에서도 오순절 교회를 통해 예수 그리스도를 영접했다. 복음주의 운동 전체는 5백 년 전 마르틴 루터(Martin Luther)가 시작한 종교개혁으로 거슬러 올라간다. 그 후 복음주의 운동은 존 칼빈(John Calvin), 조나단 에드워즈(Jonathan Edwards), 18세기와 19세기 대각성, 찰스 피니(Charles Finney), 소저너 트루스(Sojourner Truth), 윌리엄 J. 시모어(William J. Seymour), 에이미 셈플 맥퍼슨(Aimee Semple McPherson), 빌리 그레이엄(Billy Graham) 같은 수많은 크리스천 리더들과 운동들에 의해 형성되고 발전되어 왔다. 이 운동의 놀라운 특징들은 다음과 같다.

- 사람들을 그리스도와의 개인적인 관계로 인도하는 일에 대한 헌신
- 세상에 적극적으로 복음을 전하는 일에 대한 강조
- 하나님 말씀으로서의 성경에 대한 깊은 확신
- 예수 그리스도의 십자가에 대한 집중[14]

나는 기독교 역사 속의 복음주의 지류를 사랑한다. 복음주의가 없었다면 지금 글을 쓰고 있지도, 리더로서 섬기고 있지도 못할 것이다.[15] 하지만 복음주의가 전체 교회의 좋은 유산과 역사를 놓친 부분들에 대해서는 안타깝다. 그것이 내게도 악영향을 끼쳤다. 그런 악영향 중 하나는 4가지 실패 중 두 번째인, 하나님과 '함께하는' 시간보다 하나님을 '위해 일하는 것'을 강조하는 것이다. 그로 인해 나는 사역의 생산성이 곧 영적 성숙을 의미한다는 오해를 받아들이게 되었다. 내가 오랜 세월 피상적인 그리스도의 제자들과 교회들을 세우는 데 시간을 낭비한 것이 전부 이런 오해에서 비롯된 것이다.

우리는 뿌리로 돌아가야 한다. 복음주의자로서의 뿌리만이 아니라 전 세계적이고 역사적인 그리스도의 몸의 일부라는 원뿌리로 돌아가야 한다. 그러기 위해서는 교회 역사 속의 크리스천들, 나아가 우리와 매우 다른 세계 곳곳의 크리스천들에게서 배우는 자세를 가져야 한다. 그렇게 해야 비로소 전체 교회와 그 사명에 기여해 온 우리 지류만의 독특한 특징들과 은사들을 잃지 않을 수 있다.

우리는 세 분파로 이루어진 하나의 글로벌 교회이다

오늘날 기독교 내에는 3개의 분파가 있다.[16] 정교회와 로마 가톨릭, 개신교이다.[17] 하지만 기독교가 태동한 이래로 1054년 동안에는 오직 하나의 교회만 존재했다. 신학적 문제나 분열이 발생하면 로마와 비잔틴 제국의 5개 주요 도시(알렉산드리아, 로마, 예루살렘, 안디옥, 콘스탄티노플)에서 온 주교들과 리더들이 한자리에 모여 그 사안을 논의했다. 이런 모임은 세계 공의회 혹은 교회 전체 공의회로 알려지게 되었다.[18] 이런 공의회의 목적은 삼위일체 혹은 완전한 하나님인 동시에 완전한 인간으로서의 예수님의 본성 같은 까다로운 신학적 이슈들을 풀어내는 것이었다.

첫 번째 공의회는 로마의 콘스탄티누스(Constantine) 황제가 전체 교회를 위해 교리를 확정하려는 목적으로 주교들을 그리스도의 도시 니케아로 소집하면서 개최되었다. 이 공의회에서 AD 325년의 니케아 신경이 탄생했다. 주교들의 두 번째 공의회는 AD 381년에 이 문서를 개정하고 확장하기 위해 현재의 이스탄불인 콘스탄티노플에서 개최되었다. 이 공의회에서 현재 우리가 니케아 신경의 최종본으로 알고 있는 문서를 확정했다(부록 B 참조).

니케아 신경이 그토록 중요한 이유는 1,600년이 넘도록 성경적 기독교 신앙의 기초 역할을 했기 때문이다. 기독교의 커다란 3개의 줄기인 로마 가톨릭과 개신교와 정교회는 모두 이 신경 혹은 '신앙의 원칙'을 성경을 올바로 읽기 위한 기초로 인정하고 있다. 오늘날까지도 매주 예배 시간에 이 신경을 외우는 교회들이 있다. 이 세 분파는 모두 니케아 신경을 인정하지 않는 개인이나 집단을 기독교 신앙의 밖에 있는 것으로 간주한다.

1054년, 결국 교회를 분열시킨 대분열(Great Schism)이 일어났다. 이는 수세기 동안 곪아 온 상처가 터진 사건으로 정치적, 문화적, 언어적 신학적 원인들이 복합적으로 얽혀서 일어났다. 아래 〈그림4〉는 분열과 그것이 교회 역사에 미친 영향에 관한 정교회의 시각을 보여 준다.[19]

대분열의 도화선은 로마 주교가 다른 교회와 상의도 하지 않고 니케아 신경을 변경한 사건이었다. 그것은 교리와 믿음에서 자신이 무오하다고 주장한 것이나 다름이 없었다. 다른 도시의 리더들은 그를 파문했고, 이에 질세라 그도 그들을 파문했다. 그때부터 사람들은 사는 곳에 따라 동방 교회(정교회)나 서방 교회(로마 가톨릭교회)에 속하게 되었다.

대분열 이후 11세기 후반에는 로마 가톨릭교회가 십자군 전쟁을 시작했다. 십자군은 이슬람교도들에게서 예루살렘을 탈환하는 과정에서 동

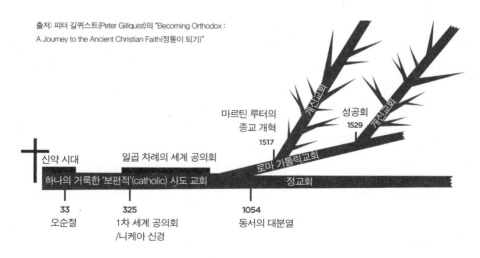

출처: 피터 길퀴스트(Peter Gillquist)의 "Becoming Orthodox : A Journey to the Ancient Christian Faith(정통이 되기)"

마르틴 루터의 종교 개혁
1517

성공회
1529

개신교회

개신교회

신약 시대

일곱 차례의 세계 공의회

로마 가톨릭교회

하나의 거룩한 '보편적'(catholic) 사도 교회

정교회

33
오순절

325
1차 세계 공의회
/니케아 신경

1054
동서의 대분열

〈그림4〉 대분열이 교회의 역사에 미친 영향

방의 교회들도 공격하고 약탈했다. 1204년 십자군이 콘스탄티노플의 교회들을 포위하고 노략질한 사건은 오늘날까지도 완벽히 치유되지 못할 만큼 깊은 상흔을 남겼다. 이로 인해 동방 교회와 서방 교회는 거의 900년 동안 왕래를 끊었다.

이후 로마 가톨릭교회의 부패와 쇠락은 1517년 종교개혁을 통한 두 번째 대분열로 이어졌다. 개신교는 교황의 권위를 성경의 권위로 대체했다. 이제 개인들이 직접 성경을 읽고 해석할 수 있게 되었다. 사람들이 성경을 통해 예수님께 직접 나아갈 수 있게 되었다는 점에서 실로 큰 발전이었다. 하지만 이는 이후 수세기에 걸쳐서 개신교회 내에서 나타난 30만 번 이상의 분열의 원인이 되기도 했다. 이제 누구나 쉽게 전체 교회, 역사적 교회에서 완전히 떨어져 나와 자신만의 교회를 시작할 수 있게 되었다.

깊이 변화된 그리스도의 제자를 양성하는 일과 관련해서 이러한 과거로부터 배울 수 있는 2가지 중요한 진리가 있다.

첫 번째는 교회 역사의 처음 1054년은 정교회, 로마 가톨릭, 개신교를 막론한 우리 모두에게 속해 있는 것이다.[20] 이 역사를 무시한 채 사도행전 다음이 곧바로 종교개혁인 것처럼 행동하는 크리스천들을 흔히 볼 수 있다. 그들의 시각에서 복음주의나 은사주의 개신교에 속하지 않은 신자들은 전혀 크리스천들이 아니다. 그들은 니케아 신경의 저자들이 자신만 유일하게 참된 교회라고 주장하는 모든 교회를 이단으로 규정했다는 사실을 모르는 것이 분명하다. 교회 초기 역사는 창피한 부분까지 모두 포함해서 개신교 역사의 일부이다.[21]

두 번째는 우리보다 먼저 살았던 형제자매들, 특히 우리와 매우 다른 이들에게서 배울 점이 많다는 것이다. 개신교가 교회 전체가 아니다. 예수 그리스도가 우리에게 새생명을 주기 위해 우리의 죄를 위해서 돌아가셨다가 부활하셨다는 사실을 믿고서 그분과 살아 있는 관계를 맺은 사람이라면 누구나 참된 신자들이다. 꼭 우리가 다니는 교회나 우리 교단에 속해야만 진정한 믿음을 가진 것이 아니다. 우리를 비롯한 모든 기독교 전통이 문제점을 안고 있지만 정교회와 로마 가톨릭교회로부터도 하나님과 크리스천 삶에 관해서 배울 수 있는 것이 많다.[22]

우리는 나름의 치부와 맹점을 가진 하나의 운동이다

내가 신학교에서 배운 교회사는 주로 개신교의 관점에서 정교회와 로마 가톨릭의 문제점과 실패를 강조했다. 그로 인해 우리는 이런 전통의 보물들을 보지 못하는 동시에 우리 전통의 치부와 맹점을 보지 못하게 되었다. 우리 전통의 치부를 몇 가지만 소개해 보겠다.

- 마르틴 루터는 유태인들을 극도로 혐오해서 그들을 공격하는 글들을 썼다. 그 글들은 나중에 나치가 반유태주의를 정당화하는 도구로 사용했다. 루터는 독일 귀족들에게 반란을 일으킨 농부들을 가차 없이 학살하라고 조언하기도 했다.
- 종교개혁을 주도한 목사이자 신학자인 울리히 츠빙글리(Ulrich Zwingli)는 재세례파(Anabaptists)가 침례를 주장했다는 이유로 그들의 고문과 수장을 묵과했다. 심지어 그들 중에는 그의 옛 제자들도 포함되어 있었다.
- 19세기 대각성 운동의 지도자였던 조나단 에드워즈와 조지 횟필드

(George Whitefield)는 둘 다 노예를 소유하고 있었다. 우리 교회의 흑인 신자들이 내게 그들이 정말로 크리스천이냐고 물은 적이 있다.

- 개신교 선교 운동(Protestant Missionary Movement)의 지도자들을 비롯해서 현대의 많은 복음주의 지도자들이 결혼생활과 가정생활에 실패했다. 예를 들어, 존 웨슬리(John Wesley)의 결혼생활은 문제가 많아 결국 이혼으로 끝났다.
- 성령이 강하게 임하셨던 로스앤젤레스 아주사 거리 부흥 운동(Azusa Street Revival, 1906년)은 인종을 둘러싸고 극심하게 분열되었다.
- 유명한 교회 리더들 사이의 도덕적 실패는 오랫동안 반복되었다.

예수님은 "좋은 나무가 나쁜 열매를 맺을 수 없고"라고 말씀하셨다(마 7:18). 이 말씀은 우리의 행동이 속에서 나온다는 뜻이다. 좋은 열매는 깊고 건강한 뿌리에서 자연스럽게 나온다. 지속적인 추문이라는 나쁜 열매는 우리의 제자훈련 뿌리가 단단히 잘못되어 있다는 증거이다. 이 상황의 주된 원인 중 하나는 우리 지역 교회들과 교단들과 운동들이 전체 교회에서 분리된 것이다. 우리는 전체 교회의 비옥한 역사와 지혜에서 일부러 그리고 불필요하게 떨어져 나왔다.

하나님은 그분의 교회를 보실 때 교단을 보시지 않는다. 온갖 신학적 차이로 극심하게 분열된 수많은 지역 교회들을 보시는 것은 더더욱 아니다. 하나님은 대륙과 문화를 초월해서 길고 비옥한 역사를 지닌 하나의 교회를 보신다. 우리는 역사 속의 특정한 시대에 특정한 나라에서 특정한 기독교 전통 가운데 태어났지만 엄연히 이 전 세계적이고 역사적인 교회의 일부이다.

나는 기독교의 우리 분파를 사랑하면서도 현재의 개신교가 매우 피상적이라는 사실을 통감하고 있다. 개인들이 그리스도를 영접하게 만드는 데 초점을 맞춘 우리의 부흥주의는 두 겹의 기독교를 낳았다. 한 겹은 신자들이고 한 겹은 제자들이다. 오늘날, 예수님을 구주로 받아들인 '신자'이되 그분을 따르는 '제자'는 아닌 이들이 너무도 많다. 동시에 우리의 제자훈련은 성경을 통해 마음(정신)을 새롭게 하는 것을 강조하되 침묵과 고독과 하나님을 기다리는 것 같은 성경적인 영성의 다른 주요 요소들에서 매우 약한 가분수가 되었다.

건강하고 온전한 예수님의 제자들을 양성하려면 교회 전체의 역사에서 배울 뿐 아니라 우리와 많이 다른 크리스천들에게서도 적극적으로 배워야 한다.

우리는 성공을 그릇되게 정의한다

대부분의 사람들은 큰 것이 '무조건' 좋다고 생각한다. 그래서 언제나 더 큰 영향력, 더 큰 소셜미디어 플랫폼, 더 큰 집, 더 큰 예산, 더 큰 수익, 더 큰 사역 팀, 더 큰 교회를 원한다. 몸집을 키우려고 시도하지 '않는' 사업체나 정부 기관, 비영리 기관을 상상할 수 없다. 더 커지지 않으면 실패한 것이고 결국 소멸할 수밖에 없다는 논리이다.

교회도 비슷한 궤적을 따르고 있으며 전혀 놀라운 일이 아니다. 교회도 숫자로 성공을 판단하고, 항상 더 큰 것을 목표로 삼는다. 출석 교인, 헌금, 소그룹, 사역자의 숫자와 규모가 얼마나 커졌느냐를 따진다. 교회 등록과 세례, 새로운 프로그램, 교회 개척의 숫자를 센다.

그렇다면 무엇이 성공인가? 이 질문에 나는 이렇게 답하고 싶다. "성경에서 말하는 성공은 하나님이 원하시는 사람이 되어서 하나님이 원하시는 일을 하나님의 방식과 시간표대로 하는 것이다." 이는 교회나 사역 단체가 수적으로 성장하고도 실상은 실패할 수 있다는 의미이다. 역으로, 숫자는 감소하지만 실상은 성공할 수 있다.

이런 모든 수적 지표보다 예수님의 지표가 우선되어야 한다. 예수님은 그분 안에 거하고 풍성해지라고 말씀하신다(요 15:1-8). 물론 이 거함과 풍성해짐의 구체적인 모습은 각 리더의 독특한 소명에 따라 달라질 것이다. 직업 목사나 비영리 단체 리더, 사업가가 저마다 다른 종류와 질의 열매를 맺을 수밖에 없다.

성경에서 가장 좋은 성공의 모델은 세례 요한일 것이다. 요한은 매우 명망 높은 집안에서 태어났다. 그의 아버지 스가랴는 많이 배웠고 사회적 위치가 높은 레위 지파의 제사장이었다. 그의 장남 요한이 아버지의 뒤를 따를 것을 누구도 의심하지 않았다. 하지만 요한은 전혀 다른 방향으로 향했다. 모두의 예상을 깨고 요한은 하나님과 함께하기 위해 광야로 갔다. 일부 학자들은 요한이 메시아의 오심을 간절히 기다리던 은둔적 유대교 분파인 쿰란 공동체에 들어갔을 것이라고 추측한다.[23]

사실, 요한의 사역 기간은 2년도 채 되지 않았다. 그런데도 예수님은 그에게 최고의 칭호를 내리셨다. "여자가 낳은 자 중에 세례 요한보다 큰 이가 일어남이 없도다"(마 11:11).

구체적인 사항은 알 수 없지만 요한이 사역을 본격적으로 시작하기 전에 꽤 긴 시간 동안 하나님과 함께하는 훈련을 해 온 것이 분명하다. 덕분에 그는 고통과 환난에도 하나님께 깊이 뿌리내린 상태를 유지할 수 있었다. 그는 성급하게 자기 손으로 일을 처리하려고 하지 않고 매번 하나님을 기다렸다. 하나님의 말씀을 뼛속까지 받아들인 덕분에 그는 입으로만 메시지를 전하지 않고 메시지 그 자체가 되었다.

요한이 선택한 사역지는 예루살렘 도심 한복판이 아닌 거칠고 위험한 광야였다. 생각해 보라. 그를 만나기 위해서는 광야의 고된 길을 한참 걸어가야 한다. 게다가 그는 이상한 음식들을 먹고 괴상한 옷차림을 했다. 행색이 거칠고 투박한 것을 넘어 마치 미치광이 같았다. 그럼에도 유대인 역사가 요세푸스(Josephus)의 기록에 따르면 수많은 사람이 그를 보고 그의 메시지를 듣기 위해 먼 길을 마다않고 찾아왔다고 한다.

세례 요한의 가장 놀라운 점은 사람들에게 깊은 인상을 심어 주려고 애쓴 흔적이 전혀 없었다는 점이다. 그는 사람들의 인정을 얻거나 사람들의 비난을 피하기 위한 행동을 하지 않았다. 예를 들어, 예루살렘의 종교 지도자들은 1세기 유대 사회 권력의 핵심에 있는 자들이었다. 하지만 요한은 그들의 관심이나 인정을 받기 위해 설교하지 않았다. 오히려 그들을 '향해' 설교하며 그들의 '회개'를 촉구했다. 어떻게 하면 그들에게 잘 보일까를 고민하기는커녕 그들에게 미움을 사는 것도 아랑곳하지 않았다.

종교 지도자들은 고등 교육을 받았지만 요한은 그렇지 못했다. 종교 지도자들은 부와 지위를 갖추고 있었지만 요한은 그렇지 못했다. 종교 지도자들은 세상의 눈에 강력한 자들이었지만 요한은 그렇지 못했다. 그리고 이 모든 것들은 요한에게 전혀 중요하지 않았다.

대부분의 사람은 세상이 중요하게 여기는 이들에게 고개를 숙인다. 그것은 자신의 가치에 대한 확신이 없기 때문이다. 하지만 요한은 권력자들의 심기를 건드리지 않기 위해 자신의 메시지를 바꾸지 않았다. 그는 하루에 다섯 번씩 기도하고 성경의 상당 부분을 암송하고 일주에 두 차례씩 금식하는 종교 지도자들을 독사의 자식들이라고 불렀다(눅 3:7). 당시의 종교 지도자들은 하나님과 피상적인 관계만 맺고 있었다. 그들의 관심사는 하나님의 일보다 자신들의 권력과 지위를 더 높이는 데 있었다. 요한은 이런 진실을 지적하는 데 조금의 망설임도 없었다.

요한은 보통 사람들은 물론이고 종교 지도자들에게도 굴욕적일 수 있는 세례를 촉구했다. 세례는 씻김을 필요로 하는 더러운 이방인들의 회심을 위한 의식이었다.

요한은 자신이 누구(하나님 안에서의 참된 자아)이고 누가 아닌지(거짓 자아)를 분명히 알았다. 그래서 그는 자신의 정체성을 거리낌 없이 밝혔다.

- 나는 메시아가 아니다(요 1:20).
- 나는 엘리야가 아니다. 나는 선지자가 아니다(요 1:21).
- 나는 주님의 길을 예비하는 광야의 목소리이다(요 1:23).
- 나는 물로 세례를 베풀지만 메시아가 오고 계신다. 나는 그분의 신발 끈을 맬 자격도 없다(요 1:27).

그로 인해 요한은 이스라엘 역사상 수백 년 만에 가장 큰 권위와 위엄을 지닌 인물로 평가된다. 하지만 숫자 측면에서 그의 사역은 꾸준히 쇠락하다가 어느 순간 급락했다. 그는 조금도 개의치 않고 자신의 추종자들에게 이렇게 말했다. "하늘에서 주신 바 아니면 사람이 아무것도 받을 수 없느니라"(요 3:27). 하늘에서 주시는 것을 받는 것이 요한에게는 바로 이것이 성공이었다.

하지만 과연 요한이 오늘날 기독교의 관점에서도 성공한 인물로 보일 수 있을까? 사실, 오늘날의 잣대로는 예레미야, 아모스, 이사야, 하박국 선지자, 심지어 예수님도 성공과는 거리가 멀다. 하지만 성경은 요한을 본보기로 세우며, 하나님이 그의 사역을 인정하셨다고 분명히 말한다.

제자훈련이라는 고되고 까다로운 작업에 투자할 시간이 별로 없다 보니 우리는 꼼수를 부린다. 제자훈련을 쉽게 할 수 있도록 규격화한다. 오늘날의 접근법은 예수님이 본을 보여 주신 관계적 제자훈련보다는 제조공장의 컨베이어 벨트에 더 가깝다. 우리는 규격화를 좋아한다. 하지만 예수님은 맞춤화를 선호하셨다.

제자훈련에 대한 이 2가지 접근법은 〈그림5〉처럼 극명하게 상반된다.

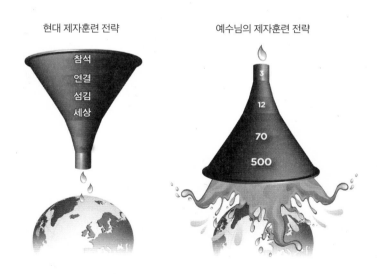

<그림5> 제자훈련의 두 가지 접근법

예수님은 큰 집단 내에서 모두에게 일괄적으로 적용되는 제자훈련 방식은 있을 수 없다는 점을 잘 알고 계셨다. 그래서 많은 무리 중에서 딱 12명만 고르셨고, 거기서도 각 사람의 필요에 맞게 제자훈련을 맞춤화하셨다.

삶을 깊이 변화시키는
교회 문화를 창출하라

이번 장의 첫머리에서 제기했던 질문으로 돌아가 보자. "깊은 제자훈련을 방해함으로 사람들이 영적으로 성숙하지 못하도록 막는 이면의 실패들은 무엇인가?" 전진하기 위해 반드시 다루어야 하는 4가지 실패를 자세히 살펴보았다. 여기서 우리는 먼저 우리의 삶 속에서 이런 실패들을 다룬 뒤에 남들을 지도하고, 마지막으로는 진지한 제자훈련의 장이 되는 건강하고 성경적인 공동체들을 만들어 내야 한다는 것을 배웠다. 이 일을 효과적으로 하기 위해서는 '변화적인 제자훈련'(transformative discipleship)의 경로를 따라야 한다〈그림6〉.

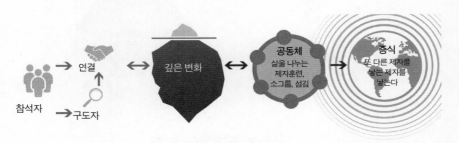

연결

깊은 변화

공동체
삶을 나누는
제자훈련,
소그룹, 섬김

증식
또 다른 제자를
낳는 제자를
낳는다

참석자 → 구도자

〈그림6〉 변화적인 제자훈련의 경로

〈그림6〉의 진행 순서를 눈여겨보라. 대부분의 사람들은 교회나 공동체에 참여하는 참석자로 제자훈련의 여정을 시작한다. 구도자를 위해서는 믿음을 탐구하기 위한 구도자 중심의 교육 프로그램이나 일대일 훈련 기회가 있다. 장기적인 목표는 사람들이 공동체의 배경 속에서 깊은 변화를 경험하고 오른쪽 끝의 최종 단계로 나아가도록 돕는 것이다. 즉 예수님이 명령하신 대로 제자를 삼는 제자가 되어 온 세상을 변화시키게 되는 것이다(마 28:18-20).

깊은 변화야말로 정서적으로 건강한 제자훈련(EHD)의 핵심이다. 2부에서는 삶을 깊이 변화시키는 성경적 제자훈련의 7가지 특징에 초점을 맞추어 보자. 이 7가지 특징에 대해서 더 알아보기 전에 먼저 다음 장에서 당신의 제자훈련 상태를 평가해 보기를 권한다. 전 세계적으로 수많은 사람들이 이 평가를 통해 자신의 정서적, 영적 현주소를 파악하고 우리가 정서적으로 건강한 제자훈련(EHD)이라고 부르는 여정에 동참하기로 마음을 먹었다.

Chapter 2

피상적인 제자가 된
나의 영적 상태를
진단하며

정서적으로 건강한 제자에 대해 떠올려 보라. 무엇이 떠오르는가? 이 책은 다양한 측면을 다루고 있지만 정서적으로 건강한 제자의 기본적인 정의는 아주 단순하며 동시에 다양한 측면을 갖고 있다.

정서적으로 건강한 제자는 삶의 속도를 낮춰 '예수님과 함께하는' 시간을 낸다. 삶의 표면 아래까지 살피고 다룸으로써 '예수님에 의해' 깊이 변화된 다음, '예수님을 위해' 자신의 삶을 세상에 선물로 내어 준다.

정서적으로 건강한 제자는 정신없이 바쁜 삶을 거부하고, 적절한 삶의 리듬을 기르고, 한계를 정해 어디든 예수님이 이끄시는 대로 따라가면서 '예수님과'의 개인적인 관계를 중심으로 삶 전체를 바꾸는 사람을 지칭한다. 아울러 그는 내적 삶의 깊은 부분(인생사, 삶의 방향 상실, 망가진 부분들, 관계들)을 활짝 열어 '예수님에 의해' 변화된다. 자신이 가진 모든 것, 나아가 자기 존재 전체가 선물이라는 사실을 깊이 깨닫고서 자신의 모든 재능을 '예수님을 위해' 세상에 복을 더해 주기 위한 선물로 내어 준다.

다음 평가는 영적이고 정서적인 성숙의 측면에서 당신의 현주소를 파악하도록 돕는다. 당신이 제자훈련에서 삶의 정서적 요소들까지 다루고 있는지, 그렇다면 얼마나 잘 다루고 있는지를 정확이 파악하는 데 도움이 될 것이다. 당신이 정서적으로 젖먹이인지 어린아이인지 청소년인지 어른인지 솔직히 돌아보는 기회가 될 것이다. 잠시 시간을 내어서 이 평가 과정을 인도해 달라고 기도해 보는 것은 어떨까?

A영역

특징 1-7까지의 각 질문에서 당신에게 해당되는 숫자에 표시하시오.

1 그렇지 않다　　2 가끔 그렇다　　3 대부분 그렇다　　4 항상 그렇다

<table>
<tr><td></td><td>그렇지 않다</td><td>가끔 그렇다</td><td>대부분 그렇다</td><td>항상 그렇다</td></tr>
</table>

특징 1. 외적 활동보다 내적 삶을 우선시한다

1. 잔이 넘치는 삶을 살 수 있도록 하나님과 단 둘이 보내는 시간을 통해 사역할 힘을 얻는다(막 1:35; 눅 6:12).　　1 2 3 4

2. 내 기분을 파악하는 데 어려움이 없다(눅 19:41-44; 요 11:33-35).　　1 2 3 4

3. 할 일은 많은데 시간이 없어서 걱정일 때는 삶의 균형을 회복하기 위한 방편으로 잠시 멈추어서 하나님과 나 자신과 시간을 보낸다(눅 4:42; 눅 10*38-422).　　1 2 3 4

4. 매주 24시간을 안식일로 구별해서 일을 멈추고 쉬면서 삶을 즐기고 하나님을 묵상한다(출 20:8-11).　　1 2 3 4

5. 주변 사람들에게서 늘 자족하며 방어적이지 않고 남들의 이목에 지나치게 신경을 쓰지 않는 사람이라는 말을 듣는 편이다(빌 4:11-12; 요 5:44).　　1 2 3 4

6. 주기적으로 고독과 침묵의 시간을 가진다. 그 시간에 하나님의 임재에 오롯이 집중한다(합 2:1-4; 시 46:10).　　1 2 3 4

특징1　총점(　　　　)

특징 2 . 미국화 된 예수가 아닌 십자가에 달리신 예수님을 따른다

그렇지 않다　가끔 그렇다　대부분 그렇다　항상 그렇다

1. 하나님이 원하시는 사람이 되어 하나님이 원하시는 일을 할 수
   있도록 세상의 성공 기준을 거부한다(요 4:34; 막 14:35).   1 2 3 4

2. 다른 사람에게 잘 보이거나 특정한 결과를 얻기 위해 행동을
   바꾸는 경우가 좀처럼 없다(마 6:1-2; 갈 1:10).   1 2 3 4

3. 내 계획과 포부가 하나님의 영광을 위한 것인지 나 자신의 입
   신양명을 위한 것인지 수시로 점검한다(렘 45:5; 막 10:42-45).   1 2 3 4

4. 다른 일이나 명분보다 예수님의 말씀에 귀를 기울여 그분의 뜻
   앞에 내 뜻을 내려놓는 것을 더 중시한다(마 17:5; 요 16:13).   1 2 3 4

5. 주변 사람들에게서 실패와 실망 속에서도 잘 요동치지 않는 사
   람이라는 평을 듣는다(사 30:15; 요 18:10-11).   1 2 3 4

특징2　총점(   )

특징 3. 한계라는 하나님의 선물을 받아들인다

1. 혼자서 모든 일을 하려고 한다거나 감당할 수 없는 일을 벌인
   다는 말을 들어본 적이 없다(마 4:1-11).   1 2 3 4

2. 과중한 짐을 지지 않도록 때로는 남들의 요청을 거부하거나 기
   회를 포기할 줄 안다(막 6:30-32).   1 2 3 4

3. 하나님이 내게 주신 성격이 올바른 반응에 도움이 되는 경우와
   방해가 되는 경우를 정확히 알고 있다(시 139; 롬 12:3).   1 2 3 4

4. 다른 사람의 짐을 덜어 주어야 할 때와 그가 자신의 짐을 지도
   록 두어야 할 때를 잘 구분하는 편이다(갈 6:2, 5).   1 2 3 4

5. 나의 정서적, 관계적, 육체적, 영적 능력을 잘 알고 때마다 적절히 쉬면서 재충전할 줄 아는 편이다(막 1:21-39).　　　1 2 3 4

6. 주변 사람들에게서 가정과 쉼, 일, 놀이 사이에서 성경적인 균형을 잘 유지하고 있다는 평을 듣는다(출 20:8).　　　1 2 3 4

특징3 총점(　　　)

특징 4. 슬픔과 상실 속에 숨겨진 보화들을 발견한다

1. 상실감과 실망감을 솔직히 인정한다(시 3, 5).　　　1 2 3 4

2. 실망스러운 일이나 상실을 겪으면 아무렇지도 않은 척하지 않고 나 자신의 감정을 솔직히 돌아본다(삼하 1:4, 17-27; 시 51:1-17).　　　1 2 3 4

3. 다윗과 예수님처럼 상실에 대해 슬퍼하는 시간을 갖는다(시 69; 마 26:39; 요 11:35; 12:27).　　　1 2 3 4

4. 내가 상실감과 슬픔을 겪어 봐서 이해하는 줄 알기 때문에 극심한 고통과 슬픔 중에 처하는 사람들이 나를 찾아온다(고후 1:3-5).　　　1 2 3 4

5. 낙심이나 슬픔이 몰려올 때 실컷 울고 나서 그 이면의 이유들을 차분히 돌아보고 하나님의 치유의 손길에 나를 맡긴다(시 42; 마 26:36-46).　　　1 2 3 4

특징4 총점(　　　)

특징 5. 사랑을 영적 성숙의 지표로 삼는다

1. 다른 사람의 상황과 감정을 헤아리고 공감하려고 늘 노력한다
   (요 1:1-14; 고후 8:9; 빌 2:3-5).   1 2 3 4

2. 주변 사람들에게 남의 말을 잘 들어준다는 이야기를 듣는다(잠
   10:19, 29:11; 약 1:19).   1 2 3 4

3. 내게 상처나 피해를 입힌 사람에게 찾아가 말할 때는 비난조로
   ("당신") 상대방이 한 일을 지적하기보다는 1인칭으로("나") 나의
   감정을 말하는 편이다.   1 2 3 4

4. 다른 사람을 성급하게 판단하지 않으려고 노력한다(마 7:1-5).   1 2 3 4

5. 사람들에게 사랑을 가장 중요하게 치는 사람이라는 평을 듣는
   다(요 13:34-35; 고전 13).   1 2 3 4

특징5 총점(   )

특징 6. 과거의 힘을 깨뜨린다

1. 독하게 쏘아붙이거나 상황을 회피하거나 갈등을 더 키우거나
   상대방을 직접 만나서 담판을 짓지 않고, 제3자를 찾아가는 식
   으로 어릴 적 가정에서 보고 배운 바람직하지 못한 행동을 보
   이지 않고, 갈등을 분명하고도 직접적으로 상대방을 존중하면
   서 푼다.   1 2 3 4

2. 가족의 죽음이나 원하지 않은 임신, 이혼, 중독, 금전적 어려움
   등 마치 '거대한 지진'처럼 내 현재에 큰 영향을 미친 사건들의
   여파에서 벗어나기 위해 노력한다(창 50:20; 시 51).   1 2 3 4

3. 하나님이 모든 일을 통해 나를 현재의 모습으로 빚어 주셨다는

사실을 알기에 과거의 모든 일에 대해 하나님께 감사할 수 있

다(창 50:20; 롬 8:28-30).   1 2 3 4

4. 인격적 흠, 거짓말, 비밀, 고통을 다루는 그릇된 방식, 불건전한

관계 방식 등 어떤 '조상의 죄들'(generational sins)이 내게도 전해

졌는지를 분명히 인식하고 있다(출 20:5; 참고, 창 20:2, 26:7, 27:19,

37:1-33).   1 2 3 4

5. 다른 사람의 인정에서 자존감을 얻지 않는다(잠 29:25; 갈 1:10).   1 2 3 4

6. 과거의 실수에 대해 남을 탓하지 않고 스스로 책임을 진다(요 5:5-7). 1 2 3 4

특징6   총점(   )

특징 7. 약함을 통해 이끈다

1. 잘못을 하면 재빨리 인정하고 용서를 구하는 편이다(마 5:23-24).   1 2 3 4

2. 내 약점과 실패와 실수에 관해서 편하게 이야기할 수 있다(고후

12:7-12).   1 2 3 4

3. 부담스럽지 않고 온화하고 투명하고 열려 있는 사람이라는 평

을 듣는 편이다(갈 5:22-23; 고전 13:1-6).   1 2 3 4

4. 주변 사람들에게서 좀처럼 화내거나 삐치지 않는 사람이라는

평을 듣는다(마 5:39-42; 고전 13:5).   1 2 3 4

5. 건설적인 비판과 피드백은 기꺼이 듣고 고칠 것은 고치는 편이

다(잠 10:17, 17:10, 25:12).   1 2 3 4

6. 웬만해서는 다른 사람을 정죄하거나 비판하지 않는다(마 7:1-5).   1 2 3 4

7. 말하기보다 듣기를 좋아하고 상대방의 입장에서 생각할 줄 안

다는 평을 듣는다(약 1:19-20).   1 2 3 4

특징7   총점(   )

평가 결과 합산

각 특징에 대해서

- 각 질문의 답변의 점수를 합하라.

- 합산한 점수를 질문 아래의 빈칸에 적으라.

- 〈예시〉처럼 자신의 점수에 표시를 하고 서로 연결해서 그래프를 만들라.

- 평가 결과 설명을 읽고 각 분야에서 자신의 정서적 건강이 어느 정도인지를 확인하라. 어떤 패턴이 눈에 들어오는가?

예시

정서적으로 건강한 제자훈련의 특징	총점
특징1. 외적 활동보다 내적 삶을 우선시한다	20/24
특징2. 미국화 된 예수가 아닌 십자가에 달리신 예수님을 따른다	9/20
특징3. 한계라는 하나님의 선물을 받아들인다	10/24
특징4. 슬픔과 상실 속에 숨겨진 보화들을 발견한다	13/20
특징5. 사랑을 영적 성숙의 지표로 삼는다	16/20
특징6. 과거의 힘을 깨뜨린다	14/24
특징7. 약함을 통해 이끈다	21/28

	특징1	2	3	4	5	6	7
정서적 어른	24	20	24	20	20	24	28
	20	17	20	17	17	20	23
정서적 청소년	15	13	15	13	13	15	17
정서적 아이	10	9	10	9	9	10	12
정서적 젖먹이	6	7	6	5	5	6	7

정서적으로 건강한 제자훈련의 특징　　　　　　　　　　　　　　　　　**총점**

특징1. 외적 활동보다 내적 삶을 우선시한다　　　　　　　　　　(　　) /24

특징2. 미국화된 예수가 아닌 십자가에 달리신 예수님을 따른다　(　　) /20

특징3. 한계라는 하나님의 선물을 받아들인다　　　　　　　　　(　　) /24

특징4. 슬픔과 상실 속에 숨겨진 보화들을 발견한다　　　　　　(　　) /20

특징5. 사랑을 영적 성숙의 지표로 삼는다　　　　　　　　　　　(　　) /20

특징6. 과거의 힘을 깨뜨린다　　　　　　　　　　　　　　　　　(　　) /24

특징7. 약함을 통해 이끈다　　　　　　　　　　　　　　　　　　(　　) /28

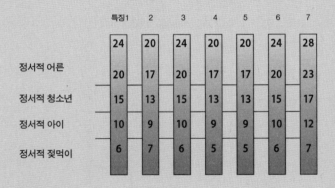

	특징1	2	3	4	5	6	7
	24	20	24	20	20	24	28
정서적 어른	20	17	20	17	17	20	23
정서적 청소년	15	13	15	13	13	15	17
정서적 아이	10	9	10	9	9	10	12
정서적 젖먹이	6	7	6	5	5	6	7

평가 결과 설명 :
정서적 성숙도

정서적 건강은 건강하거나 건강하지 못하거나의 극단적인 상황이 아니다. 건강하지 못한 것도 경중에서 중증까지 정도가 다양하다. 삶과 사역의 시기에 따라서도 정도가 다를 수 있다. 다음의 설명을 읽고 무엇이 특히 눈에 들어오는지 보라. 좋은 소식은 현재 당신의 상황이 어떠하든 더 나아질 수 있다는 점이다. 얼마든지 더 성숙한 제자로 성장해 갈 수 있다. 자신의 현주소에서 경각심을 가지되 낙심하지 말기를 바란다. 나 같은 사람도 실패와 실수를 통해 배우고 자랄 수 있었다. 누구라도 발전할 수 있다. 다음의 진술이 당신의 평가 결과를 이해하는 데 도움이 될 것이다.

정서적 젖먹이는 정서적으로나 영적으로 다른 사람이 일일이 챙겨 주기를 바란다. 자신의 감정을 건강하게 표현할 줄 모르고 다른 사람의 감정을 헤아릴 줄도 모른다. 원하는 것을 얻기 위해 타인을 수단으로 이용할 때가 많다. 배려심이 없고 무신경하다는 말을 자주 듣는다. 혼자 조용히 있는 시간이 괴롭다. 시련이나 고난이 닥치면 쉽게 신앙을 포기하려고 한다. 가끔 교회에서 혹은 다른 크리스천들과 함께 있을 때 하나님에 대해 이야기하지만 일터나 집에서는 그런 경우가 좀처럼 없다.

정서적 아이는 인생이 뜻대로 풀릴 때는 만족감을 느낀다. 하지만 실망스러운 일이나 스트레스를 받는 상황이 펼쳐지면 곧바로 마음이 무너져 내린다. 상황을 개인적으로 받아들일 때가 많다. 이를테면 타인의 이견이나 비판을 개인적인 공격으로 여긴다. 자신의 뜻대로 풀리지 않으면 불

7l

평하고 삐치고, 꼼수를 쓰고, 반항하고, 빈정거리고, 악감정을 품는다. 온갖 짐과 방해거리에 짓눌려 다른 이의 영성에 기대어 살아갈 때가 많다. 기도라고 하기는 하지만 하나님께 떼를 쓰는 기도가 대부분이다. 보통 기도를 즐거움이 아닌 의무로 여긴다.

정서적 청소년은 남에게 지적을 받으면 당장 낯빛이 변한다. 그러면서 다른 사람의 행동에 대해서는 제멋대로 해석하고 비판하기를 좋아한다. 누군가가 자신에게 잘못을 저지르면 좀처럼 용서하지 못하고 피하거나 절교하는 편을 선택한다. 반대로, 자신이 베푼 사랑은 일일이 마음에 담아 둔다. 모든 신경이 자신에게만 향해 있어서 다른 사람의 고통이나 실망이나 필요에 진심으로 귀를 기울이지 못한다. 너무 바빠서 자신의 영적 삶을 위한 시간을 잘 내지 못한다. 교회에 나가고 남을 섬기기도 하지만 그리스도 안에서 기쁨을 누리는 시간은 별로 없다. 신앙생활이 그리스도와 함께하는 시간보다 그리스도를 위한 일이 주를 이룬다. 혼자만의 장소로 들어가 입을 다물고 조용히 하나님의 음성에 귀를 기울이는 시간은 없고, 하나님께 자신의 이야기를 하는 기도가 대부분이다.

정서적 어른은 다른 사람을 비판하거나 바꾸려고 하지 않고 그냥 있는 그대로 존중하고 사랑해 준다. 다른 사람이 자신에게 뭔가를 주거나 자신이 원하는 대로 행동해서가 아니라 그냥 인간 자체로서 그의 가치를 인정해 준다. 자신의 생각과 감정, 목표, 행동에 대해서는 철저히 책임을 진다. 의견이 다른 사람들에게 자신의 신념과 가치를 적대적인 태도가 아닌 정중한 태도로 표현할 줄 안다. 자신의 한계와 장단점을 정확하게 파악하고 있다. 자신이 그리스도께 사랑을 받고 있다고 깊이 확신하기 때문에 다른 사람의 인정을 구걸하지 않는다. 하나님을 위한 '외적인 일'과 하나님과 함께하는 '내적인 상태'가 잘 균형을 이루고 있다(마리아와 마르다의 이야기를 보시오). 단순히 그리스도를 섬기기만 하는 데서 그분을 사랑하고 그분과의 교제를 즐기는 수준까지로 신앙생활이 성장해 있다.

Part 2

정서적으로 건강한 제자훈련의
7가지 특징

온전한 제자훈련으로 온전한 교회를 이루라

Chapter 3

외적인 활동 전에
먼저 내적인 삶을
갖추게 하라

예수님과 함께하는 정서적인 훈련의 삶이 온전하지 못한 상태에서 예수님을 위해 많은 일을 하려다가 무너지는 신자들이 너무도 많다. 하나님의 뜻을 신중히 헤아리지 않고 찾아오는 요청과 기회를 무조건 받아들이다 보니 할 일은 너무 많고 늘 시간에 쫓긴다. 그래서 과로와 탈진이 일상이 되어 버렸다.

예수님과 '함께하는' 시간에서 예수님을 '위한 일'이 흘러나오는 '느림의 영성'(slowed-down spirituality) 혹은 '슬로우 제자훈련'(slowed-down discipleship)은 대부분의 독자들에게 낯선 개념일 것이다. 그렇다면 이 영성 혹은 제자훈련이 일상 속에서 구체적으로 어떤 모습이어야 할까? 먼저, 하나님을 위해 일하는 리더와 하나님과 함께하는 리더의 차이점은 무엇일까? 카를로스(Carlos)라는 리더의 평범한 아침을 두 가지 다른 버전으로 보면 이 차이점을 피부로 느낄 수 있을 것이다.

하나님을 위해 일하는
리더인가

카를로스는 아침 6시 30분에 눈을 떠서 세면을 하고 옷을 챙겨 입은 뒤에 잠깐 기도하고 성경을 읽는다. 그 다음에는 각각 7세, 10세인 두 아들을 깨워 등교 준비를 시킨다. 어젯밤에는 재정위원과 새로운 전략 계획에 맞게 다음 분기 예산을 조율하느라 가족들과의 저녁식사 시간을 반납했다. 설상가상으로 소그룹 리더들을 위한 저녁 세미나가 1시간 늦게 끝났다. 집에 돌아와 보니 가족들은 이미 곤히 잠들어 있었다.

어제 저녁 아내 소피아(Sophia)가 힘들었을 것을 생각하니 무척 마음이 쓰인다. 밥을 차리고 설거지를 하고 아이들의 숙제를 챙기고 잠을 재우는 일은 두 사람이 함께해도 벅찬 일이다. 미안한 마음에 그는 오늘 아침 아이들을 챙기는 일을 최대한 도와준다. '이만하면 마음이 풀리겠지? 어젯밤 늦게 귀가한 것을 조금이나마 만회할 수 있을 거야.' 하지만 아침 식탁의 분위기는 냉랭하기만 하다. 아내의 얼굴에 화난 기색이 역력하다. 그는 아내의 눈을 피한다. 숨이 막혀서 견디기 힘들 정도다. '아이들이 빨리 학교에 갔으면 좋겠군. 아내한테는 점심시간에 전화를 해서 늘 생각하고 있다고 말해 주어야지.'

그의 입장에서 다행인 사실은 아내가 두 아들의 학교에서 1학년을 가르치고 있다는 것이다. 세 사람은 아침식사를 마치자마자 함께 집을 나선다. 세 사람이 나가자마자 카를로스도 부랴부랴 노트북과 파일들을 챙긴다. 9시에 팀원들과 회의가 있어서 서둘러야 한다. "주님, 오늘은 길이 막히지 않게 해 주세요." 집을 나서면서 그렇게 기도한다.

차에 앉아서는 파일 폴더의 뒷면에 모임을 위한 마지막 메모를 적는다. 안건들은 전날에 다 정해 놓았지만 교회까지 출근하는 20분 동안에 항상 새로운 아이디어가 솟아난다. 신호등 앞에서 한 번 더 정리할 기회가 생길 수 있기 때문에 파일 폴더들을 조수석에 놓아 둔다. 그는 회의 장소에 항상 1등으로 도착하기를 좋아하지만 오늘따라 길이 평소보다 약간 더 막힌다. 길이 뚫리기 시작하자 좀 더 속도를 내기로 결심한다. "제한속

도에서 20킬로미터쯤 초과하는 것은 괜찮을 거야." 그렇게 자신을 합리
화한다. 하지만 혹시 몰라서 주변에 경찰차가 있는지 살핀다.

교회 주차장에 들어서니 전화벨이 울린다. 운영위원회 보고서를 오늘
오후 4시까지 제출해야 한다는 사실을 상기시켜 주는 교회 행정 직원의
전화이다. "걱정하지 말아요!" 그는 자신 있게 말한다. 보고서를 쓸 시간
을 정해 놓았다. '오래 걸리지 않을 거야. 어차피 할 말은 정해져 있으니
까. 생각을 좀 정리해서 보고서를 정리만 하면 돼.'

차에서 내리기 전에 비서의 문자 메시지에 답하고 나서 SNS를 간단히
살펴본다. 최근 자신의 포스트에 댓글을 단 사람들에게 응답해 주지 않으
면 팔로워들이 떨어져 나갈까 봐 두려워서다. 오전 8시 58분에 회의장에
도착한다. 할 일이 산더미라 머릿속은 복잡하지만 환하게 웃으며 팀원들
을 맞이한다. 사라(Sarah)에게 기도를 요청하며 회의의 포문을 열고 안건
들을 하나씩 토론하기 시작한다. 지극히 평범한 오전처럼 보이는가? 하
지만 다른 길이 존재한다.

하나님과 함께하는
리더인가

카를로스는 아침 6시 30분에 눈을 떠서 세면을 하고 20분간 하나님과
둘만의 시간을 보낸다. 그 다음에는 각각 7세, 10세인 두 아들을 깨워 등
교 준비를 시킨다. 경건의 시간에 성경 3장을 읽는 대신(그는 1년 성경 통독을
실천하고 있다) 먼저 5분간 침묵으로 하나님 앞에 나아간다. 지난 밤 늦게 귀

가한 일과 오늘의 시간표를 꽉 채운 회의들로 인해 다소 걱정이 된다. 그는 심호흡을 하면서 하나님의 사랑을 영혼 깊이 채운다. 그러면서 자신의 뜻을 하나님의 뜻 앞에 내려놓는다.

그 다음에는 몇 분간 시편 130편을 읽는다. 그냥 글자만 읽는 것이 아니라 단어 하나하나를 깊이 묵상한다. 또한 오늘의 모든 일정을 빠짐없이 하나님께 맡기며 그분의 지혜와 리더십을 구한다. 눈을 감고 남은 5분간 심호흡을 한다. 문득 간밤에 1시간 늦게 끝난 리더 훈련 세미나가 마음에 걸린다. 수첩을 꺼내 이렇게 메모한다. "리더 훈련 세미나를 하고 나서 파김치가 되었다. 왜 그랬을까? 굳이 1시간을 더해야 했을까?" 의자에서 일어나면서 내일 이 문제에 대하여 다시 생각하기로 하고 메모한다. "하나님이 이 일을 통해 내게 무슨 말씀을 하고 계실까?"

9시 팀 회의 안건들을 훑어보다가 두 가지를 수정한다. 첫째, (누구보다도 그 자신에게 필요한) 침묵의 시간으로 회의를 열고 둘째, 전날 밤 훈련 세미나에 관한 피드백을 구하기로 한다. 그리고 내일의 첫 회의가 점심시간 이후에나 있고 금요일은 가족을 위한 안식일이라는 사실에 하나님께 감사기도를 올린다.

카를로스와 소피아는 맞벌이 부부이고 두 아들을 키우기 때문에 주일 저녁마다 함께 모여 한 주간을 점검하고 다음주의 계획을 세운다. 그는 아내와의 대화 끝에 가족과 집에서 저녁식사를 할 수 있도록 재정위원과의 예산 모임을 다른 시간으로 바꾸었다. 하지만 리더 훈련 세미나가 문제였다.

아침 식탁에서 그는 긴장되어 있다. 오늘 해야 할 일이 많은 것도 걱정이지만 아내의 기분도 신경이 쓰인다. 아무래도 지난밤에 늦게 귀가한 것으로 아내가 화난 것이 분명해 보인다. 카를로스는 아내와 눈을 맞춘다. "여보, 화났어요?"

"그래요. 회의가 늦어지면 늦어진다고 전화라도 해 줄 수 있잖아요. 게다가 우리 소그룹의 마야(Maya)에게서 괴로운 전화를 받아서 더 힘들었어요. 이유도 없이 소그룹에서 탈퇴하겠다고 하네요. 마음이 너무 안 좋네요."

그는 몸이 경직되는 것을 느낀다. 대화를 그만두고도 싶고, 왜 전화하기가 곤란했는지 변명하고 싶은 마음도 든다. 하지만 대신 재빨리 기도를 드린다. "주님, 도와주소서!"

아내가 설거지를 하기 위해 몸을 돌리자 카를로스는 아내에게 다가가 말한다. "여보, 좀 더 말해 봐요. 무슨 일이에요?"

소피아는 마야의 전화가 왜 그토록 신경이 쓰였는지에 관해서 5분간 자세히 털어놓는다. 카를로스는 머리를 긁적인다. "지난밤에 전화를 하지 못해서 미안해요. 내가 무심했어요." 소피아는 고개를 끄덕이며 미소를 지어 보인다.

"이건 정말 중요한 문제라서 좀 더 자세히 알고 싶네요. 일단 지금은 둘 다 빨리 나아가야 하니까 오후에 당신이 퇴근한 뒤나 저녁식사 후에 차분히 이야기를 해 보면 어때요?"

"그게 좋겠네요." 두 사람은 시간을 정한다. 그는 아내를 안아 주고 노트북과 파일들을 챙겨서 차에 탄다. 길이 좀 막혀도 시간이 넉넉하리라 판단된다. 카를로스는 제한속도를 지키면서 아내를 위해 기도한다. 9시 팀 회의를 위한 안건은 이미 다 준비되었기 때문에 신호등이 걸렸을 때 위험하게 메모를 할 필요가 없다. 교회 주차장에 들어서니 전화벨이 울린다. 운영위원회 보고서를 오늘 오후 4시까지 제출해야 한다는 사실을 상기시켜 주는 교회 행정 직원의 전화이다. "걱정하지 말아요! 점심시간까지 제출할게요."

카를로스는 자신 있게 말한다. 이미 초안은 여러 장 써 놓았다. 단지 오전 팀 회의 후에 한 번만 더 검토해 보고 싶을 뿐이다. 주차를 하고 나서 SNS와 문자 메시지를 확인해 볼까 하다가 하지 않기로 한다. 그런 것에까지 신경을 쓰면 팀원들의 말과 그 회의를 통해 하나님이 하려는 말씀에 집중할 수 없다는 것을 잘 알기 때문이다.

그는 8시 58분에 회의실로 들어가고, 속속 들어오는 팀원들을 환한 미소로 맞아 준다. 침묵의 시간으로 회의를 시작하고 자신이 아침에 읽었던 시편 130편을 다 함께 다시 읽는다. 아울러 지난 밤 회의에 관한 팀원들의 피드백을 듣는다. 하나님을 위해 일하기 전에 먼저 하나님과 함께한 덕분에 이 하루는 이전 버전과 모든 측면에서 다르다.

건강한 균형을 통해 발견하는
영적 충만

'외적 활동보다 내적 삶의 우선'을 실천하는 사람들은 정서적으로나 영적으로 충만해서 자신과 다른 사람들과 하나님을 깊이 의식하며 살아간다. 그래서 하나님과 '함께하는 삶'이 하나님을 '위한 일'을 감당할 만큼 충분히 채워져 있다. 건강한 크리스천 제자들과 리더들은 이런 정서적, 영적 충만함으로 사는 사람들이다. 이 충만함은 그들 삶의 모든 측면에 영향을 미친다. '정서적 충만함'은 주로 높은 수준의 의식으로 나타난다.

즉 자신의 감정, 약점, 한계, 자신의 과거가 현재에 미치는 영향, 그것이 다른 사람에게 미치는 영향을 분명히 의식한다. 그들은 다른 사람의 감정과 환경을 헤아리는 능력을 지니고 있다. 그래서 그들이 하는 모든 일에서 이런 성숙함이 묻어 나온다.

'영적 충만'(spiritual fullness)은 하나님과 함께하는 것과 하나님을 위해 일하는 것이 건강한 균형을 이룬 모습이다. 영적으로 충만한 사람들은 자신의 영적, 육체적, 정서적 능력으로 감당할 수 있는 수준 이상으로 많은 활동을 하지 않도록 주의한다. 그들은 하나님을 '위해' 일하기보다는 하나님'으로부터' 받는 데 더 초점을 맞춘다. 그들은 자신이 누리는 예수님을 타인에게 나눈다. 그들은 리더가 감당해야 할 요구와 압박을 다룰 수 있게 해 주는 주기적이고도 지속 가능한 리듬을 기른다. 그들의 잔은 하나님으로 꽉 차 있다. 그들은 하나님의 사랑을 끊임없이 공급받기 때문에 다른 사람에게 끊임없이 사랑을 베풀고도 고갈하거나 탈진하지 않는다. 그들은 삶이 피곤해지기 시작하면 방향을 바꾸고 스케줄을 조정할 줄 안다.

그들은 하나님, 자신, 타인과 함께하는 시간이 함께하는 공동체에게 주는 가장 큰 선물임을 안다. 그렇기 때문에 '내적 삶'보다 '외적 활동'을 우선시하는 우를 범하지 않기 위해 최선을 다한다.

다시 보는
마리아와 마르다 이야기

1장에서 마리아와 마르다의 이야기를 통해 '하나님을 위한 일' VS '하나님과 함께하는 삶'이라는 역학을 간단히 살펴보았다. 마르다는 열심히 예수님을 섬겼지만 일의 압박과 요구들로 인해 예수님께 집중하지 못했다. 마르다는 우선순위가 뒤바뀐 탓에 짜증과 걱정이 가득했다. 예수님을 환대하려는 마음은 칭찬받아 마땅하지만 예수님을 위한 일을 감당할 만큼 예수님과 함께하는 시간이 충분하지 못했다. 마르다의 영적 삶은 균형을 잃은 상태였다.

반면, 마리아는 예수님의 발치 아래에 앉아 그분의 말씀에 귀를 기울였다. 그녀는 예수님을 '위해 일하는 것'보다 예수님과 '함께하는 것'을 우선시했다. 〈그림7〉의 차이점을 눈여겨보라.

예수님은 마리아가 더 좋은 것(그분의 발치 아래 앉아 그분의 말씀을 듣는 것)을 선택했고 그것을 빼앗기지 않을 것이라고 분명히 말씀하셨다(눅 10:42).

마리아와 마르다의 이야기는 극도로 중요한 사실을 말해 준다. 하나님을 위해 일하는 삶은 하나님과 함께하

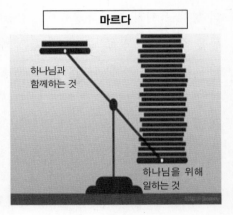

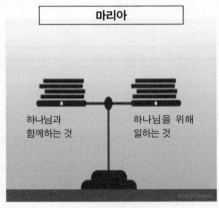

〈그림7〉 마르다와 마리아

는 내적 삶의 충족을 통해 완성된다. '하나님을 위한 일'과 '하나님과 함께 하는 삶'을 통합하면 우리의 삶에 아름다움과 조화, 명료함이 더해진다. 그럴 때 우리의 영적 삶이 충만해지고 기쁨이 넘쳐난다.[1] 삶의 속도를 충분히 늦추고 하나님과 함께하는 시간을 가지면 그분을 위한 사역이 그분과의 깊은 사랑의 교제라는 원천에서 자연스럽게 흘러나온다. 그럴 때 그리스도의 생명이 우리를 통해 타인에게로 흘러갈 수 있다. 다시 말해, 제자를 양성하고 건강한 공동체를 세워 가는 방식을 통해 자연스럽게 그리스도의 생명이 전해진다.

예수님과 초대 교회 : 하나님을 위한 일은 하나님과 함께하는 내적 삶에서 비롯한다

하나님을 위한 일보다 하나님과 함께하는 삶을 우선시하는 원칙은 신약과 초대 교회 역사에 깊이 뿌리를 내리고 있다. 몇 가지 예를 들어보면 다음과 같다.

예수님: 예수님은 본격적으로 공생애를 시작하기 전 30년 동안 정체를 숨기시고 자신의 정체성 및 아버지와의 연합을 내면 깊이 확립하는 데 집중하셨다. 사역을 시작하신 뒤에도 수시로 분주한 사역의 현장을 떠나 아버지와 단 둘이 보내는 시간을 가지셨다(눅 5:15-16).

예수님은 12명의 제자를 뽑을 때도 마찬가지였다. 그분을 위해 일하기 전에 먼저 그분과 '함께해야' 할 것을 요구하셨다. "이에 열둘을 세우셨으니 이는 자기와 함께 있게 하시고 또 보내사 전도도 하며 귀신을 내쫓는 권능도 가지게 하려 하심이러라"(막 3:14-15).

열두 제자: 예수님의 죽음과 부활 이후에도 12명의 제자는 '외적 활동보다 내적 삶이 먼저'라는 평소와 같은 삶의 태도로 초대 교회를 이끌었다. 기도와 말씀에 집중하는 것이 다른 모든 것보다 우선됐다(행 6:2-4). 교회가 폭발적인 성장을 이룬 후에도 제자들은 사역의 끝없는 요구와 문제들이 예수님과 함께하는 시간을 방해하는 것을 철저히 경계했다.

초대 교회: 교회 역사의 처음 300년 동안 리더들은 '학습'(catechumenate)이라고 하는 진지한 제자훈련 과정을 개발했다.[2] 그 이유는 다음과 같다. 로마 제국은 수많은 지역에서 신자들을 끊임없이 극심하게 박해했다. 그런데 순교를 당하는 대신 믿음을 저버렸던 크리스천들 중 일부가 박해가 잦아든 후 교회 공동체로 돌아오기를 원하면서 심각한 문제들이 불거졌다.[3] 초대 교회는 단순히 예배 참석, 전도, 교제와 같은 외적인 '활동'만 열심히 해서는 극심한 압박의 순간에 믿음을 끝까지 지킬 수 없다는 점을 깨달았다. 그래서 교회 리더들은 '예수님과 함께하는 삶'에서 자라갈 수 있는 구체적인 과정을 확립했다. 그래야만 '예수님을 위해' 일하고 복음을 전하는 삶을 끝까지 이어갈 수 있었기 때문이었다.

초대 교회에서 중세 시대까지의 신학자들: '교회 박사들'(Doctors of the Church)이라고 불리는 2세기에서 7세기까지의 8대 교회 리더들을 말한다. 즉 아타나시우스(Athansius), 나지안조스의 그레고리우스(Gregory of Nazianzus), 대 바실리우스(Basil the Great), 암브로시우스(Ambrose), 제롬(Jerome), 요하네스 크리소스토무스(John Chrysostom), 어거스틴(Augustine), 대 그레고리우스(Gregory the Great)이다. 그들 중 대부분은 먼저 수도사로서 기도의 삶과 '하나님과 함께하는 삶'의 기초를 탄탄히 다졌다.[4] 그들의 섬김은 늘 예수님과 함께하는 풍성한 삶에서 흘러나왔다.

오늘날 교회들의
제자훈련

　처음 예수님을 믿었을 때는 많은 일을 해야 하는 줄 알았다. 기도, 성경 읽기, 복음 전도, 영적 은사를 발견하고 사용하는 일, 소그룹 활동까지 해야 할 일은 끝이 없었다. 리더가 되면서 할 일은 더 늘어났다. 권한을 위임하고 비전을 제시하고 효과적으로 가르치는 일까지 해야 할 일이 훨씬 많아졌다. 하지만 꼭 필요한 제자훈련 기술의 목록에서 한 번도 보지 못한 것이 하나 있었다. 그것은 바로 내적 기초를 바탕으로 사람들을 이끄는 일이었다. 교회들이 하나같이 사역만을 강조하다 보니 예수님이나 자기 자신과 함께하는 삶에 관한 가르침은 점점 소실되었다.

　우리는 "내가 그리스도를 본받는 자가 된 것 같이 너희는 나를 본받는 자가 되라"라는 부름(고전 11:1)을 강조해 왔다. 하지만 안타깝게도 그것을 주로 특정한 활동들을 열심히 하라는 뜻으로만 해석해 왔다. 나 역시 예수님을 위해 일하는 법을 가르치기 위한 훈련법을 개발하는 데 수년을 쏟아 부었다. 우리는 외적 활동을 열심히 하다 보면 그 과정에서 내적 삶이 저절로 자리를 잡는 것이라고 생각했다.

　이것이 측정과 예측 가능한 전통적 제자훈련 모델이다. 특별한 경우가 아니면 누구든지 이 모델을 실천하도록 훈련시킬 수 있다. 하지만 정서적으로 건강한 제자훈련은 '외적 활동'보다 '내적 삶'을 강조해서 사람들의 삶 표면 아래까지 파고든다. 〈표1〉에 이 모델이 전통적인 제자훈련과 어떻게 다른지 간단하게 정리해 놓았다.

전통적인 제자훈련	정서적으로 건강한 제자훈련
1. 내가 일하는 것을 네가 지켜보고 나서 함께 이야기를 나눈다. 2. 내가 일하는 것을 네가 돕고 나서 함께 이야기를 나눈다. 3. 네가 일하는 것을 내가 돕고 나서 함께 이야기를 나눈다. 4. 네가 일하는 것을 내가 지켜보고 나서 함께 이야기를 나눈다. 5. 네가 일하는 것을 또 다른 사람이 지켜본다.	1. 내가 하나님과 함께하는 것을 네가 지켜보고 나서 함께 이야기를 나눈다. 2. 내가 하나님과 함께하고 너도 하나님과 함께하면서 이야기를 나눈다. 3. 내가 하나님과 함께하는 내적 삶을 바탕으로 일하는 것을 네가 지켜보고 나서 함께 이야기를 나눈다. 4. 네가 하나님과 함께하는 내적 삶을 바탕으로 일하는 것을 내가 지켜보고 나서 함께 이야기를 나눈다. 5. 네가 하나님과 함께하는 것을 또 다른 사람이 지켜본다.

〈표1〉 전통적인 제자훈련과 정서적으로 건강한 제자훈련 비교

'외적 활동보다 내적 삶이 먼저'라는 원칙을 고수하는 리더십 문화는 제자훈련의 속도를 늦추고 우선순위를 철저히 재조정한다. 그 문화 속에서 오고가는 대화 자체가 다르다. 자신을 돌아보며 질문을 자주 던진다. "내 삶이 사람들에게 권장할 만한가? 내 삶의 어떤 부분에서 언행불일치를 보이고 있는가?"

이렇게 '외적 활동보다 내적 삶을 먼저 챙기는' 사역 방식을 다음과 같이 정리할 수 있다. 첫째, 자신이 갖지 않은 것을 줄 수는 없다. 둘째, 우리가 무엇을 하느냐도 중요하지만 우리의 내적 삶이 어떠한가는 더 중요하다. 셋째, 우리가 다른 사람에게 줄 수 있는 것은 자신의 내적 삶이다. 이런 것을 설교하고 가르치기는 쉽지만 삶으로 살아내기는 여간 어렵지 않다.

외적 활동보다
내적 삶을 먼저 챙기기 힘든 이유

외적 활동보다 내적 삶을 먼저 챙기는 것은 2천 년 전 예수님이 12명의 제자를 모으실 때만큼이나 지금도 여전히 혁명적이다. 이유는 좀 다를지 몰라도 이 개념은 지금도 여전히 새롭다. 외적 활동보다 내적 삶을 먼저 챙기는 것이 그토록 어려운 이유는 자신의 거짓 자아를 직면해야 하기 때문이다. 거짓 자아는 나쁜 자아나 기만적인 자아라기보다 우리가 자신을 보호하고 자존감을 키우기 위해 사용하는 모든 외적인 것을 말한다. 예를 들어 외모와 교육, 재능, 성공이 여기에 속한다.[5] 사역의 배경에서 이 거짓 자아가 어떤 식으로 나타날 수 있는지 짧은 이야기를 통해 확인해 보자.

크레이그(Craig)는 젊고 재능이 뛰어난 목사이다. 독실한 기독교 가정에서 태어난 그는 항상 하나님이 주신 잠재력을 모두 이루라는 말을 듣고 자랐다. 그의 집의 가훈은 "차선은 최선의 적이다"였다. 그래서 그는 운동에서부터 학업과 신앙까지 모든 분야에서 최고가 되기 위해 고군분투했다.

그는 목회의 소명으로 신학교를 졸업한 뒤 교회를 개척했다. 그 교회는 나날이 부흥했다. 내가 그를 만났을 때는 급성장하는 그의 교회가 창립한 지 3년째 되는 해였다. 그는 몇 주간 '정서적으로 건강한 영성 코스'(The Emotionally Healthy Spirituality Course)에 참여한 뒤 깨달은 바를 다음과 같이 설명했다.

사람들이 모인 공간에 들어가면 나는 무의식적으로 스스로에게 '이 사람들과 잘 어울리려면 어떤 모습을 보여야 할까?'라고 묻는다. 이것이 이타적인 것 같지만 내가 볼 때는 전혀 그렇지 않다. 이것은 앞에 있는 사람들이 좋아하는 모습과 행동을 보이려는 시도이다. 나의 본모습으로는 눈앞의 사람들과 잘 어울리지 못할까 봐 두렵다. 거부를 당할까 봐 두렵다. 그래서 거부를 당할 위험을 무릅쓰기보다는 확실히 친해질 수 있는 길을 선택한다. 나 자신과 내 행동과 말투를 눈앞의 사람들이 좋아할 만한 방향으로 즉각적이고도 무의식적으로 조정한다.

결국, 거의 하루 종일 다양한 가면을 쓰고 살아간다는 말이다. 악한 가면을 쓰는 것은 아니지만 종일 가면을 쓴다. 하지만 삶의 속도를 늦추고 하나님 앞에 홀로 서면 내가 무의식 속에서 "하나님의 눈에 들려면 어떤 모습을 보여야 할까?"라고 묻기도 전에 하나님이 "아들아, 너의 내적 상태가 어떠하냐?"라고 물으신다.

나의 내적 모습을 알 수 없으니 답을 할 수가 없다. 늘 다른 사람을 위해 가면을 쓰고 살다보니 내 진짜 얼굴(나의 내적 삶)이 어떻게 생겼는지 잊어버렸다.

크레이그의 자기 대면은 비록 고통스럽기는 했지만 하나님께로 향하는 여정을 시작하게 만들었다. 그는 자신의 감정들, 특히 분노나 슬픔, 두려움 같은 힘든 감정들에 관심을 기울이기 시작했다. 자신이 타인 앞에서 실제와 다른 모습을 보이는 경향이 있다는 사실을 깨달았다. 그는 삶의 대부분을 거짓 자아로 살고 있었다. 이 깨달음은 개인의 삶을 넘어 가정과 사역에서 놀라운 열매를 맺게 하였다.

성경은 "새 사람" 혹은 참된 자아로 삶을 살기 위해 "옛 사람" 곧 거짓 자아를 벗으라고 명령한다(엡 4:22, 24). 그렇다면 우리가 거짓 자아로 살고 있는지 어떻게 알 수 있을까? 거짓 자아가 자기 존재의 뗄 수 없는 일부가 되어서 스스로 알아차리지 못할 수 있다. 하지만 거짓 자아의 외적인 행동들은 좀 더 쉽게 확인할 수 있다. 자기방어, 소유욕, 타인의 행동을 조종하려는 것, 자기 홍보, 남들과 차별되려는 욕구 등이 그런 행동이다. 이 거짓 자아에 종교의 껍데기가 씌워지면 벗겨 내기가 한층 더 어려워진다.[6]

자, 거짓 자아를 어떻게 찾아낼 수 있을까? 다음과 같은 간단한 평가 도구가 좋은 출발점이 될 수 있을 것이다.

거짓 자아 평가

다음 진술을 통해 거짓 자아가 어느 정도까지 심한지를 파악해 보라. 각 진술에 대해 자신에게 해당하는 번호에 체크하라.

1 그렇지 않다   2 가끔 그렇다   3 대부분 그렇다   4 항상 그렇다

1. 나를 다른 사람과 자주 비교한다.	1 2 3 4
2. 거절을 잘 못한다.	1 2 3 4
3. 다른 사람이 싫어할 만한 말을 잘 못한다.	1 2 3 4

	그렇지 않다	가끔 그렇다	대부분 그렇다	항상 그렇다

4. 가까운 사람들에게 방어적이고 쉽게 상처를 받는다.   1 2 3 4

5. 내 단점과 실패를 잘 웃어넘기지 못한다.   1 2 3 4

6. 사람들을 만나는 자리에서 약하거나 어리석어 보이지 않도록
   애를 쓴다.   1 2 3 4

7. 겉과 속이 잘 일치하지 않는다.   1 2 3 4

8. 실패하거나 어리석어 보일까 봐 좀처럼 모험을 하지 못한다.   1 2 3 4

9. 내가 가진 것(재물)이나 내가 하는 일(성과), 혹은 나에 관한 남들
   의 생각(인기)에서 자존감이나 행복감을 얻는다.   1 2 3 4

10. 어느 상황에서 어떤 사람과 있느냐에 따라 행동이 달라질 때
    가 많다.   1 2 3 4

다음은 답에 관한 설명이다.

주로 3번이나 4번(대부분 그렇다, 항상 그렇다)을 **선택했다면**, 거짓 자아가 심한 편이다. 필시 이 평가가 힘들고, 두려웠을 것이다. 하지만 걱정하지 말라. 이 간단한 평가만으로도 훌륭한 첫걸음이 되었다. 스스로에게 이렇게 물으라. "이 평가를 통해 하나님이 나를 무엇으로 초대하고 계실까?"

주로 2번이나 3번을 선택했다면, 이미 거짓 자아에서 벗어나기 시작했을 가능성이 높다. 이제 하나님이 당신을 더 높은 단계의 자의식과 성장으로 부르신다. 내적 삶의 표면 아래를 들여다보길 바란다.

주로 1번과 2번(그렇지 않다, 가끔 그렇다)을 **선택했다면**, 자신의 참된 자아를 분명히 알고 자신이 거짓 자아로 향할 때 인식하고 있을 가능성이 높다. 좋은 일이다. 정서적으로 건강한 제자훈련의 7가지 특징들을 계속해서 살펴보면서 점점 더 높은 차원의 자기 발견으로 나아가기를 바란다.

참된 자아는 거짓 자아의 정반대이다. 크리스천 작가이자 심리학자인 데이비드 베너(David Benner)는 참된 자아를 "하나님이 창조하신 당신의 전체 자아 … 영원 전부터 당신을 위해 따로 마련된 하나님의 특정한 얼굴"로 정의한다.[7] 하나님은 그분이 우리 안에 심어 놓으신 '참된 자아의 씨앗'이 나타날 수 있도록 거짓된 층들을 거두어 내라고 말씀하신다. 우주의 하나님이 우리 안에 그분의 거처를 마련하셨고(요 14:23) 예수님께 주신 그 영광을 우리에게도 주셨다(요 17:21-23). 성령께 우리를 열어 보이시면 우리 안에서 하나님께서 우리가 할 수 없는 일을 행하신다는 사실을 발견하게 된다.

문제는 어떻게 거짓 자아를 대면하는 두려움을 이길 것인가이다. 어떻게 해야 우리의 영적 삶에 공허함이나 낙심, 두려움이 아닌 충만함과 용기, 평강이 가득하도록 예수님을 '위한 일'과 예수님과 '함께하는 상태'를 통합할 수 있을까?

혹시 이런 생각을 하고 있지는 않은가? "하루 종일 앉아서 기도만 하라는 말인가? 아예 직장도 그만두고 교회에서 맡은 책임들도 다 내려놓고 오로지 묵상에만 전념하라는 말인가?" 좋은 질문이다!

하나님과 함께하기 위한
4가지 방법

하나님을 위해서 일하기 전에 먼저 하나님과 함께하라는 원칙은 성경만큼이나 오래되었고, 오랜 교회 역사에서 많은 사람에 의해 글로 기록되었다. 그에 비하면 겨우 26년에 불과한 나의 연구와 실천은 부족하기 짝이 없다. 그럼에도 나는 이 무한한 보고에서 몇 가지 보물을 찾아낼 수 있었다. 특히 그중 4가지가 이 새로운 삶의 방식을 이해하고 경험하는 데 큰 도움이 되었다. 하나님을 '위해서 일하기' 전에 먼저 하나님과 '함께하려면' 결단이 필요하고, 자신의 감정을 느끼고, 침묵의 시간을 가지며, 예수님과 교제해야 한다.

이 보물을 통해 내적 삶보다 외적 활동에 집중하라는 주변의 끊임없는 압박을 거부하며 당신의 삶을 재정비하게 되기를 바란다.

급진적인 결단을 내리라

나는 '외적 활동보다 내적 삶이 우선'이라는 원칙을 처음 알고 나서 곧바로 3세기에서 5세기까지 살았던 사막 교부들에 관한 글을 읽었다. 그들의 문제가 오늘날 우리가 개인적인 삶에서나 사역에서 마주하고 있는 문제와 크게 다르지 않다는 사실을 발견했다. 우리처럼 사막 교부들도 교회가 세상 문화에 물들어 버린 시대를 살았다.

이에 사막 교부들은 하나님과 '함께하기' 위해 이집트의 사막으로 들어가는 결단을 취했다. 이것은 AD 270년에 안토니우스(Anthony)라는 스무 살의 젊은이로부터 시작되었다. 그는 하나님과 둘만의 깊은 교제를 위해 사막으로 향했다. 그때부터 수많은 크리스천들이 그의 뒤를 따라 나일 삼각주의 고향 마을들을 떠나 사막으로 들어갔다. 거기서 그들은 당시 교회를 물들인 세속적인 문화에서 벗어나 거룩한 삶을 추구했다.

그들은 광야에서 하나님과 보내는 시간을 많이 가졌던 모세, 엘리야, 세례 요한의 옛 길을 따라가고자 했다. 시간이 흐르면서 그들은 공동체를

이루게 되었고 사막 교부들과 교모들로 알려지게 되었다.[8]

평민부터 황제까지 다양한 사람들이 그들에게 지도와 지혜를 구하기 위해 사막으로 발걸음했다. 하나님과 인간의 마음에 관한 깊은 지식을 지녔던 그들은 어떤 면에서는 당시의 심리학자요 영적 지도자였다. '사막 교부들과 교모들의 금언'으로 알려진 그들의 지혜와 통찰은 나중에 글로 쓰였다.

사막 교부들 중 아르세니우스(Arsenius)는 하나님을 '위해서 일하기' 전에 하나님과 '함께하기' 위해서 꼭 필요한 결단을 제시한다. 아르세니우스는 AD 350년 로마에서 태어나 부유하고 명망 높은 기독교 가문에서 자랐다. 로마 황제 테오도시우스(Theodosius)는 많은 배움을 얻고 로마 의원이 된 그를 자녀들의 스승으로 삼았다. 하지만 궁전에서 풍족하게 산 지 11년 만에 그의 마음속에서 다른 삶을 향한 갈망이 불타올랐다. 그는 하나님의 인도하심을 구하는 기도를 드렸다. "주님, 구원의 길을 보여 주소서." 그러자 음성이 들려왔다. "사람들에게서 멀어지면 구원을 받을 것이다."[9]

아르세니우스는 그 음성을 따라 궁전을 나와 이집트의 사막으로 들어갔다. 그곳에서 홀로 똑같은 기도를 반복해서 드리자 다시 음성이 들려왔다. "도망치라. 침묵하라. 항상 기도하라. 이런 것이 죄 없는 삶의 원천이니라."[10] 이번에도 그는 그 음성을 따랐다. 이것이 그의 결단이었다.

지금 당신이 마음속으로 어떤 생각을 하고 있을지 짐작이 간다. "도무지 무슨 말인지 모르겠군. 사막으로 들어가라는 말인가?" 물론 아니다. 단지 현재의 습관과 리듬에서 완벽히 벗어나려면 그만큼 과감한 결단이 필요하다는 말이다.

마약이나 술 중독이 아닌 일과 활동 중독을 끊어내기 위한 과감한 결단이 필요하다. 정신없이 바쁜 일상으로부터 도망쳐 '외적 활동보다 내적 삶을 먼저' 챙겨야 한다. "어떤 대가가 따르더라도 이것을 반드시 할 것이다. 이것을 하지 못한다면 죽는 편을 선택하리라." 이 정도의 결단이 필요하다. 분명 이것은 아르세니우스의 결단 못지않게 과감한 결단이다.

카를로스는 하루를 시작하기 전에 '외적 활동 중심의' 리더에서 '내적 삶 중심의' 리더로 변하겠다고 굳게 결심했다. '외적 활동 중심'의 카를로스는 자기 반성을 할 줄 알기는 했지만 할 일은 많은데 시간이 없어서 쫓기며 살고 있었다. 이로 인한 문제점들은 형식적인 아침 경건의 시간에서부터 갈등을 회피하고 팀 회의를 대충 준비하는 모습까지 여러 형태로 나타났다.

하지만 '내적 삶 중심의' 카를로스는 '외적 활동 중심의' 카를로스와 전혀 다른 사람처럼 보인다. 진중하고 사려 깊고 현재에 집중하며 자신, 하나님, 타인과 깊은 유대 관계를 가졌다. 그의 내적 삶은 종일 하나님의 평강으로 충만하다. 하루의 시작부터 하나님 중심의 우선순위를 깊이 되새긴 덕분에 그 우선순위에서 벗어난 것들은 거부할 수 있었다. 이는 쫓기지 않고 여유로운 삶으로 이어졌다.

감정을 느끼라

데이브(Dave)는 말수가 적다. 그는 교회 아동부 부장으로 수많은 아이들과 학부모들을 잘 섬겨 온 탁월한 리더이다. 그런데 한 가지 아쉬운 점은 감정을 거의 표출하지 않는다는 것이었다. 또한 사람들에게 사랑을 표현하거나 갈등을 성숙하게 해결하는 데도 부족한 모습을 보였다.

데이브가 경험한 제자훈련의 한계가 분명하게 드러난 것은 비극적인 사건을 통해서이다. 9·11테러를 기억하는가? 그의 이모는 비행기 2대가 세계무역센터와 충돌할 때 그 건물 안에 있었다. 그 사고로 이모는 어린 두 자녀를 남겨 둔 채 39세라는 젊은 나이에 세상을 등졌다. 데이브의 친척들은 대부분 크리스천이었지만 그 참담한 사고를 어떻게 성경적으로 해석해야 할지 몰라 괴로워했다.

데이브는 내게 그 이야기를 털어놓으면서 탄식했다. "시체도 찾지 못했습니다. 장례식 후에 저희 가족은 누구도 9·11 테러에 관한 이야기를 하지 않습니다. 몇 년이 지나서 이모의 DNA 일부가 발견되었을 때 우리는 또 다시 충격에 빠졌지요. 하지만 우리는 감정을 억누르고 살았기 때문에 울어야 할지 웃어야 할지 몰랐습니다."

데이브는 바닥을 응시했다. 긴 침묵이 흐른 뒤에야 그의 입이 다시 열렸다. "슬펐습니다.… 너무 괴롭고 슬펐죠. 하지만 곧 감정이 느껴지지 않았어요."

그러고 나서 마치 자신에게 속삭이듯 천천히 읊조렸다. "어떻게 해야 할지 모르겠더군요. 눈물을 삼키고 꿋꿋이 살아가야 한다고 생각했습니다."

그가 독실한 기독교 집안에서 자라 8세에 그리스도를 영접했다는 사실로 인해 더 안타까웠다. 그의 아버지는 교회 재정위원이었고 그의 가족들은 교회를 집처럼 드나들었다. 하지만 그는 오랜 세월이 흐른 후 아내가 인도자로 섬기는 집중 소그룹 모임에 참석한 뒤에야 참된 변화를 경험할 수 있었다. 마침내 그는 "이런 일은 처음이에요"와 같은 식으로 슬픔의 감정을 표현할 줄 알게 되었다. 그때부터 그의 삶이 하나씩 변하기 시작했다. "강한 척하지 않고 감정을 솔직히 표현하기 시작했습니다. 아이들의 말에도 귀를 기울이기 시작했고요. 안식일과 침묵의 시간을 갖는 것이 내 삶의 중요한 부분이 되었습니다. 덕분에 모든 관계가 눈에 띄게 달라졌습니다."

그는 9개월 동안의 소그룹 활동이 쉽지 않았지만 인생을 바꾸는 사건이었다고 고백한다. 그 후로 그의 삶은 활력이 넘쳤다. 사실, 나도 감정 특히 분노와 슬픔과 두려움을 느끼지도 표출하지도 말라고 배우며 자랐다. 또한 내 영적 삶의 방향은 오로지 위와 밖으로 향해 있었다. 즉 교회를 성장시키고, 사람들을 전도하고, 사역자들을 훈련시켜 배치하고, 더 나은 리더가 되는 것들이 최우선이었다. 그리스도와 올바른 관계를 맺기 위해서는 내 감정의 소리에 귀를 기울어야 한다는 사실을 전혀 모르고 있었다. 크리스천 리더로서 나는 깊은 내면의 여정을 뒷전으로 한 채 조직을 정비하고 문제를 해결하는 식의 '활동'에만 매달렸다.

그런 탓에 나의 내면은 엉망이었다. 나는 생각과 감정이 있는 내면의 혼란을 좀처럼 들여다보지 않았다. 자신을 돌아본다는 것은 생각만 해도 두려운 일이었다. 내면의 온갖 추악한 감정이 봇물 터지듯 터져 나와 나를 망가뜨리고 내가 이룬 사역을 와르르 무너뜨릴까 봐 두려웠다. 추악한 생각과 탐욕과 내면의 분노를 들여다보는 것이 무슨 득이 될까 싶었다. 그런 감정은 꾹꾹 눌러 담고 오로지 위의 것만을 바라보는 것이 경건이라고 굳게 믿었다(골 3:2).

반면, 아르세니우스를 비롯한 사막 교부들과 교모들은 모두 이 땅에서 시선을 떼지 않았다.[11] 그들은 미성숙한 행동을 낳는 길들이지 않은 감정, 불순한 의도, 악한 생각이라는 세상적인 그림자와 사투를 벌였다.[12]

그들은 그리스도의 성숙한 제자로 성장하기 위해서는 자신에 관한 진실로부터 도망치지 않고 그것을 마주할 용기가 필요함을 이해했다.

또 다른 사막 교부인 폰투스의 에바그리우스(Evagrius of Pontus)의 말이 이 점을 가장 잘 정리해 주고 있다. "하나님을 알고 싶다고? 그렇다면 먼저 너 자신을 알라."[13] 다시 말해, 하나님으로 가는 길은 필연적으로 자기이해의 문을 통과한다.

우리는 성경 곳곳에서 이렇게 행동하는 사람을 보면서 놀라워한다. 하지만 정작 우리가 그렇게 될 수 있다고는 상상하지 못한다. 하나님께 분노를 쏟아 낸 욥부터 의기소침한 예레미야와 광야에서 비탄에 잠긴 모세와 시편을 가득 채운 다윗의 생생한 감정들까지 성경을 통해 보지만 나와 상관이 없는 일로 치부한다.[14]

내가 어떻게 살고 있고 어떤 감정을 느끼며 그것이 남들에게 어떤 영향을 미치고 있는지 파악하고 나면 다음과 같은 고통스러운 질문을 던져야 한다.

- 나는 왜 항상 바쁜가?
- 왜 나는 그토록 성급한가?
- 왜 나는 그토록 걱정이 많은가?
- 왜 나는 그토록 화를 잘 내는가? 아내가 교회를 떠날 것을 고민 중이라고 말했을 때 나는 왜 그토록 방어적으로 행동했을까?
- 왜 나는 갈등을 회피하는가?

처음 감정을 느끼고 표출하기 시작하자 나의 서툰 모습이 보였고 아

주 2년 정도의 '감정 연습'을 해야 할 정도였다.[15] 매일 아침 예수님과 보내는 시간에는 일기장에 전날의 감정을 기록했다. 하나도 숨기지 않고 더없이 솔직히 기록했다. "어제 그 대화가 왜 그토록 불편했을까? 그가 내 생각을 묻지도 않고 무조건 비판하기는 했지만 왜 그토록 화가 났을까?"

내면에서 일어나는 일들을 정확히 알지 못하면 현실을 환상과 부인 속에서 살 수밖에 없다는 사실을 곧 깨닫게 되었다. 진정한 영적인 삶은 현실 도피가 아니라 적극적인 현실 참여에 있다. 곧 나는 영성 없이 살고 있었다.

안타깝게도 우리는 내적 세계에서 벌어지는 일을 인식하지 못해 하나님의 많은 선물을 놓친다. 하나님은 슬픔, 의기소침, 분노, 불행한 결혼생활, 툭하면 헝클어지는 삶으로 인한 좌절감 같은 감정을 통해 우리에게 말씀하신다. 이 음성을 듣지 못하는 것은 실로 안타까운 일이다. 우리는 종종 하나님이 성경, 기도, 설교, 예언, 환경 등을 통해서만 말씀하시고 우리의 감정은 하나님의 음성과 전혀 무관하다고 생각하는데, 전혀 그렇지 않다.

외적 활동을 하기 전에 먼저 내적 삶부터 갖추려면 삶의 속도를 늦추고 감정을 느끼고 표현하는 일이 반드시 선행되어야 한다. 어떤 활동(일기 쓰기 등)이 감정을 되살리는 데 도움이 되는지 판단해서 실천해 보라. 하나님의 뜻을 분별하려고 할 때 자신의 감정도 유심히 살피는 습관을 길러야 한다.

침묵의 시간을 가지라

하나님과 '함께하는 삶'을 훈련해 하나님을 '위해서 일하려면' 침묵 연습이 필요하다. 이는 곧 하나님과의 관계를 풍성하게 가꾸어 준다. 하나님 앞에 조용히 무릎을 꿇는 훈련 없이는 영적 어른으로 성장하는 것이 불가능하다. 하나님과 '함께하는 삶'이 하나님을 '위한 일을 지탱해 주는 수준까지 절대 이를 수 없다. 왜 그럴까? 우리의 내적 세상에 쓸데없는 걱정, 나의 계획, 온갖 잡념이 가득하면 하나님으로 채울 공간이 사라지기 때문이다. 침묵의 시간은 예수님을 따르는 방식과 사람들을 이끄는 방식을 완전히 바꿔 놓는다. 몇 가지 이유를 살펴보면 다음과 같다.

침묵 가운데 우리의 뜻을 하나님의 뜻 앞에 내려놓게 된다. 하나님이 그 옛날 아르세니우스에게 하셨고 지금 우리에게도 하고 계신 말씀은 삶의 통제권을 내려놓으라는 것이다. 우리가 우주의 중심이라는 착각을 끊임없이 버려야 한다. 기도 중에 우리는 통제와 인정과 안정의 욕구를 내려놓는다.

침묵 연습을 시작하면서 기도의 대부분이 두려움에 의한 것임을 깨달았다. 나는 삶의 통제권을 잃을까 봐 하나님께 이런저런 것을 해 달라고 끊임없이 요구하고 있었다. 그분과의 교제는 늘 뒷전이었다.

일전에 한 목사가 심각한 얼굴로 내게 충고했다. "목사님, 우리는 성도들을 위해 중보기도를 해야 할 사람들입니다. 하지만 침묵하면 이 은사를 사용하지 못하는 것이 아닙니까?" 나는 이렇게 대답했다. "침묵하면 중보기도를 하는 방식이 철저히 바뀝니다! 우리는 주변 사람들을 위해 기도한다고 하지만 그 기도는 대부분 자기 의에서 나온 것일 뿐입니다. 침묵 연습을 통해 우리가 원하는 것을 하나님께 요구하던 기도에서 하나님이 원하시는 것을 우리가 동일하게 원하는 것으로 기도의 초점이 완전히 변할 수 있습니다."

하나님이 우리를 통해 하시려는 일을 받아들이는 것보다 더 힘든 일은 별로 없다. 하지만 동시에 그보다 더 놀라운 일도 별로 없다. 나는 침묵 연습을 할 때 내가 하나님의 사랑이라는 강 속에 있는 상상을 한다. 강의 흐름에 항복하기를 한사코 거부하며 고집스레 상류로 헤엄을 치려고 하기보다는 하나님 사랑의 흐름에 순응하여 그분이 나를 원하시는 곳으로 이끄시도록 맡긴다. 침묵 가운데 우리의 계획을 내려놓고 하나님과의 교제를 우리 삶의 중심에 놓게 된다. 우리가 기도로 하나님께 나아가는 주된 목적은 격려의 말이나 인도하심 같은 뭔가를 얻는 것이 아니다. 단순히 하나님과 '함께하는' 것이 기도의 본질이다. 하나님의 임재 가운데 잠잠히 있는 것 자체가 기도이다.

침묵은 아무런 방해 없이 하나님의 사랑을 온전히 누릴 수 있도록 우리 삶의 속도를 충분히 늦추는 행위이다. 있는 모습 그대로 하나님 앞에 서기만 하면 그분의 사랑이 우리 안으로 흘러들어온다. 침묵은 하나님의 사랑이 우리 안에 들어와 우리 존재의 구석구석까지 온통 스며들도록 자신을 여는 일이다. 우리는 침묵 가운데 하나님이 깊이 변화시키시도록 우리를 내어 맡기게 된다.

토마스 키팅(Thomas Keating)은 우리 안에서 이루어지는 하나님의 역사를, 땅을 층층이 파서 깊이 묻힌 유적과 보물을 발굴하는 고고학자들의 작업에 빗댄다. 성령은 우리 삶을 깊이 파내는 고고학자와도 같다. 성령은 우리 삶 전체를 층층이 걷어 내어 가장 원초적인 감정들의 암반을 드러내신다. 그리고 그 과정에서 필요한 것과 불필요한 것, 쓰레기와 보물을 분류하신다. 키팅이 이 과정을 어떻게 묘사하는지 들어보자.

하나님이 우리를 위해 기다리고 계신 중심으로 나아가면 상황이 더 악화되는 것처럼 느껴지기 마련이다. 여기서 우리는 영적 여행이 성공 스토리나 커리어 이동이 아니라는 점을 알아야 한다. 영적 여행은 거짓 자아가 일련의 굴욕을 당하는 과정이다.[16]

진정한 영적 여행을 시작하면 조만간 자기 삶의 냉엄한 현실, 자기 안의 괴물들, 자신의 어두운 구석과 견고한 진, 자신의 고집을 마주하게 된다. 때로는 자신도 모르는 이런 부분을 하나님께 열어 보이지 않으면 남들에게 표출할 수밖에 없다.[17]

침묵 가운데 우리는 자신을 열어 하나님의 음성을 듣게 된다. 두 사람이 서로 사귀는데 한 사람만 계속해서 말을 한다고 생각해 보라. 끊임없는 말과 끊임없는 요구는 일방적인 관계일 뿐이다. 하지만 기도생활에 의식적인 침묵의 시간을 더하면 쌍방향 관계로 발전한다. 하나님과 함께하고 그분에 의해 지탱되고 그분의 음성을 듣게 된다. 2분이든 20분이든 그 이상이든 침묵하는 시간을 가지면 그리스도 안에서 하나님과의 관계가 새로운 차원에 접어든다.[18]

하나님의 음성을 듣는 것이 침묵 가운데 그분과 함께하는 주된 목적은 아니지만, 침묵할 때 하나님이 나를 더 좋은 선택으로 이끄시거나 근심을 내려놓으라고 초대하시는 것을 자주 느낀다. 내 삶의 특정한 영역에 관한 맹점을 알려 주실 때도 있다. 주변의 외적인 소음과 내 안의 내적인 소음에 귀를 막을 때마다 하나님이 내게 얼마나 많은 말씀을 하시기를 원하시는지 놀라움을 금할 수 없다.

하루 종일 예수님과 교제하라

수도원은 각 사람이 하나님 앞에 조용히 무릎을 꿇기 위해 홀로 독방에 들어갈 필요가 있기에 탄생했다. 독방은 하나님을 만나기 위해 구별된 장소이다. 하지만 혼자 있는 시간의 목적은 단순히 기도에 전념하는 것이 아니라 항상 기도하는 사람이 되는 것에 있다. 항상 기도하는 사람은 공식적인 예배와 기도와 성경 공부 시간이 아니라 평소에 일하거나 놀거나 요리를 하거나 회의를 이끌거나 운전을 하거나 친구를 만날 때도 끊임없이 하나님의 임재를 경험한다. 다시 말해, 침묵 시간의 목적은 하나님을 늘 의식하는 것이다. 깨어 있는 내내 하나님을 기억하고 그분 안에 거해야 한다.

수련회에서 수사들과 깊이 있는 이야기를 나누기 전까지만 해도 내게는 "쉬지 말고 기도"하는 것이 불가능하게만 느껴졌다(살전 5:17). 그 전까지 나의 기도 생활과 신앙 생활은 신성한 것과 세속적인 것으로 이분되어 있었다. 묵상이나 성경 공부나 기도를 위한 시간을 따로 정해 두었지만 나머지 시간에는 하나님을 기억하거나 하나님과 교제하지 않는 날이 많았다. 신앙 생활의 목표가 매사에 하나님과 교제하며 종일 그분 안에 거하는 것임을 깨닫고 나자 이 모든 것이 바뀌었다.

그럼에도 예수님을 '위한 일'이 그분과 '함께하는 것'이나 그분 안에 거하는 것보다 중요해질 때가 여전히 많았다. 어떤 사건이나 순간의 대화만으로도 우선순위가 흐트러졌다. 그래서 내가 하나님 중심에서 벗어날 때마다 위험을 감지하게 도와주는 10가지 지표를 찾아냈다. 그런 지표가 나타나면 가능한 모든 것을 멈추고 몇 번의 심호흡을 한 뒤에 침묵으로 상황을 바로잡는다.

이 지표들이 당신에게도 도움이 되리라 믿지만 당신의 상황과 취약한 부분에 맞는 지표들을 찾아서 추가할 것을 권한다.

다음과 같은 상황이 외적 활동이 내적 삶을 추월했다는 신호이다

_____ 할 일은 많은데 시간이 없어서 극심한 압박감을 느낀다.
_____ 스트레스와 근심으로 인한 몸의 경직을 무시하고 있다.[19]
_____ 다른 사람의 이목에 신경을 쓴다.
_____ 미래에 관해 걱정하는 시간이 많다.
_____ 항상 급하게 뛰어다닌다.
_____ 방어적이고 쉽게 화를 낸다.
_____ 온갖 할 일에 정신이 팔려 있다.
_____ 성급하게 의견을 내고 비판한다.
_____ 다른 사람의 성공을 축하해 주지 못하고 위협감을 느낀다.
_____ 듣기보다 말하는 시간이 많다.

지금까지 우리는 하나님을 '위해 일하기' 전에 하나님과 '함께하기' 위한 4가지 방법을 살펴보았다. 결단을 내리고, 감정을 느끼고, 침묵을 훈련하고, 하루 종일 예수님과 교제하는 것이 그 방법들이다. 하지만 여기서 끝이 아니다.

어떻게 해야 '외적 활동보다 내적 삶을 먼저'의 원칙을 실천할 수 있을지 계속 고민하면서 위의 방법 중 최소한 한 가지를 첫걸음으로 꾸준히 실천하기를 바란다. 분명 큰 도움이 될 것이다. 무엇보다도 이 중요하고도 힘든 변화의 길에서 발걸음 하나하나를 인도해 주실 주님의 음성에 귀를 기울이며 늘 그분과 함께하라.

하나님과 함께하는 삶을 위한
가이드라인

영적 훈련을 형식적으로만 흉내 내지 않고 실제로 하나님과 '함께하는 삶'으로 하나님을 '위한 일'을 뒷받침하려면 창의성과 끈기뿐 아니라 시행착오가 필요하다. 이것을 실제로 해 본 사람이라면 깊은 고민과 사전 계획이 필요하다는 점을 잘 알 것이다.

하나님과 함께하는 삶은 참으로 풍성하고 아름답다. 그런 삶이 가능하기 위해서는 삶의 가이드라인들이 필요하다. 고려할 만한 몇 가지 가이드라인을 소개한다.

직무기술서와 평가 과정을 조정하라. 나는 이 여정의 처음 10년간 '하나님과 함께하는 삶'을 내 직무기술서의 최우선 항목으로 삼았다. "예수님의 제자로서 성장하고 성숙하기 위해 예수님과의 깊은 내적 삶을 바탕으로 타인을 이끈다."

예수님과 함께하는 삶이 내 최우선 직무가 되었다. 나중에는 이 항목을 모든 목회자들의 직무기술서에 추가했다. 나아가, 평가와 멘토링 과정에서 "당신의 외적 활동과 내적 삶이 균형을 이루고 있는가? 적절한 리듬이 잘 유지되고 있는가?"라고 묻는 문화를 정착시켰다.

안식일의 쉼을 실천하라. 하나님께서 온 우주를 다스리시기 때문에 우리가 일을 멈춘다고 해서 세상이 무너지지 않는다. 우리가 나서지 않아도 하나님이 우주를 완벽하게 운영하고 계신다. 우리가 잠을 자도 하나님은 쉬지 않고 일하신다. 그래서 우리는 안식일마다 일을 멈추고 쉰다. 물론 예수님이 우리의 안식이며 우리가 그분을 대면할 영원한 안식을 향해 가고 있지만, 이 땅에서도 안식일을 지키는 것이 그리스도 안에서 성숙해지기 위해 반드시 필요한 영적 훈련이다. 성경 읽기, 기도, 교제, 예배 같은 다른 훈련들과 마찬가지로 안식일이 우리를 구원해 주지 않는다. 하지만 이런 핵심 훈련들을 통해 영적 성장이 가능해진다. 안식일은 하나님의 사랑이 우리 안으로 흘러들어오는 중요한 통로 중 하나이다.[20]

성무일도의 리듬을 실천하라. 성무일도(곧, 정시 기도)는 하루에 7번씩 시간을 정해 기도했던 다윗(시 119:164)에서 시작된다. 다니엘도 하루에 3번씩 기도했고(단 6:10) 예수님 당시의 유대인들도 하루에 3번씩 기도 시간을 가졌다. 성무일도의 목적은 하루 중 정해진 시간에는 모든 일을 멈추고 하나님과 함께하는 리듬을 기르는 것이다.

약 20년 전부터 하루에 3-4번씩 멈춰서 하나님과 함께하는 훈련을 했더니 내 영적 삶이 몰라보게 변했다. 매 순간을 분주하게 지내다가도 정해진 시간에 모든 것을 멈추고 예수님의 임재를 느끼게 하는 훈련이 너무나도 값지다.[21]

삶의 규칙을 정하라. 삶의 규칙은 우리가 하는 모든 활동에서 하나님을 중심에 놓기 위해 의식적으로 계획을 세우는 일이다. 삶의 규칙은 매사에 하나님께 집중하고 그분을 기억할 수 있도록 특정한 영적 훈련들을 조합하여 삶의 구조와 방향을 정하는 것을 포함한다. 삶의 규칙은 3-5세기 사막 교부들과 교모들로부터 시작된 강력한 도구이다. 예수님의 사랑을 최우선시하는 삶을 구축하게 해 준다.[22]

믿음의 선배에게 배우라. 우리는 교회 공동체에 속할 뿐 아니라 영적 여정의 각 단계마다 성숙한 동반자들을 필요로 한다. 소그룹 내의 성숙한 신자나 영적 지도자, 멘토, 전문 상담자들은 우리가 변화의 과정을 포기하지 않고 완주하도록 도울 수 있다. 그들은 필요한 자원을 공급하고 우리의 질문에 지혜롭게 답해 줄 수 있다. 성숙한 동반자들이 없으면 영적 여정 중에 함정에 빠지거나 그리 유익하지 않은 샛길로 빠지기 쉽다.

실험하고 조정하라. 외적 일과 내적 삶의 균형을 이루기 위해 속도를 늦추는 습관을 실천하면 난관과 방해를 만날 수밖에 없다. 속도를 늦추는 습관을 몇 주간 시도해 본 뒤에 필요한 부분을 조정해야 한다. 하지만 약속하건대 점점 쉬워질 것이다. 대략 6개월 정도면 당신에게 가장 잘 맞는 핵심 훈련들의 윤곽이 드러날 것이다. 하나님이 각 사람을 다르게 지으셨다는 사실을 늘 기억하라. 외적 일과 내적 삶의 균형을 이루기 위한 당신의 방법과 나의 방법이 똑같을 수는 없다. 하나님은 각 사람에게 다른 성격과 기질, 인생의 상황들, 꿈, 소명을 주셨다.

자신에 대해
인내심을 발휘하라

당신 앞에 놓인 선택은 교회 안에서나 밖에서나 급진적으로 보일 수밖에 없는 힘든 선택이다. 적어도 표면적으로는 거스를 수 없는 거대하고도 강력한 흐름에 맞서는 것처럼 느껴질 것이다. 저항을 만날 수밖에 없다. 하지만 무엇보다도 가장 큰 반대는 당신 안에서 나타날 것이다! 나도 그랬으니까 말이다.

그래서 먼저 기도로 하나님의 인도하심을 구하며 시작하라는 말을 하고 싶다. 자신에 대해 인내심을 가지라. 외적 활동보다 내적 삶을 챙기는 힘든 여정을 시작하기 전에 먼저 하나님의 사랑 안에 깊이 뿌리를 내리라. 하나님의 일하심을 기다리는 법을 배우라. 그리스도를 위해 자신의 모든 것을 내어 놓으면 반드시 부활을 경험하게 될 것이다. 정서적으로 성숙한 그리스도인이 된다면 푸른 초장으로 인도해 주시는 하나님을 만날 것이다. 내가 직접 경험하고서 하는 말이니 확신할 수 있다.

Chapter 4

십자가 없는
인기와 성공에
집착하지 말라

예수님이 사역을 시작하신 이래로 교회와 문화의 관계는 늘 까다로운 이슈였다.[1] 오늘날에는 서구 문화가 기독교 세계를 주도하고 있다. 그리고 서구 문화의 중심에는 미국이 있다. 미국은 경제력과 정치력, 영화와 음악, 첨단기술의 힘으로 서구 문화, 나아가 세상 문화 전체에 지대한 영향을 미쳐왔다.

뭔가를 '미국화' 한다는 것은 "미국의 특징들을 받아들이거나 미국과 같은 특징들을 갖게 만드는 것" 혹은 "뭔가를 미국의 정치적, 문화적, 경제적 영향력 아래에 두는 것"을 의미한다.[2] 기독교의 측면에서 예수님을 미국화 하는 것은 삶이 더 나아지고 행복해질 것이라는 기대로 그분을 따르는 일이다. 미국이 아닌 다른 나라에 살고 있어도 미국화에서 자유로울 수 없다. 아프리카, 아시아, 유럽, 남미, 중동, 호주, 뉴질랜드를 막론하고 세상의 모든 교회에서 이 미국화의 흔적을 포착할 수 있다.

문제는 우리도 서구 문화에 깊이 물들어 있어서 예수님에 대한 우리의 시각이 얼마나 미국화 되었는지조차 인식하지 못한다는 것이다. 우리의 관념 속에 있는 예수의 모습에 충분히 만족하기 때문에 딱히 문제라는 생각도 들지 않는다. 그래서 미국화의 흔적을 찾을 마음도 별로 없다.

자, 미국화 된 예수님을 따르는 일이 구체적으로 어떤 것일까? 뭐라 딱 짚어서 말하기가 힘들다. 일단, 그 옛날 베드로의 삶 속에서 '안락한' 제자도가 어떤 식으로 나타났는지 보면서 분석을 시작해 보자.

십자가 없이
예수님을 따를 수 있을까?

예수님은 공생애의 절반이 끝나갈 무렵에 비로소 자신의 삶과 사역의 중심에 십자가가 있다는 사실을 제자들에게 분명히 설명하셨다. 성경은 충격에 빠진 베드로의 반응을 생생하게 기록하고 있다.

> 베드로가 예수를 붙들고 항변하여 이르되 주여 그리 마옵소서 이 일이 결코 주께 미치지 아니하리이다 예수께서 돌이키시며 베드로에게 이르시되 사탄아 내 뒤로 물러가라 너는 나를 넘어지게 하는 자로다 네가 하나님의 일을 생각하지 아니하고 도리어 사람의 일을 생각하는도다 하시고(마 16:22-23).

이 당시 베드로는 복음을 절반만 이해하고 있었다. 수많은 현대 신자들처럼 베드로는 '그리스도 중심'이었으나 '십자가 중심'은 아니었다.[3] 그는 예수님을 메시아로 우러러보았다. 그는 멋지게 승리를 거두는 구주의 모습에 관하여 기대감을 가지고 있었다. 물론 그는 예수님을 따르기를 진정으로 원했다. 그렇지 않다면 그분을 따르기 위해서 지난 삶의 기반을 모두 버리지는 않았을 것이다. 단, 그는 십자가에 달리시는 예수님이 아닌 십자가를 피하는 예수님을 따르기를 원했다.

이를 누구보다 잘 알고 계셨던 예수님은 베드로를 더 깊은 영적 여정으로 이끌어 가길 원하셨다. 베드로는 십자가의 예수님에 관하여 궁금하지 않았다. 예수님께 질문을 던져 복음에 관한 새로운 것을 배우려고 하지 않았다. 그저 흥분해서 예수님께 대들기 시작했다. 베드로는 예수님의 앞을 가로막고 십자가의 죽음과 같은 어리석은 소리는 하지 말라고 다그쳤다. 그런 베드로를 향한 예수님의 반응은 즉각적이고도 단호했다. "사탄아, 내 뒤로 물러가라!" 그러고 나서 더 충격적인 말씀으로 제자들의 혼을 빼놓으신다. "누구든지 나를 따라오려거든 자기를 부인하고 자기 십자가를 지고 나를 따를 것이니라"(마 16:24). 예수님은 우리 죄의 대속을 위해 자신의 십자가 죽음이 반드시 필요하다고 선언하실 뿐 아니라, 모든 제자들에게 십자가의 삶을 명령하신다.

예수님은 제자의 길을 완전히 새롭게 정의하셨다. "사람 중에 높임을 받는 그것은 하나님 앞에 미움을 받는 것이니라"(눅 16:15). "미움"은 실로 강한 언어이다. 우리가 가치 있게 여기는 것들에 대한 하나님의 심정이 이 정도이다. 하나님은 그분의 길에 대한 우리의 생각이 너무 작거나 편협한 정도가 아니라 지독히 잘못되었다고 말씀하신다.

그렇다면 십자가에 달리신 예수님을 따르려면 어떻게 해야 하는가? 십자가를 피하는 그리스도 중심의 제자도와 십자가를 받아들이는 십자가 중심의 제자도가 어떻게 다른지 보여 주는 2가지 시나리오를 살펴보자.

십자가를
피하는 리더들

매디슨(Madison)은 한 교회의 소그룹 사역을 이끄는 자원봉사자이다. 결혼을 했으며 3명의 어린 자녀를 키우느라 어렵지만 소그룹 사역의 월

례회를 인도하고 소그룹을 이끄는 일에 최선을 다한다. 매디슨과 남편 브래드(Brad)는 교회에서 모범적인 신자들로 인정을 받고 있지만 작년부터 부부 사이는 풀리지 않은 갈등으로 멀어질 대로 멀어졌다. 설상가상으로 막내아들이 학교에서 자주 말썽을 피우는 바람에 흰머리가 점점 늘어가고 있다. 하지만 매디슨은 이 문제를 아무에게도 말하지 않는다. 사람들이 예수님만 믿으면 삶이 편안해진다고 믿기를 바라기 때문이다.

알렉스(Alex)는 37세의 담임목사로, 누구보다도 언변이 탁월하다. 통찰력 높은 설교로 교회 안팎에서 인기가 많다. 전 세계에서 날아드는 이메일에 답하고 주변 지역 목사들의 질문에 답하느라 눈코 뜰 새 없이 바쁜 나날을 보내고 있다. 관심이 좋기는 하지만 교회 운영을 세심하게 챙기기가 어렵다. 다행히 자신이 설교와 가르침에 전념할 수 있도록 장로들이 교회의 대소사를 무리 없이 처리해 주고 있다. 그는 예수님을 따르면 누구나 자신처럼 '하나님이 주시는 좋은 삶'을 누릴 수 있다고 믿는다.

조앤(Joan)은 한 교회의 부목사이다. 그런데 여기까지 오는 과정이 순탄치만은 못했다. 여성 목사이다보니 교역자 모임에서 유일한 여자일 때도 많았다. 교회 전체에서 여러 리더 직함을 동시에 맡은 유일한 여성인 경우도 많았다. 조앤이 처음 부임했을 당시 교인의 수가 200명이었던 교회는 수년간 쇠락을 거듭해 온 상태였다. 이전 교회를 부흥시킨 전적이 운영위원회에서 그녀를 부목사로 청빙한 결정적인 요인이었다. 그런데 최근 교회가 여전히 내리막길을 걷고 있다는 한 중직의 말에 그녀는 큰 상처를 입었다. 더 이상 그녀를 신임하지 않는다는 말투였다. 어떻게든 불씨를 되살려야 한다는 극심한 압박감에 하루도 쉬지 않고 뛰어다니고 있다. 남편은 언제나 상황이 좋아질까 하며 한숨을 쉬는 날이 많아졌다.

물론 당사자의 답답함은 그에 비할 바가 아니다.

　매디슨과 알렉스와 조앤이 모두 예수님을 사랑한다는 사실은 의심할 여지가 없다. 하나같이 평생 예수님을 위해 일해 온 사람들이다. 하지만 그들이 십자가를 중심으로 사역한다면 교회를 이끄는 근본적인 방식이 변할 것이다. 예수님이 우리의 죄를 위해 십자가에서 돌아가셨다가 죽음에서 부활하셨다고 고백하는 것만으로는 부족하다. 십자가에 달리신 예수님을 따르는 제자가 되어야 한다. 십자가가 역사상 가장 중요한 사건이라고 고백하는 차원을 넘어, 십자가의 그리스도를 따라야 한다.

　매디슨과 알렉스와 조앤이 십자가를 받아들이는 리더가 된다면 어떤 변화가 나타날까? 이번에는 십자가 중심의 제자도라는 새로운 렌즈를 통해 살펴보자.

십자가를
받아들이는 리더들

　매디슨은 좋은 롤 모델이라는 말을 듣기 위해 자신의 문제점을 다른 사람들에게 숨기지 않는다. 부부 관계와 양육에서 힘든 점도 솔직하게 말한다. 그에게 십자가의 길은 솔직함과 약함과 겸손의 길이다. 그는 자신도 상처받은 치유자라고 기꺼이 인정한다.

　알렉스는 지금도 여전히 설교 준비에 공을 들이지만 화려한 설교로 성도들의 감탄을 자아내 인기를 얻겠다는 욕심을 철저히 내려놓았다. 그에게 십자가의 길은 화려한 언변으로 더 많은 박수갈채를 받는 것이 아니라 평범한 일상 속에서 성도들을 세심하게 챙기고 이끄는 것이다. 또한 그는 성경에 기록된 '하나님이 주시는 좋은 삶'에 고난과 실패와 교만을 십자가에 못 박는 것도 포함된다는 점을 항상 기억한다.

조앤은 교회 회생의 짐을 홀로 지려고 하지 않고, 성도들에게 교회를 위한 하나님의 계획을 분간하는 일에 동참해 달라고 부탁한다. 그녀에게 십자가의 길은 성공한 목회자처럼 보이려는 욕심을 내려놓는 것이다. 하나님이 행하시려는 새 일을 깨달아 동참하기 위해 다른 교회와의 합병이나 심지어 교회의 문을 닫는 일까지도 고려할 수 있어야 한다.

위의 3명의 리더들에게 이런 대안을 제시하면 처음에는 뒷걸음을 칠 것이 분명하다. 하나님이 십자가 중심의 제자도로 이끄실 때 나도 처음에는 뒷걸음을 쳤었다.

세상의 제자도와
예수님의 제자도

그렇다면 십자가 중심의 제자도는 무엇을 의미하는가? 우리 배경과 시대 속에서 십자가에 달리신 예수님을 따르는 것은 무엇을 의미하는가?[4]

예수님이 제자도에 관해서 가르치고 본을 보이신 것과 당시 종교 지도자들이 가르치고 행동으로 보여 준 바를 비교해 보는 것이 가장 답을 얻기 좋은 방법이다.[5] 다시 말해, 세상의 제자도와 예수님의 제자도는 어떻게 다른가? 무엇보다도 4가지 결정적인 차이점이 눈에 들어온다.

세상의 제자도	예수님의 제자도
① 인기를 얻으라.	① 인기를 거부하라(나에게 인기를 얻으라).
② 위대해지라.	② '위대주의'를 거부하라(나에게 위대한 자가 되라).
③ 성공하라.	③ '성공주의'를 거부하라(나에 대해 성공하라).
④ 고난과 실패를 피하라.	④ 고난과 실패를 받아들이라(내게 충성하라).

〈표2〉세상의 제자도 VS 예수님의 제자도

보면 알겠지만 이 4가지 특징은 서로 중첩되는 면이 적지 않다. 그럼에도 따로 다룰 만한 가치가 있다. 세상의 제자도의 4가지 특징은 교회 안에 깊이 뿌리를 내리고 있다. 예수님이 제자들에게 가르치셨던 것처럼 우리도 이것들을 철저히 배우고 거부해야 한다. 이것들이 거짓이고 일시적일 뿐 아니라 우리 자신은 물론이고 우리가 이끄는 사람들에게 큰 피해를 입히고 있기 때문이다. 첫 번째 큰 난관인 인기 곧 남들의 생각에 집착하는 태도에서부터 시작해 보자.

인기를 얻으라 VS 인기를 거부하라

목회를 시작한 지 그리 오래되지 않았을 때 한 대형 교회 목사와 나눈 대화가 지금까지 기억난다. 우리 교회는 인종 화합과 빈민 구제에 온 힘을 쏟고 있다고 말하자 그 목사는 빙긋 웃으며 그 힘을 자신처럼 대형 교회를 키우는 데 쓰라고 권유했다. "뭘 모르시는군요. 내가 목사님들이 있는 방 안으로 들어가면 홍해처럼 갈라져요. 왜 그럴까요? 우리 교회의 크기 때문이에요. 사람들이 목사님의 말에 귀를 기울였으면 좋겠죠? 그러면 먼저 교인수를 늘려야 해요. 숫자가 답이랍니다." 그 목사는 사무적인 어투로 그렇게 말했다.

'이 목사님은 신실한 분이셔. 이분의 교회에서 매년 구원을 받는 사람이 얼마나 많아. 내게도 가르쳐 준 것이 정말 많은 분이지.' 그런 생각을 했던 기억이 난다. 그럼에도 그날은 찝찝한 기분을 안고 집으로 돌아갔다.

몇 년 뒤에 이번에는 그보다 더 큰 교회의 유명 목사와 카페에서 만났다. 그는 정계와 재계의 거물들이 활동하는 맨해튼에 사무실을 내라고 권했다. "지금 같은 시골에서는 큰일을 하기 힘들어요. 큰물에서 놀아야 이곳 사람들에게 눈도장을 찍을 수 있답니다."

이번에도 역시 불편한 마음을 떨칠 수 없었다. 두 사람은 주변 사회에 막강한 영향력을 미치는 인물들이었다. 그리고 내게 도움을 주려고 한 말임을 잘 알고 있었다. 하지만 혼란스러웠다. 적어도 내게는 그들의 조언이 옳아 보이지 않았다.

인기에 관한 일반적인 정의는 "많은 사람이 좋아하거나 칭찬하는 것"이다.[6] 인기를 원하지 않는 사람이 세상에 어디 있겠는가. 문제는 다른 사람의 환심을 사기 위해 평소 같으면 하지 않을 행동이나 말을 하게 된다는 것이다.

인기의 유혹이 얼마나 큰지를 제대로 이해하기까지는 수십 년의 세월이 걸렸다. 사실, 이 유혹은 마귀가 예수님과 하나님 아버지 사이를 갈라놓기 위해 사용한 3가지 유혹 중 하나이다. 사탄은 예수님께 성경을 인용하면서 모두가 믿을 수 있게 성전 꼭대기에서 뛰어내리고도 무사한 기적을 보이라고 도발했다(마 4:5-6). 당시 예수님은 유명하지 않았다. 사람들에게 예수님은 군중 속의 한 명일 뿐이었다. 하지만 예수님은 인지도를 높이기 위한 쇼를 거부하시고 무명인인 채로 성전 꼭대기에서 내려오셨다.

예수님을 하찮게 여긴 종교 지도자들이 기적을 요구했지만 예수님은 과시용 기적을 거부하셨다(마 16:1-4). 사실 예수님은 최대한 사람들의 눈에 띄지 않게 기적을 행하셨던 것으로 보인다. 예를 들어, 오병이어의 기적이 그렇다. 이 기적은 제자들의 손을 통해 조용히 진행되었다. 그곳에 모인 5천 명 이상의 사람들이 음식을 다 먹을 때까지도 대부분의 사람들이 그것이 기적인지도 몰랐을 것이다. 예수님은 칭찬을 받거나 인기를 얻기 위한 역사를 거부하셨다.

1세기 세상 문화뿐 아니라 종교 문화도 인기의 욕심에 깊이 물들어 있었다. 예수님이 바리새인들과 율법 교사들을 공개적으로 비판하셨을 정도였다. "그들의 모든 행위를 사람에게 보이고자 하나니"(마 23:5). 아울러 예수님은 제자들에게 인기를 끌기 위한 과시용 영성을 절대 금하셨다. 베풀 때나 기도할 때나 금식할 때나 어떤 식으로든 하나님을 섬길 때, 남들에게 보이기 위한 언행을 철저히 경계하셨다.[7]

다시 한 번 분명히 말한다. 예수님은 타인의 인정이나 칭찬을 갈구하는 흔적이 조금이라도 보이는 모든 행위를 금하셨다. 큰 교회를 짓든 새로운 사역을 시작하든 재산을 늘리든 기업의 사다리를 오르든 사람들의 주목을 받으려는 그 어떤 시도도 그리스도의 제자에게는 어울리지 않는다.

예수님은 인간의 약함을 잘 아셨다. 타인에게 깊은 인상을 주고 싶은 유혹은 평생 우리를 따라다닌다. 예수님은 이 유혹에 넘어간 종교 지도자들을 보며 안타까워하셨다. "너희가 서로 영광을 취하고 유일하신 하나님께로부터 오는 영광은 구하지 아니하니 어찌 나를 믿을 수 있느냐"(요

5:44). 인기에 대한 욕심은 그들의 믿음과 리더십을 철저히 오염시켰다. 예수님은 제자들도 이 욕심에 빠져 제자의 길을 망칠 수 있다는 사실을 잘 아셨다.

우리는 예수님 당시 종교 지도자들처럼 인기를 얻고 싶은 욕심에 휘둘리지 않는다고 생각하는 경향이 있다. 그렇지 않다. 우리 대부분은 생각보다 다른 사람들의 이목에 신경을 많이 쓴다. 아닌 것 같은가? 그렇다면 다음과 같은 생각을 해 본 적이 있는지 솔직히 돌아보라.

- 이 설교를 하고 이 예화를 들면 교인들이 어떻게 생각할까?
- 기분이 나빴다고 말하면 사람들이 나를 옹졸하게 여길까?
- 내 꿈을 솔직히 이야기하면 사람들이 이기적이라고 손가락질할까?
- 내 문제점을 솔직히 털어놓으면 나를 대하는 상사의 태도가 달라질까?
- 이 글을 SNS에 올리면 '좋아요'가 얼마나 달릴까? 팔로워가 얼마나 늘어날까?

다른 사람의 주목과 존경을 받고 싶은 욕구는 대개 깊은 무의식 속에 숨어 있어서 스스로 감지하기 어렵다. 하지만 외적인 언행을 깊이 돌아보면 분명 파악할 수 있다. 예를 들어, 거절하고 싶어도 마지못해 승낙하거나 괜한 소음을 만들기 싫어서 발언을 하지 않는 경우가 그렇다. 남들이 어떻게 생각할지 몰라 자신이 원하는 것을 이야기하지 않는 경우도 마찬가지이다.[8]

목회 초기에 다른 사람들의 이목에 민감하다 보니 하나님의 계획과 시간표에서 한참 어긋난 결정을 내린 적이 꽤 있었다. 다른 교회들이 눈부신 성장을 거듭하면 실패자로 보이기 싫어 아직 준비도 되지 않은 사역을 시작하고, 심지어 교회까지 졸속으로 개척했다. 그리고 새로운 사역에는 리더들이 필요하기 때문에 아직 준비가 덜 된 사람들을 중요한 자리에 마구 앉히는 실수를 범했다(그 결과가 어떠했는지는 충분히 상상이 갈 것이다).

하나님이 시행착오를 통해 나와 우리 교회를 성장시키기 원하시는 줄도 모르고, 다른 목사와 리더들이 우리의 일보전진 이보후퇴를 어떻게 볼지에만 신경을 썼다. 그런 강박관념은 나와 가족들과 교회 리더들에게서 하나님이 예비하신 기쁨을 빼앗는 안타까운 결과를 낳았다.

사람들에게 주목을 받으려는 나의 욕심은 거짓말을 무심코 남발하는 결과도 낳았다. 여느 사람들처럼 나는 19세에 그리스도를 영접하기 전까지 많은 거짓말을 했다. 안타깝게도 나의 거짓말은 그 뒤에도 멈추질 않았다. 무엇보다도 나 자신에게 거짓말을 했다. 이어서 '좋은 증인' 역할을 한답시고 사람들에게, 심지어 하나님에게까지 거짓말을 했다. 다시 말해, 상황이 안 좋은데도 좋은 척을 했다. 교회 안의 평강(거짓 평강)을 깨지 않기 위해 힘든 상황에 관한 이야기가 나올 때마다 대충 둘러대는 버릇이 생겼다.

매년 핵심적인 자원봉사자들과 유급 사역자들을 평가하는 자리에서 개선해야 할 점이 무엇인지 알면서도 의견을 내놓지 않았다. 사람들이 나를 싫어하게 될까 봐 두려웠기 때문이다. 해고해야 할 사람이 생겨도 그것이 내 평판에 미칠 악영향을 지나치게 의식했다. 관계를 잃을까 봐 문제점을 정확히 지적하지 못하고 대충 얼버무리는 경우가 많았다. 문제는 내가 이에 대하여 자유롭지 못했다는 것이다. 타인의 눈에 특별해 보이려는 욕구에서 벗어나야 자유가 찾아온다. 우리는 오직 한 분께만 잘 보이면 된다.

예수님이 인기를 얻으려는 인간의 기본적인 욕구 자체를 뭐라고 하시지 않는다는 점을 알아야 한다. 예수님은 단지 이 욕구의 방향을 바꾸기 원하신다. 예수님은 우리의 인정 욕구가 사람들에게서 하나님께로 바뀌기를 원하신다. 예수님은 우리 모두가 이 땅에서의 삶을 마치고 그분께 칭찬 듣기를 원하신다. "잘하였도다 착하고 충성된 종아"(마 25:21). 이 칭찬만이 우리의 인정 욕구를 진정으로 채워 줄 수 있다. 인기를 얻으려는 욕구, 거부가 아닌 사랑을 받으려는 욕구는 하나님이 주신 욕구이되 이 세상에서는 완벽히 충족될 수 없는 욕구이다. 온 세상이 우리를 주목하고 찬사를 보내도 우리는 만족할 수 없는 존재이다.[9]

십자가에 달리신 예수님을 따르고 그분과 함께 변화적인 제자훈련에 참여하려면 세상적인 인기를 거부해야만 한다. 나아가, 위대함에 대한 세상적인 관념도 버려야 한다.

위대해지라 VS 위대주의를 거부하라

모든 문화와 분야에는 위대한 수준에 도달한 사람들을 높이기 위한 나름의 방식이 있다. 예를 들어, 우리는 학문이나 문화, 과학 분야의 위대한 성취를 인정하기 위해 노벨상을 수여한다. 영화계와 연극계에는 오스카상과 토니상이 있다. 올림픽에서는 메달을, 월드컵과 슈퍼볼에서는 트로피를 수여한다. 우리는 인류를 위해 위대한 공헌을 한 사람들을 위해 기념비를 세우고 기념일을 정하며 심지어 그들을 성인으로 추대하기도 한다.

한편, 위대함의 정의는 문화나 가문마다 다를 수 있다. 예를 들어, 우리 부모님은 모두 이탈리아에서 미국으로 이민을 왔기 때문에 이민자 가족들에게 흔히 볼 수 있는 성공의 기준들을 습득하셨다. 그리고 그 기준들을 4명의 자녀들에게 물려주었다. 우리가 배운 성공의 기준은 좋은 대학을 졸업해 돈을 많이 벌어 사회적 피라미드의 상층부로 이동하는 것이었다. (내가 목사가 될 것이라고 하자 우리 어머니는 이렇게 중얼거리셨다. "이왕 할 거면 패자가 되지 마라. 최소한 빌리 그레이엄 정도는 되야 한다!")

보통 우리가 생각하는 위대함은 중고등학교 내내 좋은 성적을 유지하다가 유수한 대학을 나와 판사나 의사가 되고 좋은 집안의 배우자와 결혼해서 자녀를 낳으며 사회에 위대한 영향을 미치는 것을 포함한다.

교회 사역 분야에서도 주로 무의식적이긴 하지만 똑같은 역학이 작용한다. 사역자들의 마음속을 들여다보면 다음과 같은 목소리가 들릴지 모른다.

- 몇 백 명, 아니 몇 천 명이 출석하는 대형 교회를 키우고 싶다.
- 젊은 친구들을 효과적으로 목회할 수 있는 큰 사역 단체를 세우고 싶다.
- 하루가 다르게 성장하는 위대한 소그룹을 이끌고 싶다.
- 목회자들에게 지혜와 통찰을 나누어 주는 위대한 중직이 되고 싶다.
- 사람들의 삶 속에서 하나님의 능력이 나타나도록 도와주는 위대한 기도의 용사가 되고 싶다.
- 하나님의 말씀을 귀에 쏙쏙 들어오게 가르치는 위대한 성경 교사가 되고 싶다.

- 하나님 나라의 일을 위해 금전적으로 힘을 다하는 위대한 일꾼이 되고 싶다.

나는 아침마다 간식으로 3-4개의 새로운 아이디어를 먹는 못 말리는 비전가이다. 하나님이 우리 사역을 통해 행하실 위대한 일을 꿈꾸는 시간은 늘 즐겁다. 여기서도 위험은 청중이다. 내가 누구 앞에서 위대해지길 원하는가? 내 비전과 꿈 이면의 무의식 속에 숨은 진짜 동기는 무엇인가?

예수님은 우리 모두를 위대함으로 부르시지만 그 위대함은 그분이 미워하는 세상의 위대함과 철저히 다르다. 위대함에 대한 세상의 주된 관점을 '위대주의'로 부를 수 있다. 신학자 프레더릭 데일 브루너(Frederick Dale Bruner)에 따르면 위대주의는 "사회적-영적 중병이며 거짓 믿음의 주요 원천"이다.[10] 위대주의에 빠진 바리새인들과 율법 교사들은 스스로를 만인의 위에 있는 존재로 여겼다. 그들은 성경 지식과 율법주의적 열심으로 회당의 상석과 명예로운 칭호, 다른 사람과 구별되는 옷 같은 특권을 얻었다. 하지만 그들의 위대주의는 예수님의 삶과 사역과 너무도 달랐다. 당시 종교와 문화의 기준으로 보면 예수님의 삶과 사역은 위대함과 거리가 멀었다.

예수님의 시작은 위대하지 않았다. 예수님은 작은 마을의 구유에서 가난한 부부의 아들로 태어나셨다. 예수님은 나사렛이라는 시시한 시골 마을에서 자라셨다. 당시의 저명한 랍비들과 달리 예루살렘의 유수한 랍비 학교에서 정식 교육을 받지도 못하셨다.

예수님의 제자들은 위대하지 않았다. 예수님이 선발하신 사역자들과 리더들은 갈릴리 촌뜨기들에다 주로 블루칼라 노동자들이거나 배우지 못한 어부들이었다. 위대한 영향력이나 지성을 지닌 유력한 인물과는 거리가 멀었다. 게다가 예수님과 함께한 3년 동안에도 세상의 주목을 받지 못했다.

예수님의 사역은 위대하지 않았다. 예수님의 사역은 마치 응급차를 연상케 했다. 시대의 악한 정치적 군사적 경제적 구조를 허물기 위한 조치는 없고 전국을 돌며 압제의 희생자들만 응급차에 태우는 것처럼 보였다. 예수님의 기적은 예루살렘이나 로마 같은 전략적 요충지가 아닌 주로 갈릴리의 산골에서 이루어졌다. 헤롯과 로마 제국, 바리새인들과 사두개인들이 여전히 권좌를 지키고 있었다. 잔인한 로마의 압제 속에서 원수를 사랑하라는 명령은 사회를 변화시키기에는 턱없이 약하고 비효과적인 전략처럼 보였다.

예수님의 영향력은 위대하지 않았다. 예수님의 사역과 기적이 집중되었던 가버나움, 벳세다, 고라신 같은 작은 마을들은 하나같이 그분을 거부했다. 심지어 그분의 고향인 나사렛도 등을 돌렸다. 예수님은 제자 중 한 명이자 재무 담당자였던 가룟 유다의 마음도 완벽히 사로잡지 못하셨다. 상황이 힘들어지자 그는 미련없이 떠나갔다. 세례 요한까지도 감옥에 갇혀 답답한 나날이 계속되자 결국 예수님을 의심하기에 이르렀다. "오실 그이가 당신이오니이까? 우리가 다른 이를 기다리오리이까"(마 11:3).

예수님이 사탄에게 시험을 받으실 때 위대주의를 거부하셨던 것처럼 우리도 위대주의가 얼마나 치명적인 독인지를 바로 알고서 철저히 거부해야 한다. 아니, 예수님은 심지어 영적인 문제에서도 명성과 지위를 바라보지 말라고 명령하신다. 대신, 우리는 오직 하나님의 인정만 갈구해야 하는 것처럼 하나님 앞에서만 위대해지기를 바라야 한다. "잘하였도다

착하고 충성된 종아"(마 25:21)!

예수님이 우리를 부르시는 길은 위대주의에서 의식적으로 벗어나 작아지고 낮아지는 길이다. "누구든지 이 어린아이와 같이 자기를 낮추는 사람이 천국에서 큰 자니라"(마 18:4). 이렇게 낮아지는 것은 굴욕이나 자기비하나 순교자 콤플렉스가 아니다. 이것은 지위나 직함과 상관없이 호기심과 열린 마음과 융통성을 발휘해 타인에게서 배우려는 겸손한 자세를 의미한다. 다시 말해, 매사에 앞장서려고 할 필요는 없다. 모든 대화에서 약점을 숨기고 대단한 사람처럼 보이기 위해서 노력할 필요가 없다. 별 볼일 없어 보이는 사람에게 배우지 않으려고 하는 태도는 금물이다. 심지어 삼척동자에게서도 배울 것이 있다.

세상에서 배척하는 사람들에게 가까이 다가가서 섬김을 보여야 한다. 자신을 겸손히 낮추어 사회적으로 중요하지 않은 사람들, 나이가 많아 남들에게 짐이 되는 노인들, 정신적 육체적 장애인들, 죄수들, 주정뱅이들, 빈민들에게 찾아가야 한다. 예수님처럼 우리도 세상이 주목하지 않는 자들에게 주목해야 한다. 사도 바울처럼 우리도 그리스도의 십자가를 통해 차별과 분열, 계급으로 얼룩진 옛 세상을 버려야 한다. 그래서 "어떤 사람도 육신(세상적인 관점)을 따라 알지(판단하지)" 말아야 한다(고후 5:16).[11]

십자가에 달리신 예수님을 따르는 것은 하나님을 위한 자신의 거대한 계획을 내려놓고 아무도 보지 않는 곳에서 조용히 다른 사람을 섬기는 것을 의미한다. 이를 위해 나는 늘 스스로에게 다음 2가지 질문을 던진다.

질문1. 내 계획과 꿈이 하나님의 영광을 위한 것인가? 그것들이 선을 넘어 스스로 위대해지려는 욕심으로 변질되었는가?

질문2. 어떻게 하면 낮은 사람들과 함께 낮아지고 작은 사람들과 함께
작아질 수 있을까?

첫 번째 질문은 하나님을 떠나 내 맘대로 계획을 세우거나 하나님이
정하신 한계를 넘지 않게 해 준다. 두 번째 질문은 세상이 무시하는 비천
하고 가난한 사람들과 함께하는 것의 중요함을 기억하게 해 준다. 그것은
바로 우리가 그들을 통해 예수님을 만나게 되기 때문이다(마 25:31-46 참고).
위대함에 관한 예수님의 새로운 정의는 세상과 다른 제자의 길의 세 번째
열쇠로 이어진다. 그 열쇠는 세상적인 성공을 거부하는 것이다.

성공하라 vs 성공주의를 거부하라

세상에 성공을 원하지 않는 사람이 있을까? 우리는 성공한 사람들을
존경한다. 성공 신화의 주인공에게도 주목한다. 성공 추구, 곧 성공주의
야말로 세상에서 가장 보편적인 종교가 아닐까. 우리는 성공주의 정체를
정확히 꿰뚫고 있어야 한다. 성공주의는 우리를 예수님에게서 떼어 놓을
수 있을 만큼 강력한 가짜 신앙이다.[12]

명심하라. 우리는 '무조건' 클수록 좋다고 믿는 세상 문화에서 살고 있
다. 무조건 더 큰 수익, 더 큰 영향력, 더 큰 힘을 추구하는 세상이다. 교회
에서도 그런 사고방식에 빠진 신자들이 적지 않다. 우리도 숫자로 성공을
가늠하고, 무조건 큰 것을 목표로 삼는다. 숫자가 늘어나면 스스로 성공한
것으로 여겨 어깨에 힘이 들어간다. 하지만 숫자가 줄어들면 스스로 실패
자로 여겨 어깨가 축 처진다. 이것이 성공을 올바로 정의하는 것이 그토록
중요한 이유이다. 예수님에 따르면 성공은 하나님이 원하시는 사람이 되

어 하나님이 원하시는 일을 하나님의 뜻과 시간표대로 하는 것이다. 이것은 너무도 중요하기 때문에 천천히 한 번 더 읽기를 바란다.

성공은 하나님이 원하시는 사람이 되어 하나님이 원하시는 일을 하나님의 뜻과 시간표대로 하는 것이다.

예수님은 세상적인 성공을 거부하는 삶으로 계속해서 이끄셨지만 베드로는 계속해서 발버둥을 쳤다. 대부분의 리더들처럼 베드로도 예수님을 통해 세상을 변화시키고 싶었다. 하지만 성공주의 문화가 뼛속까지 깊이 배어 있는 바람에 번번이 예수님께 저항했다.

베드로의 머릿속에서는 성공과 십자가가 도무지 연결이 되질 않았다. 실패와 거부? 겨자씨? 떡 몇 덩이와 물고기 몇 마리? 이런 것이 성공과 무슨 상관이란 말인가. 예수님과 동고동락한 지 3년이 지났건만, 성공주의에 철저히 오염된 그는 체포당하시는 예수님을 보호한다는 명목으로 폭력을 정당화한다. 성공을 최대의 가치로 삼은 그는 두 번 생각할 것도 없이 검을 꺼내 대제사장의 종의 귀를 잘라버린다(마 26:51).

우리도 베드로와 별반 다르지 않다. 성공주의에 빠진 우리는 어리석은 결정을 내리고 예수님의 마음에서 철저히 어긋난 방식으로 사람들을 대한다.

나이를 막론하고 내가 이야기를 나누어 본 목사들과 교회 리더들 중 적어도 90퍼센트는 성공주의에 물들어 있다. 그들은 스스로를 실패자요 수준 이하의 제자로 여기고 있다.

"늘 부족해요." 프랜(Fran)이라는 이름의 부목사가 내게 하소연했다.

"일주일에 6일씩 일하는데도 맡은 일을 다 하지 못하네요. 남편과 중학교에 다니는 두 아들은 내가 집에 있어도 정신은 교회에 가 있는 게 늘 불만이에요. 하지만 어쩌겠어요? 시간이 없는 걸."

영혼을 갉아먹고 짓누르는 이 고통을 너무도 잘 안다. 정서적으로 건강한 제자훈련의 여행을 시작하기 전까지만 해도 이 고통은 사라지지 않고 나날이 커져만 갔다.

사람들을 섬기고 이끌 때 가장 큰 문제 중 하나는 하나님과의 관계가 하나님을 위한 일과 하나로 융합되어 거의 구별할 수 없을 정도가 되는 것이다. 하나님의 사랑받는 아들이요 딸이라는 정체성이 리더로서의 일과 구분할 수 없을 정도가 되면 사탄의 가장 미묘하고도 위험한 함정 중 하나에 특히 취약해진다. 그 함정은 사역과 리더십의 성공을 곧 우리의 가치와 동일시하는 것이다.

광야에서 예수님에 대한 사탄의 마지막 시험이 본질적으로 성공에 관한 시험이라는 사실을 이해하는 사람은 그리 많지 않다(마 4:8-9). 사탄은 세상 구원이라는 일에서 당장 성공할 방법을 제안했다. 세상 모든 사람이 당장 예수님 앞에 엎드려 구주라고 부르게 만들 수 있는 방법이었다. 십자가의 고통 같은 것을 겪을 필요도 없었다. 이 방법만 따르면 다가올 실패와 패배라는 부담스러운 요소를 모두 없앨 수 있었다. 그저 한계라는 아버지의 선물을 거부하기만 하면 되었다(더 자세한 이야기는 5장 '한계라는 하나님의 선물'에서 하도록 하자).

예수님이 이 유혹에 굴복하셨다면 사역 완성의 측면에서는 '성공'하셨을지 모르지만 하나님의 성공 기준에서는 완전히 실패하게 되었을 것이다. 하나님의 일을 하나님의 뜻과 시간표대로 하신 것이 아니기 때문이다.

신학자 프레더릭 데일 브루너는 성공주의 유혹 이면에 도사린 진짜 위협을 정확하게 집어냈다. "때로 우리는 우리의 일이 실패하지 않도록 무엇이든 하게 된다. 하지만 하나님을 위한 우리의 일이 실패하지 않도록 '무엇이든' 하는 순간, 우리의 일을 하나님으로 만들고 자신도 모르는 사이에 사탄을 숭배하게 된다."[13]

이런 이유로 우리는 현대 교회에 깊이 스며들어 우리의 온전함을 훼손시키는 성공주의를 발본색원해야 한다.[14] 명심하라. 하나님의 일을 확장할 기회가 모두 하나님에게서 온 것은 아니다. 세상적인 성공을 향한 이 불건전한 집착에 빠지면 예수님의 제자도의 또 다른 요소를 거부하게 된다. 그 요소는 고통과 실패를 받아들이는 것이다.

고난과 실패를 피하라 VS 고난과 실패를 받아들이라

서구 문화에 깊이 물든 현대 교회는 1세기 고린도교회와 공통점이 많다. 그리스에서 가장 부유한 도시이자 로마 제국 최대 도시 중 하나인 고린도는 오늘날로 치면 뉴욕 시나 로스앤젤레스나 라스베이거스라고 할 수 있다.[15] 전 세계 사람들이 성공의 부푼 꿈을 안고 고린도로 몰려왔다. 고린도교회는 열심과 지식과 은사가 넘쳤지만 온갖 문제를 가지고 있었다. 이혼과 교만이 판을 쳤고, 약한 교인들을 푸대접하는 일이 비일비재했으며, 세상 문화에 적잖이 물들어 있었다. 미혼이나 기혼이나 할 것 없이 성적으로 문란했다.

바울은 다음과 같은 말로 고린도 교인들의 질문과 문제를 다루기 시작한다. "내가 너희 중에서 예수 그리스도와 그가 십자가에 못 박히신 것 외에는 아무것도 알지 아니하기로 작정하였음이라"(고전 2:2). 바울은 늘

이 관점에서 리더십과 관계와 교회를 보고 상황을 분별했다. 예를 들어, 그는 하나님이 주신 비전과 계시를 자랑함으로 권위를 내세우려고 하지 않았다. 그는 자신의 리더십에 의문을 제기하는 자들에게 오히려 자신의 약점을 말했다. 그는 다른 교회에 보낸 편지에서도 같은 말을 한다. "내게는 우리 주 예수 그리스도의 십자가 외에 결코 자랑할 것이 없으니 그리스도로 말미암아 세상이 나를 대하여 십자가에 못 박히고 내가 또한 세상을 대하여 그러하니라"(갈 6:14).[16]

오늘날의 우리처럼 고린도 교인들은 자신들의 고통스러운 현실을 피하거나 부인했다. 그들은 자신이 약함과 고난 가운데 그리스도의 영광을 드러내는 일로 부름을 받았다는 사실을 망각했다.[17] 십자가는 그들에게 수치였고, 오늘날 우리에게도 별반 다르지 않다. 현대 종교 생활의 "트레이드마크는 '긍정적인 생각'과 회피이다. 까다롭고 고통스러운 이슈들을 외면하자는 의미다."[18] 이는 약함 가운데서 하나님의 능력이 나타나는 삶의 방식과는 정반대이다.

약함이라는 하나님의 방식을 받아들이는 것은 구체적으로 무슨 의미일까? 예를 들면 다음과 같다.

- 어리석고 실패자처럼 보여도 수적인 성장으로 사람들의 주목을 받으려고 하지 않고 하나님을 기다릴 수 있다.
- 갈등이 있어도 없는 척하지 않고 갈등을 진지하게 다루어 예수님처럼 진정한 평화를 추구한다. 잠시 다른 사람들의 눈에 사역이 위태롭게 보여도 곪은 부위를 찾아서 치료한다.
- 자신을 돌보고 주변 사람들과의 관계를 챙길 수 있도록 내 계획과

활동을 제한한다. 몸이 으스러지더라도 해내고야 만다는 아집을 버린다.

- 사람들이 나를 약하게 볼지라도 주변 사람들의 아픔에 함께 슬퍼하고, 하나님이 아픈 경험 속에 숨겨 놓으신 보물들을 보여 주실 줄 믿는다.
- 사람들의 헌금과 후원이 줄어들지라도 사역의 현재 상황을 과장하지 않고 솔직히 공개한다.

예수님은 제자들에게 하나님의 구원은 겨자씨처럼 작게 시작된다는 점을 끊임없이 상기시키셨다. 그것은 능력이 언제나 우리가 아닌 하나님께 있음을 보여 주시기 위함이었다.

베드로가 굴욕적인 실패로 깨어지지 않고 오순절 후에도 독선적이고 교만한 상태로 교회를 이끌었다고 상상해 보라.

바울에게 은사와 열심, 지성만 가득하고 아무리 기도해도 사라지지 않는 "육체의 가시"가 없었다고 상상해 보라.

모세가 애굽인을 살해한 뒤 40년간 미디안 광야에서 타향살이를 하지 않았다면 어땠을까? 광야에서 40년 동안 이스라엘 백성들을 이끄는 동안 툭하면 백성들에게 부당한 비난과 도전이라는 굴욕을 겪지 않았다면 어땠을까?

예나 지금이나 고난과 실패는 우리를 고집 센 사람에서 겸손히 순종하는 사람으로, 하나님 사랑의 흐름을 거슬러 올라가는 사람에서 그 흐름에 몸을 맡기는 사람으로, 하나님이 돌보아 주실 줄 믿는 사람으로 변화시키기 위한 하나님의 도구이다. 아울러 우리에게 인내를 가르치기 위한 하나님의 주된 도구이기도 하다.

물론 예수님의 가장 큰 기적은 부활이다. 하지만 두 번째로 큰 기적은 예수님이 하시지 '않은' 일이다. 예수님은 십자가에서 탈출하기 위해 자신의 힘을 사용하지 않음으로써 우리에게 인내의 본을 보여 주셨다. 지나가는 사람들이 던지는 조롱은 참기 힘겨웠을 것이다. "네가 만일 하나님의 아들이어든 자기를 구원하고 십자가에서 내려오라"(마 27:40). 하지만 처절한 실패처럼 보이는 것이 결국 위대한 승리로 판명이 났다. 역사상 최악의 순간이 역사상 최고의 순간으로 변했다.

우리도 인내심을 발휘하면 이런 경험을 할 수 있다. 예수님은 선택의 기로에 서셨다. 십자가를 떠날 것인가. 십자가 위에 머물 것인가. 우리 안의 모든 것이 "스스로 구원하라"라고 외치는 상황이 찾아올 때마다 우리도 같은 선택의 기로에 선다.

자신을 구원한다는 것이 무슨 의미인가? 십자가에서 내려오는 것이 어떤 의미인가? 내 경우에는 실패자처럼 보이기 싫을 때 십자가에서 내려온다. 성급하게 일을 벌인다. 시간을 두고 지혜로운 조언을 구하지 않고 섣불리 결정을 내린다. 사역이 쇠퇴하거나 정체될까 두려워 밤을 새워 가며 일한다.[19]

스스로에게 이렇게 물으라.

- 예수님이 내 앞에 놓으신 고난과 실패를 내가 어떤 식으로 피하려고 하는가?
- 내가 누구에게 약하게 보이는 것을 가장 싫어하는가? 생각나는 대로 이름을 말해 보라.

하나님은 우리 인생에서 최악의 실패를 최고의 성공으로 바꾸실 수 있는 분이다. 하나님이 우리를 통해 변화의 역사를 행하시는 것이야말로 최고의 성공이다.

미국화 된 예수가 아닌 십자가에 달린신 예수님을 따르기 위해 필요한 변화를 단행하라는 것은 이미 꽉 착 스케줄에 또 다른 할 일을 더하라는 뜻이 아니다. 아예 유턴을 해서 예수님을 위해 사람들을 섬기고 이끄는 방식을 완전히 뜯어고치라는 뜻이다. 이는 세상 문화와 현대 기독교에 대한 강한 저항의 행위이다.

십자가에 달리신 예수님을 따르기 위한
첫 단계를 밝으라

지금쯤 고개를 갸우뚱거리는 독자들이 있을 줄 안다. "인기, 위대주의, 성공주의를 거부하고 고통과 실패를 받아들이라고? 장난하는가? 말이 쉽지 그게 가능한 일인가?"

이런 삶이 가능할 뿐 아니라 당신은 바로 이런 삶을 위해 지음을 받았다! 이 삶을 향한 여정을 시작하기 위해 사용할 수 있는 3가지 성경적인 훈련을 소개하겠다. 예수님 안에서 쉬고, 예수님을 위해 초연하고, 예수님께 귀를 기울이는 훈련이다.

예수님 안에서 쉬라
예수님이 5천 명을 먹이시고 나서 신비롭게 사라지신 날, 군중은 그분을 찾아다녔다. 그들이 예수님을 찾았을 때 이런 흥미로운 대화가 오 갔다.

> 그들이 묻되 우리가 어떻게 하여야 하나님의 일을 하오리이까 예수께서 대답하여 이르시되 하나님께서 보내신 이를 믿는 것이 하나님의 일이니 라 하시니(요 6:28-29).

하나님이 요구하시는 "일"을 물었을 때 군중은 기도, 자비 행위, 베풂, 성경 공부 등을 떠올리고 있었다. 그런데 뜻밖에도 예수님은 오직 '한 가 지' 일만을 말씀하셨다. "하나님께서 보내신 이를 믿는 것." 여기서 하나 님을 믿는다는 것은 그분을 의지한다는 뜻이다. 한 번만이 아니라 매순 간, 매일, 지속적으로 그분을 의지하는 삶을 사는 것이다.

요한복음에서 예수님은 이런 믿으라는 말씀을 98번이나 하셨다. 사 실, 요한은 자신의 복음서 전체의 목적이 "예수께서 하나님의 아들이 그 리스도이심을 믿게 하려"는 것이라고까지 말한다(요 20:31). 신학자 프레더 릭 데일 브루너는 이 믿음의 의미를 이렇게 해석한다. "'의지하는 것' 혹은 '믿는 것'을 현대 언어로 해석하자면 '쉬는 것'이라고 할 수 있다."[20] 어떤 인생의 풍파가 닥쳐도 우리를 예수님의 손에 맡기면 쉴 수 있다.

첫 번째 훈련은 예수님 안에서 쉼을 얻는 것이다. 바로 이것이 예배와 설교, 소그룹 활동, 프로그램, 성경 공부, 아웃리치, 섬김, 헌금까지 우리 가 하는 모든 일의 목표이지 않은가? 바로, 사람들을 예수님 안에서 쉬게 만드는 것이지 않은가? 예수님은 우리가 이 하나만 제대로 하면, 즉 그분 안에서 쉬는 것을 우리의 일로 삼으면 나머지는 다 책임져 주시겠다고 말씀하신다.

그러니 마음 놓고 쉬라. 물론 이것이 말만큼 쉽지는 않다. 특히, 걱정 거리가 산더미처럼 쌓여 있고 사역이 뒷걸음질하는 것처럼 보일 때는 가만히 앉아 있기가 어렵다. 하지만 이것은 예수님이 직접 본을 보여 주신 것이므로 따를 수밖에 없다.

우리는 예수님이 어마어마한 수의 제자들의 대량 이탈 사태를 겪으셨다는 사실을 잊어버리곤 한다. 5천 명이 배불리 먹는 기적이 일어난 뒤에는 구름떼와 같은 무리가 예수님을 따르기 시작했다. 하지만 그분의 살을 먹고 그분의 피를 마시라는 가르침이 시작되자 얼굴을 붉히며 몸을 돌리는 사람들이 속속 나타났다(요 6:66). 수천 명이 그분을 버렸다. 겨우 12명만 남았고, 그중 한 명은 가룟 유다였다!

군중들의 불신과 제자들의 의심 앞에서 예수님은 왜 자신이 하나님 안에서 쉴 수 있었는지를 보여 주는 3가지 말씀을 하신다.

- 아버지께서 내게 주시는 자는 다 내게로 올 것이요(요 6:37).
- 나를 보내신 아버지께서 이끌지 아니하시면 아무도 내게 올 수 없으니(요 6:44).
- 그러므로 전에 너희에게 말하기를 내 아버지께서 오게 하여 주지 아니하시면 누구든지 내게 올 수 없다 하였노라(요 6:65).

수천 명이 등을 돌리는 절박한 상황에서도 예수님은 아버지의 주권과 계획에 시선을 고정한 채 긴장을 풀고 쉬셨다. 예수님은 궁극적으로 제자들을 불러 모으고 붙잡아 주는 분이 아버지이심을 분명히 알고 계셨다.

당장 눈앞에 보이는 결과가 어떠하든 아버지께서 자신의 사명을 책임지실 것이고 필요하다면 적절한 사람들을 보내 주실 것을 알고 있었다. 예수님은 하나님이 원하시는 일을 하나님의 방식과 시간표대로 꿋꿋이 하심으로서 본을 보여 주셨다.

비슷한 상황에서 당신은 얼마나 긴장을 풀고 쉴 수 있는가? 십중팔구 우리 대부분은 제자들처럼 반응할 것이다. 그들의 반응은 당황과 두려움이었다. 그들은 예수님께 잃어버린 숫자를 만회하기 위해 최대한 빨리 예루살렘으로 가라고 종용했다. 하지만 예수님은 우리가 흔히 전략적이라고 생각하는 방법대로 움직이지 않으실 때가 많았다. 예수님은 사람들이 생각하는 최선책이 아닌 아버지의 전략대로 사셨다. 예수님은 담담하게 말씀하셨다. "내 때는 아직 이르지 아니하였거니와 너희 때는 늘 준비되어 있느니라"(요 7:6).

예수님은 인기, 성공주의, 위대주의를 거부하고 세상의 시각에서는 고난과 실패로 보이는 것을 받아들이셨다. 예수님은 곁에 있는 제자들을 아버지께서 보내 주셨음을 분명히 이해하셨다. 아버지께서 사명을 붙잡고 계신다. 그래서 모든 것이 무너져 내리는 것만 같은 상황에서도 모든 것이 계획대로 진행되고 있음을 아셨다. 그래서 예수님은 긴장을 풀고 쉬셨다.

사역과 리더십의 배경에서 '쉬는' 것이 구체적으로 어떤 의미일까? 예를 들어, 다음과 같은 모습이 나타나야 한다.

내가 다음과 같이 할 때 예수님 안에서 쉬고 있는 것이다

- 실망스러운 일과 인생의 풍파 속에서도 예수님과 기쁘게 교제한다.
- 어떤 상황에서도 걱정이 별로 없다.
- 스스로 할 수 있고 해야 하는 일을 다른 사람이 대신 해 주지 않는다.
- 극심한 압박 속에서도 예수님과 '함께하는' 리듬을 유지한다.
- 일이 뜻대로 풀리지 않아도 당황하지 않는다.
- 주변 사람들과 함께 있을 때는 그들에게 온전히 신경을 집중한다.
- 나의 이익이나 손해를 생각하지 않고 오직 하나님의 뜻만을 추구한다.
- 하나님이 맡겨 주신 사람들을 돌보는 일에서 깊은 만족을 느낀다.
- 한계와 싸우거나 부인하거나 무시하지 않고 그것을 하나님의 선물로 받아들인다.
- 하나님이 주신 시절을 분간하고 받아들일 줄 안다.

예수님을 위해 초연하라

크리스천 삶의 목표는 하나님과 사랑의 연합을 이루어 삶의 모든 영역에서 그분의 뜻이 이루어지게 하는 것이다. 이 사랑의 연합은 무엇보다도 두 사람이 하나의 육신이 되어 서로 분리된 상태를 유지하는 결혼에 비유할 수 있다. 예수님은 바로 이런 연합을 위해 기도하셨다. "아버지여, 아버지께서 내 안에, 내가 아버지 안에 있는 것 같이 그들도 다 하나가 되어 우리 안에 있게 하사"(요 17:21).

하나님과 연합하여 이 풍성한 삶을 누리기 위한 두 번째 훈련은 '초연'을 실천하는 것이다. 여기서 초연은 사사로움에 얽매이지 않는 판사의 냉

정함을 말하는 것이 아니다. 이 초연의 동기는 예수님과 함께함이다. 예수님은 초연을, 생명을 찾기 위해 잃는 것으로 말씀하셨다(막 8:35-36 참고). 바울은 자신이 그리스도를 위해 결혼, 슬픔, 기쁨, 자신이 가진 모든 것에 집착하지 않는다고 말했다.

> … 아내 있는 자들은 없는 자 같이 하며 우는 자들은 울지 않는 자 같이 하며 기쁜 자들은 기쁘지 않은 자 같이 하며 매매하는 자들은 없는 자 같이 하며 세상 물건을 쓰는 자들은 다 쓰지 못하는 자 같이 하라 이 세상의 외형은 지나감이니라(고전 7:29-31).

다시 말해, 우리는 모든 소유욕과 자기의지를 내려놓아야 한다.

독일 출신의 도미니크회 수사이자 목사이며 신학자인 마이스터 에크하르트(Meister Eckhart)는 예수님의 어머니 마리아의 이야기로 초연의 훈련을 가르쳤다. 평판과 안전과 꿈을 다 잃을 위험 앞에서 마리아는 자신을 완전히 비운 채 예수님의 잉태를 받아들였다. 에크하르트는 우리도 하나님으로 충만하기 위해 창조된 모든 것을 비우고 하나님이 우리 안에 잉태시키시려는 것을 받아들여야 한다고 말했다. "창조된 것들을 다 비운 곳에는 하나님이 충만하지만 창조된 것들로 가득한 곳에는 하나님이 없다."[21]

이것이 실생활에서 무엇을 의미하는가? 많은 것을 의미할 수 있지만 다음 3가지가 좋은 출발점이 될 수 있다.

첫째, 삶 속에서 펼쳐지는 사건과 상황을 받아들인다. 모든 것을 받아들인다. 그 어떤 세상적인 경험이나 목표에도 집착하지 않고 하나님이 모든 것을 조율하여 우리의 선과 그분의 영광, 세상의 유익을 이루신다고 믿는다.

둘째, 우리 삶과 사역을 위한 목표와 방향을 정하기는 하되 특정 결과에 대한 집착은 버린다. 열심히 예수님을 섬기되 그분이 원하시는 것을 멋대로 예측하거나 조작하지 않는다.

셋째, 건강하지 못한 집착은 심각한 영적 문제인 자기 의지에서 비롯한다는 점을 분명히 알고, 원하는 것을 얻기 위해서가 아니라 하나님 뜻에 순종하기 위해 기도한다.

사역에 관한 극도로 힘든 결정을 내려야 했던 상황 속에서 내가 어떻게 집착을 내려놓았는지 들어보라.

뉴 라이프 펠로십 교회의 담임목사로 22년간 섬긴 뒤 4년에 걸쳐 승계 과정을 진행해야겠다는 결심을 했다. 구체적인 방안 마련을 놓고 한 컨설턴트와 긴밀히 협력하기 시작했을 때 하나님이 기한 내에 '적당한' 후보를 보내 주시지 않을지도 모른다는 걱정이 들기 시작했다. 하나님은 우리 교회가 광야를 헤매도록 하실까? 우리가 아무리 정서적으로 건강한 제자훈련을 시행해도 모든 것이 우리 뜻대로 진행되지 않는다는 사실을 깨우쳐 주기 위해 교회가 한동안 쇠퇴하도록 놔 두는 것이 하나님의 뜻일까? 혹시 다른 지역 교회들을 섬기도록 우리 교회의 성도들을 흩으시길 원하실까?

결론적으로 그 4년은 온갖 장애물을 뚫고 지나가면서 결과를 예수님께 온전히 맡기는 과정이었다.[22] 결코 쉽지 않았다. 정말이지 매일 새로운 순종과 포기가 필요했다. 하지만 지금 와서 보면 훌륭한 새 담임목사를 세우기까지 하나님이 조율하신 모든 과정이 은혜이며 선물이었다. 우리가 모든 결과를 하나님께 맡기는 힘든 과정을 소화하지 않았다면 뉴 라이프 펠로십 교회는 지금처럼 활짝 꽃을 피우지 못했을 것이다.[23]

예수님께 귀를 기울이라

세번 째 훈련은 예수님께 귀를 귀울이는 것이다. 예수님의 핵심 리더들인 베드로와 야고보와 요한도 경청 기술은 형편이 없었다. 예수님이 그들을 높은 산으로 데려가 변형되시고 모세 및 엘리야와 함께 그분의 하늘 영광을 보여 주신 사건을 보면 이 점을 분명히 알 수 있다(마 17:2).

입이 떡 벌어지고 눈이 부신 광경 앞에서 베드로가 땅에 바짝 엎드렸을까? 기다리며 귀를 기울였을까? 그렇지 않았다. 베드로는 우리가 흔히 하는 행동을 했다. 그는 이 기회를 반드시 잡아야 한다는 생각에 재빨리 자신의 계획을 말했다. 그는 초막 셋을 지어서 하나님의 역사를 기념하자고 제안했다.

하지만 베드로의 계획은 실행되지 못했다. 하나님이 직접 그를 제지하셨기 때문이다. "너희는 그(예수님)의 말을 들으라"(마 17:5). 예수님은 내내 십자가에 달리실 일과 그것이 제자들에게 무엇을 의미하는지 관해서 말씀하고 계셨지만 베드로는 귀를 기울이지 않고 있었다. 왜일까? 예수님이 가시는 방향이 베드로에게는 도무지 말이 되지 않았기 때문이다.

나로서는 베드로의 이야기가 특히 남의 이야기 같지 않다. 나는 오랫동안 예수님을 위해 사람들을 이끌면서도 정작 그분께 귀를 기울이지 않고 있었다. 베드로는 자신이 최선의 판단을 했고 제대로 움직이고 있다고 생각했다. 나도 마찬가지였다. 문제는 그 최선의 판단이 나를 포함한 모든 사람을 엉뚱한 곳으로 이끌고 있었다는 점이다. 우리도 먼저 귀를 기울이지 않고 자신의 판단을 따르면 같은 일이 벌어진다. 자신도 망치고 자신이 이끄는 사람들도 망치는 결과를 낳는다. 하나님이 베드로에게 하신 말씀은 우리에게 하시는 말씀이기도 하다. "예수의 말을 들으라."

솔직히 인정하자. 우리는 영적 삶을 원하지만 그것을 자신이 주도하기를 원한다. 자신의 스케줄과 방식대로 살기를 원한다. 하지만 예수님을 따르는 것은 먼저 그분을 위한 일을 하는 것이 아니다. 그분의 말씀에 귀를 기울이고 나서 그분이 시키시는 일을 해야 한다. 이것이 타인의 말이나 예측, 세상의 명분에 귀를 기울이는 것보다 예수님께 귀를 기울이는 것이 훨씬 더 중요한 이유이다.

하지만 하나님의 뜻을 잠깐 돌아보는 것만으로는 충분하지 않을 수도 있다. 설령 하나님이 인기와 위대주의, 성공주의를 거부하고 실패와 고통을 받아들이라는 새로운 문화적인 지시를 내리셔도 군말 없이 따를 만큼 하나님의 지시를 가슴 깊이 받아들이는 종류의 경청이 필요하다.

처음 500년 동안 교회는 이런 종류의 의식적인 경청을 '분별력'(discretion)이라고 부르며 가장 귀한 영적 은사 중 하나로 꼽아왔다.[24] 분별력이 없으면 개인과 믿음의 공동체들이 쉽게 그릇된 길에 빠져 길을 잃을 수 있다. 그래서 모든 수도원의 수도원장들은 지혜와 분별력이 높은 인물이었다. 분별력이 없는 영적 리더들은 사람들에게 감당할 수 없는 짐을 지우고 피상적이거나 그릇된 영적 조언을 하기 때문에 위험한 존재로 여겨졌다.

분별력은 하나님이 펼치실 일을 기도와 기대로 기다리는 것이다. 분별력은 자신이 개입해 봐야 일을 더 복잡하게 만들 뿐임을 인정하고 겸손히 하나님께 모든 것을 맡기고 뒤로 물러날 줄 아는 것이다. 침묵의 시간에서 나오는 분별력은 사도 바울의 말처럼 선한 영과 악한 영을 판단할 줄 알게 해 준다(고전 12:10). 나아가, 분별력은 자제력을 발휘하여 섣불리 나서지 않고 기다릴 줄 알게 해 준다.

분별력에 관한 옛 가르침의 가장 놀라운 측면 중 하나는 지혜로운 자의 분별력에 겸손히 따르라는 것이다. 왜일까? 그래야 "무엇이 옳은지를 분별하고, 모든 것, 특히 좋아 보이는 것에 대해서도 무절제로 흐르지 않을" 수 있기 때문이다. 이것이 결정을 내릴 때, 특히 절호의 기회가 나타났을 때 경청하고 분별력을 발휘하는 것이 그토록 중요한 이유이다.

최근 우리가 이끄는 '정서적으로 건강한 제자훈련' 사역의 중요한 전환점을 맞아 전에 없이 날카로운 분별력이 필요하게 되었다. 우리 조직은 비영리 단체이지만 뉴 라이프 펠로십 교회의 한 사역으로 서로 유기적으로 연결되어 기능하고 있다. 아내와 나는 뉴 라이프 펠로십 교회에서 수십 년에 걸쳐 쌓인 부를 전 세계 교회와 나누는 일을 위해 세움을 받았다. 우리 기관은 한 명의 대표가 정식 직원으로 있고, 그 밑으로 7-8명의 파트타임 계약직 직원들이 있다. 이렇게 조직이 소규모다보니, 북미를 넘어 전 세계적으로 폭발적인 성장이 나타나자 고민이 많아졌다. 특히 '정서적으로 건강한 제자훈련 코스'를 도입한 뒤로 성장에 날개를 날았다.

정신없이 성장하다 보니 우리의 한정된 능력으로는 감당할 수 없는 수준으로 사역의 규모가 커졌다. 조직을 키워야 한다는 압박감이 거세졌다. 전국적으로 유명한 컨설턴트인 한 친구는 우리 조직을 면밀히 분석한 끝에 조직 확장을 최소한으로 유지하더라도 몇 년 안에 8-10명의 정직원과 15명 이상의 계약직 직원을 확충하고 운영 예산을 6-7백만 달러 수준으로 늘려야 한다고 조언했다. 나는 이 문제를 놓고 1년 넘게 씨름했다.

확장할 필요성도 있었고, 하려고 하면 할 수도 있었다. 하지만 결국 아내와 나는 질 높은 콘텐츠 개발과 멘토링, 교회들이 정서적으로 건강한 제자훈련을 실행하도록 훈련시키는 일에 집중해야 한다고 판단했다.

우리의 분별 과정은 한 운영위원회 모임에서 정점에 이르렀다. 장로들은 정서적으로 건강한 제자훈련 사역이 한 명의 정직원만을 유지하고 우리 부부는 가장 잘하는 부분인 멘토링과 콘텐츠 개발에 집중하는 것이 하나님의 뜻이라고 입을 모았다. 우리는 깊이 귀를 기울이고 가진 분별력을 다 동원한 끝에 한정된 자원으로 최선을 다하고 나머지는 하나님께 맡기기로 결정했다. 그렇게 경청한 결과, 깊은 평안을 얻고 기대 밖의 열매를 거둘 수 있었다.

우리의 의지보다 큰
예수님의 의지

예수님 안에서 쉬고 예수님을 위해 초연하고 예수님께 귀를 기울이는 것은 세상의 문화를 거스르는 혁신적인 것이다. 그런데 우리는 이런 삶에 최적화된 틀을 갖춘 수도원에서 살고 있지 않기 때문에 그만큼 힘들다. 각자의 독특한 소명, 책임, 한계, 기질에 가장 적합한 방법을 찾아내려면 많은 장애물과 실패를 각오하고 인내를 발휘해야 한다.

미국화 된 예수가 아닌 십자가에 달리신 예수님을 따르기 위해서는 우리의 소명, 나아가 우리가 이끄는 사람들의 소명을 장기적인 시각에서 바라보아야 한다. 예수님께 자신을 맡기고 쉼을 얻으라. 자신의 의지와 계획을 예수님 앞에 내려놓고 초연하라. 예수님의 말씀에 귀를 기울이라. 예수님의 말씀을 들으려는 우리의 의지보다 우리에게 말씀하시려는 예수님의 의지가 더 크다는 사실에서 힘과 위로를 얻으라.

Chapter 5

한계라는
하나님의 선물을
받아들이라

무엇을 하며 살지 고민하던 남자가 있었다. 그러던 어느 날, 꿈에 그리던 삶을 살 수 있는 기회의 문이 열렸다. 그것은 아주 잠깐 동안만 잡을 수 있는 기회였고, 그 기회를 위해서는 멀리까지 가야만 했다. 남자는 서둘러 길을 떠났다. 꿈이 현실로 이루어질 순간을 생각할수록 가슴이 뛰었다. 발걸음을 재촉하는데 저 앞에서 다리 하나가 나타났다. 다리 밑은 깎아지르는 절벽이었고, 그 아래에는 위험천만한 급류가 맹렬히 흐르고 있었다.

다리를 막 건너기 시작하는데 다리 반대편에서 오는 한 낯선 이가 보였다. 밧줄을 허리에 칭칭 감은 사람이었다. 밧줄은 풀어헤치면 족히 10미터는 될 것만 같았다. 낯선 사람은 밧줄을 풀면서 걸어오기 시작했다. 두 사람이 거의 만나기 직전, 그가 말했다. "이보시오, 미안하지만 이 밧줄 끝을 좀 잡아 주시겠소?"

그 말에 남자는 거의 본능적으로 손을 뻗어 밧줄을 잡았다. "고맙소. 두 손으로 잡아야 하오. 꽉 좀 잡아 주시오."

그러더니 낯선 사람은 느닷없이 다리 아래로 몸을 던졌다! 순간, 밧줄이 팽팽하게 당겨지면서 다리 위의 남자는 하마터면 절벽 아래의 위험천만한 강으로 떨어질 뻔했다. 남자는 다급하게 고함을 질렀다. "이 무슨 짓이오?"

"그냥 꽉 잡고 있으시오." 낯선 사람이 퉁명스럽게 대답했다. 남자는 황당하면서도 일단 낯선 사람을 끌어올리기 시작했지만 역부족이었다.

"도대체 왜 이러는 거요." 남자는 다리의 가장자리에서 짜증 섞인 목소리로 외쳤다.

하지만 낯선 남자는 막무가내였다. "그냥 꽉 잡고 있기나 해요. 놓으면 나는 죽는 거요."

"하지만 끌어올릴 수가 없어요."

"내 목숨을 당신 손에 맡겼소."

"나는 맡겨 달라고 한 적이 없소."

"어쨌든 놓으면 나는 끝이오."

남자는 도와줄 사람이 없나 주변을 둘러보았지만 아무도 보이지 않았다. 생각할수록 화가 났다. 일생일대의 기회를 찾아 길을 떠났는데 엉뚱한 상황에 휘말려 언제 벗어날지 모르게 된 것이다. 남자는 다시 아래를 향해 소리를 쳤다. "원하는 게 뭐요?"

"그냥 조금만 도와주면 되요."

"어떻게 도우라는 거요? 끌어올릴 수도 없고, 도울 사람을 찾아올 동안 밧줄을 묶어 둘 곳도 없소."

"그냥 붙잡고만 있어요. 내 목숨은 당신의 손에 달렸소." 낯선 사람은 공중에 걸린 채 대답했다.

정말이지 진퇴양란이었다. '밧줄을 놓자니 사람을 죽게 놔 두었다는 죄책감에 평생 시달릴 테고, 밧줄을 잡고 있자니 꿈을 향해 갈 수 없으니 어느 쪽도 답이 아니구나.'

시간은 정처 없이 흘렀지만 아무도 오지 않았다. 퍼뜩, 너무 늦었다는 생각이 들었다. 지금이라도 당장 길을 떠나지 않으면 제시간에 도착할 수 없었다. 그때 새로운 생각이 떠올랐다. 남자는 공중에 매달린 남자에게 방법을 설명했다. "이렇게 하면 당신을 구할 수 있을 것 같소."

남자 혼자 힘으로는 낯선 사람을 끌어올릴 수 없지만 낯선 남자가 줄을 계속해서 허리에 감으면서 거리를 줄여 준다면 해낼 수 있을 것 같았다. 하지만 공중에 매달린 사람의 반응은 시큰둥했다. 남자는 화가 나서 소리를 질렀다. "자기 힘은 하나도 안 쓰겠단 말이오? 그렇다면 나도 더 이상 밧줄을 붙잡을 수 없소!"

"그러면 나는 죽소!"

순간, 다리 위의 남자에게 묘안이 떠올랐다. 그 전까지는 생각지도 못했던 생각이었다. "이제부터 내가 하는 말을 잘 들으시오."

공중에 매달린 낯선 사람은 낙심한 표정으로 위를 보았다.

"당신에게 계속 끌려 다니지 않겠소. 지금부터는 당신이 알아서 하시오."

"무슨 뜻이오?" 낯선 사람의 얼굴은 잔뜩 겁에 질려 있었다.

"이제 당신의 목숨은 당신 손에 달려 있다는 말이오. 스스로 선택하시오. 나는 평형추 역할만 하겠소. 당신이 알아서 힘을 써서 줄을 끌며 올라오시오. 그러면 나도 상황을 봐서 조금은 당겨 주겠소."

남자는 허리에서 줄을 풀고 두 다리를 땅에 단단히 고정시켜 평형추 역할을 했다. 그러자 낯선 사람은 다급하게 비명을 질렀다.

"농담이죠? 이기적으로 굴지 말아요. 내 목숨은 당신한테 달려 있어요. 뭐가 그리 급하시오? 목숨보다 더 중요한 일이 있단 말이오? 제발 날 죽게 내버려 두지 말아요."

한참 침묵이 흐른 뒤에 다리 위의 남자는 천천히 말했다. "정 그렇다면 어쩔 수 없죠." 남자는 밧줄을 놓고 다시 길을 떠났다.[1]

나는 한낱
피조물일 뿐이다

만들어 낸 이야기이지만 가슴에 와닿지 않은가? 모든 크리스천 리더가 다리 위의 이 남자와 같은 딜레마에 빠졌던 경험이 있을 것이다. 아예, 이런 상황이 삶 자체인 사람도 많다. 우리는 다리에서 떨어진 사람들을 돕고 싶다. 그리고 예수님을 따르기 위해서는 자기희생이 필요함을 잘 알고 있다. 그래서 사람들을 끌어올리기 위해 안간힘을 쓰고 있다. 때로는 자신의 정서적·영적 건강을 희생하면서까지 남들에게 시간과 노력을 쏟아붓는다. 그런데 끌어올렸다고 생각한 사람들이 불과 한 달도 채 되지 않아 또 다른 다리에서 다시 떨어지거나 스스로 몸을 던진다.

오랜 세월 나도 손을 뻗어 수많은 사람들의 밧줄을 잡아 주었다. 밧줄의 반대편 끝에 달려 공중에서 흔들리는 사람들을 보고 있으면 가슴이 답답했다. '어떻게 저들을 포기할 수 있는가. 나는 크리스천이지 않은가. 예수님이라면 저들을 끌어올리셨을 게 아닌가. 내가 저들을 끌어올리지 않으면 이기적인 것이 아닐까? 하지만 내 꿈을 언제까지 보류해야 하는가? 나는 그리스도의 종이니까 그분을 위한 내 꿈도 중요하지 않은가. 다른 사람들은 다 어디로 갔는가. 왜 나 혼자서만 모든 밧줄을 붙잡고 있어야 하는가.'

관계적으로 힘든 상황 속에서 타인을 섬기는 사람들이 다 그렇듯, 나처럼 하나님을 위해 '고난'을 감수하지 않는 사람들을 향한 분노가 내 안에서 서서히 끓어오르기 시작했다. 예수님의 비유에서 선한 사마리아인은 그래도 길가에서 한 사람만 만났을 뿐이다(눅 10:29-37). 하지만 내 경우에는 매일같이 다리 위에 15명씩 늘어서서 한꺼번에 내 손에 밧줄을 쥐어 주는 것만 같다. 그래서 힘든 사람들이 아예 눈에 들어오지 않았으면 좋겠다는 생각을 자주 했다. 사람들의 힘든 사정을 아예 모르면 그들의 밧줄을 잡아 주어야 한다는 의무감도 느끼지 않을 테니까 말이다.

10세가 되지 않은 어린아이 6명을 홀로 키우는 여성이 우리 집 길 건너편에 산 적이 있었다. 우리 부부는 그 여성을 조금이라도 쉽게 해 주고 싶어 가끔씩 그 집 아이들을 대신 돌보아 주었다. 하지만 아무리 도와주어도 끝이 없자 슬슬 불만이 쌓이기 시작했다. '다음 주에도 애들을 봐 주어야 하나? 그 다음 주도? 언제까지 그 애들을 돌봐 주어야 하나? 이러다가 돈도 좀 주어야 하는 것 아닌가? 언제쯤 발을 빼는 것이 적절할까? 어느 정도까지가 적당한 선일까? 나 자신의 영혼이 피폐해지지 않고 다른 사람도 평생 미성숙한 상태로 머물지 않으려면 어느 정도까지 내가 돕고 나머지는 스스로 헤쳐 나가게 놔 두어야 할까?'

도무지 답을 내릴 수가 없었다. 그것은 한계라는 하나님의 선물을 아직 이해하지 못했기 때문이다. 이웃의 어려운 상황 앞에서 무엇을 하고 무엇을 하지 말아야 할지 올바로 분별하기 위해서는 한계라는 개념을 정확히 이해해야 한다.

정서적으로 건강한 제자훈련의 핵심적인 특징 가운데 하나는 한계라는 개념을 신학적인 측면과 실질적인 측면에서 깊이 이해하는 것이다. 이런 이해가 뒷받침되지 않으면 장기적으로 하나님, 자신, 타인을 제대로 사랑할 수 없다. 건강한 한계는 직장, 양육, 부부 관계, 친구 관계, 이성 관계까지 삶의 모든 영역에서 매우 중요하다. 하지만 특히, 교회라는 예수님의 새가족을 이끄는 사람들에게는 건강한 한계가 필수적이다.

건강한 한계가 필요한 것은 그것이 매우 영적인 문제이기 때문이다. 한계를 받아들이는 것은 곧 내가 하나님이 아니라는 점을 인정하는 것이다. 나는 그저 피조물일 뿐이라는 사실, 오직 하나님만이 세상을 온전히 다스리신다는 사실을 받아들여야 한다.

한계를 통해

하나님과의 관계를 살펴보다

우리가 한계에 대해 어떤 식으로 이해하고 반응하느냐를 보면 하나님과 어떤 관계를 맺고 있는지가 분명히 드러난다. 이 문제는 너무 중요해서, 사탄이 태초부터 한계를 핵심 표적으로 삼았을 정도이다.

에덴동산에서의 한계

아담과 하와의 원죄는 한계라는 하나님의 선물을 거부한 것이다. 생각해 보라. 하나님은 에덴동산에서 그들에게 막대한 자유를 허락하셨다. 무엇이든 자신이 원하는 일과 성취를 즐길 수 있었다. 그런데 하나님은 딱히 어떤 설명 없이 한 가지 한계를 정하셨다. "동산 각종 나무의 열매는 네가 임의로 먹되 선악을 알게 하는 나무의 열매는 먹지 말라 네가 먹는 날에는 반드시 죽으리라"(창 2:16-17). 이것은 아무 의미 없는 한계가 아니었다. 선악을 알게 하는 나무가 에덴동산 정중앙에 놓인 것은 그들에게 하나님의 권위에 대한 순종을 가르치시기 위함이었다.

하나님은 아담과 하와가 그분의 선하심과 사랑을 절대적으로 믿고 받아들이기를 원하셨다. 아담과 하와는 하나님의 방식이 이해할 수 없어도 그냥 받아들이는 법을 배워야 했다. 뱀은 이 점을 알고서 그들이 하나님의 한계에 도전하도록 유혹했다. 뱀은 하나님이 전혀 선하시지 않다는 거짓말을 그들의 귀에 속삭였다. 뱀은 하나님의 한계가 사랑이 아니라 인색함의 증거라고 속였다. "뱀이 여자에게 이르되 너희가 결코 죽지 아니하리라 너희가 그것을 먹는 날에는 너희 눈이 밝아져 하나님과 같이 되어 선악을 알 줄 하나님이 아심이니라"(창 3:4-5).

그리하여 아담과 하와는 하나님의 한계를 순수하게 받아들이지 않고 하나님이 좋은 것을 숨기고 계신다라는 의심을 품기 시작했다. 결국 그들은 사탄의 유혹에 넘어가 "하나님과 같이" 한계가 '없는' 존재가 되는 편을 선택했다. 그 어리석은 선택의 대가는 지금 우리에게까지 내려오고 있다. 하지만 감사하게도 이야기는 첫 아담에게서 끝나지 않는다.

예수님 사역의 한계

사도 바울이 예수님을 두 번째 아담으로 부르며 아담과 예수님을 직접적으로 연결시킨 것은 결코 우연이 아니다(롬 5:12-21). 예수님은 타락의 결과를 뒤집기 위해 사탄에게서 똑같은 한계에 관한 시험을 받으셨다. 광야에서 사탄에게 3번 시험을 받으셨을 때, 예수님은 아버지를 믿고서 한계를 받아들이셔야 했다. 다시 말해, 예수님은 당장 필요가 채워지지 않은 상태에서도 하나님을 믿고 기다리는 편을 선택하셨다.

사탄이 첫 번째 시험을 던졌다. "네가 만일 하나님의 아들이어든 명하여 이 돌들로 떡덩이가 되게 하라"(마 4:3). 물론 예수님은 하늘에서 만나를 내리거나 돌로 떡을 만들 힘이 충분히 있었다. 하지만 예수님은 그렇게 하시지 않고 아버지의 때를 받아들이고 기다리는 편을 선택하셨다. 다시 말해, 한계를 받아들이셨다.

두 번째 시험에서 사탄은 예수님을 거룩한 도시의 가장 높은 곳으로 데려갔다. 그는 예수님께 거기서 뛰어내려 하나님이 진정으로 그분과 함께하신다는 사실을 만인이 알게 하라고 도발했다. 하지만 예수님은 하나님의 때를 기다려야 한다는 사실을 잘 알고 계셨다. 예수님은 하나님의 한계를 받아들여 성전 계단을 걸어 내려가셨다. 기적은 없었다. 아무도 그분을 믿지 않았다. 이번에도 그분은 한계를 받아들이셨다.

세 번째 시험에서 사탄은 예수님을 높은 산으로 데려가 세상의 화려한 왕국들을 보여 주었다. 고난과 십자가라는 하나님의 한계를 한 번만 모른 체하면 온 세상의 부귀영화가 예수님의 것이 될 수 있었다. 하지만 예수님은 그렇게 하시지 않았다. 대신 아버지의 지혜 앞에 겸손히 무릎을 꿇으셨다. 이번에도 그분은 한계를 받아들이셨다.

예수님은 3년 동안 사역하시는 내내 한계를 받아들이셨다. 병자와 귀신 들린 사람을 모두 치료하시지 않았다. 사람들이 가버나움에 머물러 달라고 부탁했지만 그곳에 대형 교회를 세우시지 않았다(막 1:21-45). 어떤 경우에는 사람들이 따르는 것을 거부하셨다. 예를 들어, 군대라는 귀신이 들렸던 사람의 경우가 그러했다(막 5:18-20). 밤새 기도하신 뒤에는 가장 핵심적인 제자로 12명만 선택하셨다. 필시 탈락한 사람들은 크게 실망했을 것이다. 유럽, 아프리카, 아시아, 아메리카에 있는 모든 사람의 필요를 직접 채워 주는 편을 선택하시지 않았다. 그럼에도 이 땅에서의 삶을 마칠 때 이렇게 기도하셨다. "아버지께서 내게 하라고 주신 일을 내가 이루어 아버지를 이 세상에서 영화롭게 하였사오니"(요 17:4).

한계 앞에서 예수님이 보여 주신 놀라운 만족과 평강은 우리가 앞서 살펴보았던 또 다른 인물에게서도 그대로 나타난다. 그는 바로 세례 요한 이라는 믿음의 거인이다.

세례 요한의 한계

세례 요한의 삶은 한계라는 하나님의 선물을 받아들이는 것이 무엇을 의미하는지 더없이 아름답게 보여 준다. 세례 요한이 설교 사역을 시작하자 전국에서 수많은 인파가 몰려들었다. 하지만 예수님이 사역을 시작하시자 요한을 따르던 자들이 우르르 그분께로 몰려갔다. 어제까지만 해도 요한을 따르던 자들이 그를 떠나 예수님을 따르기 시작했다. 요한의 일부 제자들은 갑자기 뒤바뀐 세상에 분한 마음을 품고 요한에게 불평했다. "사람이 다 그에게로 가더이다"(요 3:26).

하지만 한계의 신학을 이해했던 요한은 담담하게 대답했다. "만일 하늘에서 주신 바 아니면 사람이 아무것도 받을 수 없느니라"(요 3:27). 풀이 하자면 이렇다. "내 인간의 한계를 받아들일 것이다. 내 인기가 줄어드는 현실을 받아들여야 한다. 나는 세상의 중심이 아니다. 하나님이 중심이시다. 그분이 흥하셔야 하고 나는 쇠해야 한다."

아담과 하와, 예수님, 세례 요한, 이렇게 3가지 사례에서 보듯이 우리가 한계를 어떻게 다루느냐는 좋은 쪽으로든 나쁜 쪽으로든 큰 결과를 낳는다. 예를 들어, 세례 요한이 하나님의 한계를 받아들이지 않고 어떻게든 자신의 운동을 키우려고 욕심을 부렸다면 어떻게 되었을까? 세례 요한과 그를 따르는 자들이 어떻게 되었을까? 혼란이 빚어져 하나님의 더 큰 역사가 지연되었을 것이다. 예수님의 제자들과 요한의 제자들이 서로

으르렁거리며 사역을 방해했을 것이다. 몇 가지 폐해만 생각해도 이 정도이다. 오늘날 우리의 사역도 한계를 무시한 폐해에서 자유로울 수 없다.

한계를 선물이 아닌
성공의 장애물로 여기다

처음 사역을 할 때는 한계라는 하나님의 '선물'이란 개념에 대해 들어본 적이 없었다. 시간은 없고 할 일은 많은 상황이 무한 반복되었다. 숨을 돌릴 틈도 없이 돌아가는 상황 속에서 매일같이 압박감과 좌절감에 시달렸다. 하나의 일을 마치고 나면 두 개의 새로운 일이 눈앞에 나타났다. 그래도 이를 악물고 어떻게든 해내려고 애를 썼다. 하나님께 도움을 구하고 우선순위 조정과 시간 관리 방법도 사용해 보았다. 내 리더십을 다듬고 책임을 효과적으로 위임하기 위해 전국의 세미나도 쫓아다녔다. 하지만 모두가 밑 빠진 독에 물 붓기였다. 무엇이 문제였을까?

한계의 신학(한계가 하나님에게서 온 좋은 선물이라는 개념)을 예수님을 따르고 섬기는 일에 연결시키지 않은 것이 문제였다. 한계의 개념을 이해하고 그리스도를 섬기는 일에 적용하지 않은 탓에 아내와 나는 목회를 그만둘 뻔했다. 실제로, 다른 사람을 섬기겠다는 불같은 열정으로 시작했지만 손으로 날아드는 모든 밧줄을 받아 쥔 탓에 결국 포기하는 목사들을 심심치 않게 보았다. 우리는 타인이 스스로 일어서도록 도와주는 법을 배우지 못했다. 어느 정도까지 도와주어야 하는지 판단하는 법을 배우지 못했다.

결국 나는 내가 아닌 다른 사람으로 살아가기 위한 노력으로 꽤 오랫동안 허송세월을 했다. 주변의 성공한 리더들처럼 되기만 하면 마침내 내 삶과 사역이 자리를 잡을 것이라고 생각했다. 그래서 여러 집회에 참석하고, 유진 피터슨(Eugene Peterson)이 말한 "기독교 포르노"(ecclesiastical pornography)를 선전하는 책들을 탐독했다.[2] 하나같이 죄 많은 인간들에게 흔히 볼 수 있는 문제가 완전히 사라진 교회를 약속했다. 최고의 프로그램을 도입하고 최고의 인재를 영입하기만 하면 모든 문제가 단숨에 해결될 것처럼 말했다. 내가 이 리더들처럼 되고 행하기만 하면 우리 교회도 그만큼 커지고 번영할 것처럼 말했다.

나만의 착각이었는지 모르지만, 나는 그 모든 집회와 책에서 그런 거짓 약속을 감지했다. 문제는 하나님이 그 리더들에게 주신 능력이나 소명을 내게 주시지 않았다는 점이다. 리더로서 내가 받은 강점은 그들과 달랐다. 그것도 모르고 내 한계를 한사코 거부한 탓에 하나님이 나를 위해 예비하시지 않은 엉뚱한 길로 가고 말았다. 오랜 세월 내 것이 아닌 대본으로 살려고 애를 썼다. 그 대본에 배우가 필요하긴 했지만 그 배역은 내가 오디션을 봐야 할 배역이 아니었다.

하나님은 내게 15-16가지가 아닌 4-5가지의 재능을 주셨다. 안타깝게도 부모님은 내가 원하는 것은 무엇이든 될 수 있다고 부추기셨다. 의사든 가수든 교수든 작가든 프로 선수든 마음만 먹으면 다 될 수 있다고 하셨다. 그래서 고교 시절의 나는 마이클 조던처럼 농구를 하려고 노력했다. 하지만 몸이 따르지 않았다. 내가 속한 팀은 백전백패였다. 그런데도 나는 깨닫지 못했다. 내가 원한다고 해서 다 할 수는 '없다는' 것을 받아들이지 못했다. 물론 나도 나름의 재능과 잠재력을 가지고 있었다. 하지만 동시에 많은 한계도 지니고 있었다. 나는 이런 한계를 하나님의 선물로 보지 못하고 성공의 장애물로 여기는 실수를 범했다.[3]

내 한계를 무시하는 것이 하나님을 무시하는 것임을 깨닫지 못했다. 게다가 이 나쁜 패턴을 교회에까지 그대로 가져갔다. 교회를 개척하는 속도, 새로운 사역과 소그룹을 구성하는 속도, 교역자들과 자원봉사 사역자들에 대한 기대까지 그야말로 나는 한계를 모르는 인간이었다.

오랫동안 나는 한계가 선물이라는 성경의 가르침을 무시한 채 과도한 활동의 늪에서 허덕였다. 그로 인해 개인적인 삶, 가정, 사역 전체가 톡톡히 대가를 치러야 했다. 나는 또 다른 길이 있음을 깨닫지 못했다. 그 길은 2가지 종류의 한계에 대한 분별을 필요로 하는 길이었다.

한계를 선물로 받기 위한
2가지 질문

한계라는 선물을 받으려면 다음 2가지 질문을 수시로 던져야 한다.

1. 내가 어떤 한계들을 하나님을 믿으라는 초대로 기꺼이 '받아들여야' 할까?
2. 다른 사람에게 하나님을 보여 주거나 내가 하나님이 원하시는 사람이 되기 위해서 어떤 한계들을 믿음으로 '극복해야' 할까?

첫 번째 질문은 우리가 선물로 여겨 받아들이고 항복해야 하는 한계에 관한 것이다. 이는 특히 도전적인 리더들에게는 가장 받아들이기 힘든 성경의 진리 중 하나이다. 두 번째 질문은 하나님이 권능을 드러내고 기적을 행하기 위해 사용하시는 한계에 관한 것이다. 우리는 이런 한계를 극복하여 병의 치유와 기도 응답 같은 원하는 결과를 얻기를 원한다. 이런 한계를 넘어설 때 사역이 성장하는 동시에 우리의 일상이 편해지며 하나님의 이름이 높임을 받는다.

2가지 유형의 한계를 본격적으로 살펴보자. 먼저, 우리에게는 더 어렵게 느껴지는 첫 번째 한계부터 시작해 보자. 이것은 우리가 받아들여야만 하는 한계이다.

받아들여야 하는 한계

교회가 새로운 사역의 기회를 포착하고도 포기하려면 실로 큰 성숙함이 요구된다. 주일에 새로 예배 시간을 추가할까? 토요일 예배도 신설할까? 현재 200명이 모이고 있는데 400명, 아니 800명이나 1,000명이 되지 말란 법이 있는가. 이렇게 한계를 모르고 치닫는 삶의 단적인 예를 전성기의 다윗에게서 찾아볼 수 있다.

다윗의 권력은 바늘이 들어갈 틈도 없을 정도로 공고해졌다. 인기는 절정에 이르렀고 때마다 하나님께 감동적인 시편을 지어 불렀다. 다윗은 하나님의 성전을 지어 이스라엘의 하나님을 온 천하에 알리기를 간절히 원했다. 돈과 노동력이 충분했다. 온 국가의 지지를 한 몸에 받고 있었다. 심지어 선지자 나단도 어서 하라고 등을 떠밀었다. 하지만 하나님은 고개를 저으셨다. 이는 다윗 인생에서 가장 중요한 순간 중 하나였다. 하나님의 마음에 합당한 진정한 왕의 자격을 얻느냐 마느냐 하는 순간이었다.[4]

다윗의 실망감과 당혹감이 얼마나 깊었을지 상상해 보라. 주변 이방 국가의 왕들이 뭐라고 생각할까? 저마다 각자의 신을 뽐내기 위해 웅장한 성전 구조물을 세웠다. 그에 비해 다윗과 이스라엘 국가는 상대적으로 초라해 보였을 것이다.

성경은 다윗이 앉아서 기도했다고 말한다. 그 기도가 끝났을 때 다윗은 하나님의 계획이 눈에 보이지 않아도 상관없이 믿기로 결단하고 하나님의 한계를 받아들였다. "오직 우리 하나님은 하늘에 계셔서 원하시는 모든 것을 행하셨나이다"(시 115:3).

다윗은 하나님이 주신 한계 안에서 살려고 할 때 누구나 만나는 영적 질문과 씨름했다. "하나님이 정말로 선하시고 만사를 온전히 다스리신다고 믿을 수 있는가?"

다윗은 머리로는 하나님이 자신의 계획을 허락하시지 않은 이유를 다 알 수 없음을 인정했다. 그러고 나서 아들 솔로몬이 다음 세대에 성전을 건설할 수 있도록 하나님이 주신 한계 안에서 최선을 다해 자재를 준비했다. 물론 이런 순간과 결정은 우리에게도 똑같이 중요하다. 한계는 누구도 원하지 않는 선물이다. 그 이유는 무엇일까?

답은 두 가지이다. 첫째, 우리가 세상에서 보고 듣는 모든 메시지가 성경에서 분명히 말하는 이 혁신적인 문화 진리와 상충하기 때문이다. 둘째, 에덴동산에서의 아담과 하와처럼 우리 안에는 하나님께 반역하려는 마음이 있기 때문이다.

그럼에도 한계는 수많은 선물을 제시한다. 나와 다른 사람과 하나님의 역사를 망치지 않게 보호해 준다. 세상을 운영하는 것은 우리가 아니라는 사실을 기억함으로 평강과 겸손을 빼앗기지 않게 해 준다. 또한 자기 의지를 꺾어 준다. 한계는 자신과 사역을 올바른 방향으로 이끌기 위한 하나님의 수단이다. 한계는 우리의 지혜가 성장할 수 있는 주된 통로이다. 무엇보다도 한계는 우리가 다른 곳에서는 불가능한 방식으로 하나님을 만나는 곳이다.

한계에 관한 하나님의 뜻을 분별하려면 먼저 각자에게 어떤 한계들이 있는지를 알아야 한다. 그러기 위해 우리가 마주하는 다양한 한계들을 두루 살펴보면 좋겠지만 여기서는 출발점으로 인생의 6가지 핵심 영역을 훑고 지나갈 것이다.

내 성격과 기질의 한계는 무엇인가? 사람들과 어울릴 때 얼굴에 화색이 돋는 편인가(외향적)? 아니면 혼자만의 시간을 좋아하는가(내향적)? 자발적이고 창의적인가? 통제와 질서를 좋아하는가? 걱정을 잘 하지 않고 느긋한 편인가? 목표를 향해 돌진하는 편인가?

과감성과 모험성에서 나는 10점 만점에 10점을 받았다. 언제라도 로빈 후드가 되어 노팅엄을 누비고 싶어 하는 사람이다. 민감성에서도 10점 만점을 받았다. 그렇다면 대기업의 회장보다 상담자나 사회복지사가 더 어울린다는 말이다. 에니어그램(Enneagram), MBTI(Myers-Briggs), DISC가 모두 성격과 기질의 한계를 파악하는 데 유용한 도구들이다.

인생의 현 시기가 안겨 주는 한계는 무엇인가? 인생의 시기도 하나님이 주신 한계이다. 전도서는 이렇게 가르친다. "범사에 기한이 있고 천하만사가 다 때가 있나니"(전 3:1). 집에서 아이, 어쩌면 장애아를 키워야 할 시기가 있다. 인생을 송두리째 뒤흔드는 육체적 감정적 외적 위기를 겪는 시기도 있다. 건강이 나빠진 부모를 곁에서 돌보아야 할 시기도 있다. 생활이 풍족할 시기도 있고 허리띠를 졸라매야 할 때도 있다. 코피를 흘려가며 공부해야 할 시기도 있다. 왕성하게 활동해야 할 시기가 있는가 하면, 아쉬움을 뒤로 한 채 일선에서 물러나야 할 때도 있다.

기혼이나 미혼의 한계는 무엇인가? 결혼을 했다면 그 자체가 한계이다. 미혼이라면 종류는 다르지만 마찬가지로 일종의 한계이다. 다른 사람과 한몸이 되겠다는 혼인서약은 우리의 모든 결정을 제한하는 한계로 작용한다. 예를 들어, 내가 뉴 라이프 펠로십 교회의 담임목사로 시무할 때 토요일이나 주일 저녁 예배를 시작하지 않은 것은 결혼과 가정의 한계 때문이었다. 미혼이라면 "그리스도를 위한 건강한 미혼자로서 사역을 이끌려면 오늘 무엇을 해야 할까?"라고 물어야 한다. 물론 이 질문은 기혼자에게도 똑같이 적용된다. "그리스도를 위한 건강한 기혼자로서 사역을 이끌려면 오늘 무엇을 해야 할까?" 건강한 공동체 안에서 사랑을 주고받고 자신을 돌볼 시간을 내는 것은 모든 사람에게 반드시 필요한 일이다.[5]

내 정서적 육체적 지적 능력의 한계는 무엇인가? 우리의 정서적 육체적 지적 능력도 하나님이 주신 한계이다. 나는 사람들을 다루고 복잡한 일을 처리하는 능력이 뛰어난 편이다. 4-5권의 책을 동시에 읽는 것을 좋아할 정도이다. 그렇다 해도 이틀 이상 연속으로 사람들을 상대하면 정신이 혼미해지고 힘이 빠진다. 그래서 때마다 혼자 책을 읽고 기도할 시간이 필요하다. 육체적으로나 정서적으로 혹은 영적으로 일주일 내내 달리면 쓰러지고 만다. 회의들 사이에서도 최소한 3-5분간 머리를 비우는 시간이 필요하다.

육체적으로 나이를 먹으면 몸이 예전만 같을 수 없다. 나이가 젊어도 나름의 한계가 있다. 인생 경험이 적어도 아직 열리지 않는 문들이 있다. 몸이나 정서에 장애가 생기거나 병이 발병하면 처음 계획했던 길로 가기가 힘들어진다.

분노나 의기 소침, 두려움은 인생의 엔진 내부에 뭔가 문제가 생겼으니 속도를 늦추라는 '오일 체크 등' 역할을 한다. 이런 것은 우리 삶의 속도를 늦추거나 멈추게 하기 위해 경각심을 일으키는 하나님의 주된 수단 중 하나이다.

어린 시절 가정의 한계는 무엇인가? 어린 시절의 가정환경도 하나님의 주신 한계요 선물이다. 더없이 고통스러운 가족사 안에서도 하나님이 역사하시는 손길을 찾는다면 그 거친 가시밭길에서도 귀한 보석을 발견할 수 있을 것이다. 어릴 때 학대, 무시, 버림, 가난, 억압 등을 겪은 사람들은 다른 사람보다 뒤처졌다는 생각에 잃은 세월을 만회하려고 자신을 한계까지 몰아붙이기 쉽다. 하지만 하나님은 각 사람의 상황을 다르게 보신다.

내가 가족에게서 물려받은 한계들을 일단 받아들이고 보니 더없이 귀한 선물이었다. 어린 시절을 생각할수록 하나님께 더 의지하고 다른 사람의 아픔에 더 민감하며 남을 덜 판단하려고 노력하게 된다. 다른 사람을 사랑하고 저마다 하나님이 주신 한계 안에서 기쁘게 살도록 격려해야겠다고 다시금 결심하게 된다.

시간의 한계는 무엇인가? 인생은 한 번뿐이다. 그 짧은 시간 속에서 모든 것을 할 수는 없다. 아시아와 유럽, 아프리카에서도 살아보고 싶고 미국의 시골에서 유유자적하며 지내보고 싶다. 다양한 직업을 경험해 보고도 싶다. 하지만 그것들을 다 할 수는 없다. 당신과 마찬가지로 이 땅에서 내 시간은 바닥을 향해 가고 있다.

10년마다 우리는 인생의 다른 계절로 접어든다. 10대, 20대, 30대, 40대, 50대, 60대, 70대, 그 이후로 나뉜다. 매번 계절이 바뀔 때마다 다른 종류의 한계가 나타난다. 성경은 기도로 우리의 제한된 시간에 관한 지혜를 구하라고 분명히 강조한다. "우리에게 우리 날 계수함을 가르치사 지혜로운 마음을 얻게 하소서"(시 90:12).

야곱이 형 에서를 피해 도망칠 때 깨달은 사실을 우리도 깨닫게 된다. "여호와께서 과연 여기 계시거늘 내가 알지 못하였도다"(창 28:16). 눈을 떠서 보면 하나님은 한계를 통해 우리와 온 세상에 그분을 강력하게 드러내신다. 성경의 다음 예들에 관해 생각해 보라.

- 예수님이 생명의 떡으로 드러나신 것은 보리떡 다섯 덩이와 생선 두 마리라는 한계를 통해서였다. 예수님이 5천 명(여성과 어린아이까지 계산하면 3-4배는 더 많을 것이다)[6]을 먹이신 기적은 너무도 중요하다. 부활 사건 외에 사복음서에 모두 기록된 기적은 이 사건뿐이다.
- 기드온이 135,000명의 미디안 군대를 무찌른 것은 300명이라는 한계 안에서였다.
- 모세가 2-3백만 명의 하나님의 백성들을 애굽에서 인도하여 낸 것은 어눌한 말(출 4:10-12)과 나이(여든 살)라는 한계 안에서였다.
- 하나님이 그분의 백성들을 향한 슬픔과 애틋한 사랑을 알려 주신 것은 예레미야의 우울한 기질이라는 한계 안에서였다.
- 호세아가 하나님 사랑에 관한 가장 위대한 계시 중 하나를 받은 것은 비참한 결혼생활이라는 한계 안에서였다. 덕분에 지금까지도 수많은 사람이 이 계시를 묵상하고 있다.

성경 속의 이 영웅들이 하나님의 한계에 저항했다면 하나님이 그들

안에서 그리고 그들을 통해서 하시려는 놀라운 일을 놓치고 말았을 것이다. 이렇듯 한계는 한계를 가장한 하나님의 선물일 때가 많다.

우리는 하나님의 계획을 보더라도 극히 일부밖에 볼 수 없다. 하나님의 길은 우리의 길과 다르다. 하지만 한계 속에서 나타나는 하나님의 역사는 우리의 힘으로 이룰 수 있는 것보다 더 크고 위대하다. 내가 좋아하는 이야기를 예로 들어보겠다.

이 이야기는 자신의 한계를 받아들이기보다 다른 누군가의 삶을 살려는 우리의 성향을 잘 보여 준다. 백발이 성성해진 랍비 주시야(Rabbi Zusya)는 이런 말을 했다. "다음 세상에서는 사람들이 내게 '당신은 왜 모세처럼 살지 않았소?'라고 말하지 않을 것이다. 대신 '당신은 왜 주시야처럼 살지 않았소?'라고 물을 것이다."[7] 키르케고르(Kierkegaard)의 말처럼 모든 인간의 진정한 소명은 "자기 자신이 되는" 것이다.[8]

우리가 영적 성숙을 향해 순항하고 있다는 증거 중 하나는 하나님이 주신 한계 안에서 기쁘게 사는 것이다. 문제는 대부분의 사람들이 자신과 남들의 한계를 싫어한다는 것이다. 우리는 자신에게 너무 많은 것을 기대한다. 그로 인해 좌절과 실망감과 심지어 분노 가운데 사는 사람이 너무도 많다. 사실, 대부분의 번아웃은 자신에게 없는 것을 주려고 한 결과이다.

특히 하나님을 '위해' 일한다는 핑계로 한계를 무시하는 경우가 너무도 많다. 이것은 지금까지도 나의 영적 성장에 가장 큰 걸림돌 중 하나로 남아 있다. 한편, 성경은 하나님의 능력을 힘입어 자신의 한계를 '뚫고 나간' 많은 믿음의 영웅들을 소개한다. (나를 포함해서) 많은 사람이 한계의 이 두 번째 측면을 제대로 이해하지 못해 하나님의 폭발적인 역사를 저해하는 결과를 낳았다.

혹시 이런 생각을 하고 있지는 않은가? '나도 그런 실수를 해 봤지. 하지만 극복해야 할 한계인지 어떻게 알 수 있는가?'

이번에도 좋은 질문이다.

극복해야 할 한계

우리가 한계를 선물로서 경험하는 두 번째 방식은 극복하는 것이다. 인생의 한계들 앞에서 우리는 분별을 위한 중요한 질문을 던져야 한다. "하나님의 영광을 위해 극복하길 원하시는 한계들은 무엇인가? 하나님이 나의 개인적인 삶 속에서 극복하길 원하시는 미성숙의 한계들은 무엇인가?"

믿음으로 한계를 극복하는 것이 구체적으로 어떤 의미인가? 성경 속의 이야기와 나의 개인적인 경험을 예로 들어보겠다. 하나님은 각자의 한계를 초자연적인 방법으로 극복하게 하셨다.

- 사라는 90세였고 아브라함은 아예 "몸이 죽은 것"처럼 보일 정도로 늙었다(롬 4:19). 그런데도 하나님은 결국 사라를 열국의 어미로 만드셨다.
- 엘리야는 툭하면 의기소침해지는 나약한 선지자였다. 하지만 하나님께 강하게 쓰임을 받았다.
- 12명의 제자들은 많이 배우거나, 타고난 재능이 탁월하거나, 인맥이 화려하지 않았다. 그들은 리더의 경험도 전무한 자들이었다. 한마디로, 인류 역사상 가장 중요한 운동을 이끌 만한 준비가 전혀 되지 않은 자들이었다.

- 디모데는 천성이 겁이 많고 수줍음을 타는 사람이었다. 하지만 그는 규모가 크고 영향력이 많으면서도 온갖 분열과 문제, 갈등이 가득한 에베소의 교회를 맡아 훌륭하게 소임을 감당했다.
- 마리아는 주민이 50-200명에 불과한 작은 마을 나사렛의 가난한 집안에서 자란 10대 소녀였다. 당시 젊은 여성의 혼외 임신은 단순히 창피한 일 정도가 아니라 돌에 맞아 죽을 수도 있는 일이었다. 하지만 그녀는 예수님의 탄생을 위해 하나님이 선택하신 그릇이었다.

하나님은 이 인물들을 사용하셔서 각자의 한계를 믿음으로 뚫고 나가게 하셨다. 내가 이 교훈을 조금만 더 일찍 배웠으면 얼마나 좋았을까 하는 생각이 든다.

나는 큰 한계를 극복하라는 하나님의 부르심에 응답하지 않았다가 하마터면 뉴 라이프 펠로십 교회의 담임목사 노릇을 포기할 뻔했다. 그랬다면 우리 교회를 최고의 전성기 시절로 이끌지 못했을 것이다. 나는 조직과 행정 능력이 부족해서 고생을 많이 했다. 인사 결정을 내리고 예산을 관리하고 세부적인 일을 처리하고 직무기술서를 쓰는 일이 내게는 여간 어려운 일이 아니었다. 나는 비전을 던지고 가르치는 일에 두각을 나타냈기 때문에 늘 주변에서 이런 말을 들었다. "목사님은 그런 은사가 없으니 잘하는 일에 집중하고 약한 영역에 대해서는 인재를 영입하는 것이 현명해 보입니다. 설교하고 비전을 제시하는 일에 집중하시고 교회 운영은 남들에게 맡기시지요."

우리는 외부나 내부에서 교역자들을 영입하고 일을 여러 사람에게 나누어 주는 방식으로 다양한 인력 배치를 시도해 보았다. 하지만 번번이

벽에 부딪혔다. 잠깐은 효과가 나타났지만 장기적으로는 소용이 없었다. 내 인격적 흠을 직시하고 다루기 전까지는 얽힌 실타래가 풀리지 않았다.

내 주된 소명이 행정 목사가 아닌 것은 사실이었지만(나는 이 영역에서 하나님이 주신 한계를 안고 있다) 근본 원인은 내 인격과 관련이 있었다. 나는 내게 편한 설교와 기도를 선호하고 인력 관리 등 약한 분야는 어떻게든 회피하려고 했다. 교역자 회의를 꼼꼼히 준비하고 전략 계획과 씨름하는 시간이 그렇게 싫을 수가 없었다. 복잡한 숫자들을 보는 것보다 비전을 던지며 열정을 발산하는 편이 더 좋았다.

이 심각한 인격적 약점은 하나님이 주신 것이 아니었다. 누구나 좋아하는 사람이 되고 싶은 갈망이 강하다 보니 최대한 갈등을 피하려고 했다. 특히 사역 성과에 관한 솔직한 논의를 죽기보다 싫어했다. 직무기술서를 꼼꼼하게 작성하고 회의를 철저히 준비하고 프로젝트의 세세한 부분들을 일일이 챙기는 데는 게으름을 피웠다. 스트레스를 받을 게 뻔한 회의를 피하는 것은 두려움 때문일 뿐, 하나님을 위해 내 시간을 효과적으로 사용하는 것과는 거리가 멀었다.

이런 미성숙한 행동들이 걷잡을 수 없이 심해졌을 때 나는 20년간의 자기부인에 종지부를 찍기로 결심했다. 교회의 성장이 벽에 부딪쳤고 내가 근본 원인이라고 솔직하게 인정했다. 그때부터 내 삶의 표면 아래를 깊이 들여다보는 2년간의 길고도 고통스러운 작업에 돌입했다. 아울러 행정을 제대로 배우기 위해 특별한 경우가 아니면 외부의 약속을 되도록 거절했다.

그 과정에서 하나님은 나를 뼛속까지 변화시키셨다. 변화의 과정이 끝나고 나자 나 자신도 몰라볼 정도였다! 내 리더십 여행 전체에서 가장 중요하고 가장 큰 변화를 겪은 시기를 꼽으라면 주저 없이 이 한계를 극복한 시기라고 말할 것이다. 그 과정에서 하나님은 뉴 라이프 펠로십 교회의 사역도 폭발적으로 성장시켜 주셨다. 이전의 20년보다도 내가 그곳에서 목회한 마지막 6년 동안에 더 많은 열매가 나타났다.

한계를 통해 발견하는
독특하고도 창조적인 역사들

교회 전체가 한계라는 선물을 받아들이는 것은 필수적이면서도 힘든 일이다. 이 선물을 받아들이지 않으면 공동체를 통해 나타나는 하나님의 독특하고도 창조적인 역사를 놓칠 수밖에 없다는 점에서 필수적이다. 하지만 한계의 가치를 보여 주어 삶 속에서 한계를 받아들이게 도와주는 새로운 제자훈련 문화를 창출해야 한다는 점은 쉽지 않다.

한계라는 선물을 우리 교회의 DNA로 정착시키기 위해 최소한 4가지 방식을 사용했다. 리더들의 자기 관리를 체계화하고, 침략적인 사람들에게 한계를 강제하고, 사람들에게 거절할 자유를 주고, 건강한 경계를 가르치고 본을 보여 주는 것이 그 방식들이다.

리더들의 자기 관리를 체계화하다

우리 교회가 사용한 첫 번째 방식은 리더들의 자기 관리를 체계화한 것이다. 정서적으로 건강한 제자훈련의 모든 요소가 다 그렇듯 이 요소도 리더십에서 시작된다. 리더는 사역이 아닌 개인적인 삶과 가정이 먼저

라는 올바른 우선순위의 본을 보여 주어야 한다. 교역자와 장로를 비롯한 리더들이 먼저 하나님이 정하신 인간의 한계와 각자의 가정 상황이라는 한계에 따라 적절히 자신을 돌보고 삶의 경계들을 설정해야 한다.

한계라는 선물을 이해하면 자기 관리의 중요성을 인정하게 된다. 하지만 그렇다 해도 자신보다 남들의 필요를 우선시하도록 훈련을 받은 이들에게는 자신을 먼저 돌본다는 것이 여간 힘든 일이 아니다. 리더들은 이 역학에 관한 파커 파머(Parker Palmer)의 다음 말을 깊이 새겨야 한다.

> 자기 관리는 결코 이기적인 행동이 아니다. 내가 가진 유일한 선물, 이 땅에서 다른 사람에게 주라고 받은 선물을 잘 관리하는 것은 엄연히 선한 청지기 정신이다. 참된 자기의 소리에 귀를 기울여서 필요한 돌봄을 제공하는 것은 자신만을 위한 일이 아니라 우리가 영향을 미치는 많은 사람들을 위한 일이다. [9]

이 가치는 교회의 건강에 매우 중요한 역할을 한다. 우리는 아예 교역자들을 위해 매주 안식일 준수, 매달 하나님과 단 둘이 보내는 하루, 매일의 (흔히 정시기도라 부르는) 성무일도를 포함한 삶의 규칙을 공식적으로 마련했다. 이는 자기 관리를 체계화하여 교회 문화 속에 정착시키기 위한 한 방편이다. 교역자 회의 때마다 "자신을 돌봐라", "가정이 먼저다"라고 말로만 떠들어 봐야 소용이 없다. 먼저 교역자들과 자원 사역자들이 하나님과 '함께하는' 시간을 가져야 그리스도의 생명이 그들에게서 타인에게로 흘러갈 수 있다. 우리가 먼저 이 까다로운 균형을 유지하고 나아가 다른 사람도 그렇게 하도록 돕는다면 모두가 하나님께 뿌리를 내릴 수 있다. 그렇게 되면 깊은 평강과 기쁨 가운데 하나님을 '위한' 일을 할 수 있다.

침략적인 사람들에게 한계를 강제하라

교회의 중요한 과제 중 하나는 공동체 안에서 서로 사랑하고 존중하는 문화를 창출하고 유지하는 일이다. 이런 이유로 모든 리더의 주된 역할 중 하나는 무엇이 허용 가능한 행동이고 무엇이 허용되지 않는 행동인지를 확실히 정하는 것이다. 우리 교회가 사용한 두 번째 방식은 공동체의 문화, 가치, 한계, 경계를 명확하게 규정하고 가르친 것이다. 특히, 침략적인 사람들을 바로잡아야 한다.

침략적인 사람들의 정도는 경중에서 중증까지 다양하다. 약간 침략적인 사람들은 흔히 만날 수 있다. 너무 많은 공간을 차지해서 남들에게 피해를 입히는 사람, 남들에게 자신을 표현할 틈을 주지 않는 사람, 성경적이지 않은 방식으로 상황이나 사람을 다루어 공동체에 피해를 입히는 사람은 경중이다. 그렇다 해도 이들에게 한계를 정하고 가르쳐 주는 것이 이들과 공동체 모두를 위한 제자훈련의 중요한 일부이다. 실례를 들어보면 다음과 같다.

매트(Matt)는 20년간 다니던 직장에서 해고를 당하고 심지어 최근 이혼까지 당했다. 그래서 매주 잔뜩 일그러진 얼굴로 소그룹에 참석한다. 전문 상담자나 치료사에게 일대일로 집중적인 치료를 받으면 좋겠지만 한사코 거부한다. 그러고는 소그룹원들이 자신을 챙겨 주지 않는다고 짜증을 낸다. 다른 교인들에게도 소그룹원들에 관한 불평을 한다. 리더는 그를 따로 불러 교회 소그룹의 목적이 12단계 치료 프로그램이나 일대일

치료 프로그램, 목사나 영적 지도자와의 상담과 엄연히 다르며 어떤 한계를 지니고 있는지 분명히 설명해 주어야 한다.

제인(Jane)은 지난 3주간 팀 회의에 15분에서 20분 정도 지각했다. 하지만 그런 행동이 팀 전체에 어떤 영향을 미치는지 전혀 알지 못한다. 그녀가 또 다시 늦는다면 리더는 그를 따로 불러 신상에 무슨 큰 문제가 있는지 확인할 것이다.

이런 것은 경증이다. 스펙트럼의 끝에는 건강한 풀을 말라죽게 하는 잡초처럼 남들의 공간에 쳐들어가 온통 쑥대밭을 만들어 놓는 중증 환자들이 있다. 그들은 이기적인 목적을 위해 사람들을 조종하고 이용하며, 그런 행동을 바꿀 생각이 전혀 없다.[10] 그런 사람들이 교회 안에서 방향을 정하고 막후에서 막대한 영향력을 발휘하는 경우가 너무도 많다. 다음이야기는 내가 이 주제에 관한 초기 사례 연구 대상으로 삼았던 폴(Paul)에 관한 실제 이야기다.

폴은 금식기도를 자주 했다. 휴가도 허투루 보내지 않았다. 그런데 소그룹 모임 때 그 그룹을 위한 하나님의 음성을 듣겠다며 혼자 성경책을 펴고 읽는 모습이 자주 포착되었다. 그는 상대방이 원하든 원하지 않든 따지지 않고 아무에게나 자신이 받은 예언을 알렸다. 게다가 그는 누구에게도 배우려고 들지 않았고, 자신만큼 '영적이지' 않는 (나를 포함한) 사람들을 가르치려고 들었다. 나는 그를 사랑하는 마음에서 한계와 경계를 정해 주고 교만과 비판적인 태도를 지적했다. 그는 제멋대로 리더 행세를 했으며 설상가상으로 그 리더십은 교회 전체가 추구하는 비전 및 문화와 상충하고 있었다. 그렇기 때문에 그들과 교회를 위해서 계속 놔 둘 수는 없었다.

내가 부담스럽고 침략적인 사람에게 한계를 강제하는 것은 그것이 마지막이 아니었다. 하지만 특히 폴과 이야기를 나누면서 다른 사람을 힘들게 하는 사람들에게 한계를 강제하는 것이 하나님의 선물임을 분명히 알게 되었다. 그것이 공동체와 그들에게 두루 유익한 길이다. 이렇게 하다 보면 극심한 갈등과 오해가 발생할 수 있지만 이런 힘든 상황을 과감하고도 지혜롭게 다루는 것만이 성숙과 변화로 가는 길이다.

사람들에게 거절할 자유를 주라

뉴 라이프 펠로십 교회에서는 교인들에게 교회 안에서 영적 은사를 사용하라고 가르친다. 아울러 자신의 주된 은사 밖에 있는 사역도 최소한 한 가지는 선택해서 섬길 것을 권장한다. 하지만 동시에 거절할 줄 아는 사람들을 칭찬한다. 특히, 자신을 돌보지 않고 쉼 없이 사역하는 사람들은 거절하는 기술을 배울 필요가 있다. 세 번째 방식이 사람들에게 거절할 자유를 주는 것이다. 먼저 우리 리더들이 한계를 실천하는 본을 보여 준다.

예를 들어, 나는 안식일(금요일 저녁 6시부터 토요일 저녁 6시까지)이나 휴가 혹은 하나님과 함께하기 위해 따로 정한 시간에는 일을 하지 않고 일과 관련된 전화도 받지 않는다.

"목사님, 바쁘신 것은 알지만 혹시 괜찮으시면…." 사람들이 이렇게 말하면 일단 끝까지 듣고 나서 빙그레 웃으며 천천히 답변한다. "아, 바쁜 것은 아니고요 다만 제가 한계가 있는 사람인지라." 물론 하나님이 내게 맡겨 주신 일을 충실히 감당해야 한다. 다만 무엇이 우선인지는 분간할 수 있어야 한다.

마리짜(Maritza)는 은사가 많고 누구보다도 열심히 일하는 하나님의 종이다. 나와는 거의 30년을 알고 지낸 사이다. 마리짜는 부모가 가정에 대한 책임을 소홀히 했기 때문에 예수님을 믿기 전부터 동생들을 도맡아서 길러왔다. 마리짜에 대한 우리의 제자훈련에는 주변 사람들의 일을 무조건 거들지 '않게' 하는 훈련이 포함되었다. 정서적으로 건강한 제자훈련을 열심히 한 끝에 그녀는 난생 처음으로 자신의 감정과 욕구에 귀를 기울이고 남들이 스스로 할 수 있고 또한 스스로 해야 하는 일을 대신 해 주지 않을 자유를 얻었다.[11]

마리짜는 수년간 이 훈련을 해 왔다. 요즘 그녀가 도와달라는 요청에 "저를 찾아 주셔서 무척 감사합니다만 아무래도 지금은 힘들 것 같아요" 라고 말하는 모습을 볼 때마다 흐뭇한 미소를 짓는다.

도움이 필요한 상황만 보면 도무지 가만히 있지 못하는 사람들의 경우, 나서지 '않기' 위해서는 큰 용기와 결단이 필요하다. 때에 따라 거절은 자신의 악한 자아(하나님처럼 되려는 욕구)를 거부하고 예수님을 따르는 행위이다. 이는 하나님이 타인을 통해 상황을 해결해 주실 줄 믿는 행위이다.

우리는 교인들이 수치심이나 죄책감, 압박감 없이 편하게 거절할 수 있도록 훈련시키고 있다. 덕분에 사역의 질이 한층 높아졌다. 과도한 사역으로 인한 스트레스로 짜증을 내는 사람들이 별로 없다. 모두가 사랑을 넘치도록 주고받는다. 무엇보다도 사람들에게 거절할 자유를 주면 자신이 이용을 당하는 것이 아니라 사랑을 받고 있다는 확신을 심어 줄 수 있다.

건강한 경계를 가르치고 본을 보여 주라

아담과 하와는 인류 최초의 경계 파괴자였다. 그들은 하나님이 정하신 한계를 넘어 금지된 나무의 열매를 먹고 나서 하나님을 피해 도망쳤다. 그때부터 인류는 하나님과 서로에 대해 계속해서 경계를 허물고 선을 넘어왔다. 인류 타락은 구별, 경계, 책임에 관한 우리의 시각을 왜곡시켰다. 그때부터 우리는 어디까지가 자신이고 어디서부터가 다른 사람인지를 헷갈려하기 시작했다.[12]

경계는 내가 다른 사람들과 구별된 별개의 사람이라는 점을 반영한 개념이다. 적절한 경계를 갖춘 사람은 어디까지가 자신의 책임이고 어디서부터가 자신의 책임이 아닌지를 분명히 안다. 그래서 우리 교회는 건강한 경계를 가르치고 본을 보이는 일을 네 번째 방식으로 제안한다.

경계를 제대로 갖추지 못한 사람은 남들이 원하는 것을 해 주어야 한다는 의무감에 사로잡혀 있다. 하기 싫어도 그것을 해야 한다고 생각한다. 누군가를 실망시키거나 비판을 받을까 봐 늘 전전긍긍한다. 모든 사람이 자신을 좋아해 주기를 바라고, 이기적인 사람처럼 보이기를 죽기보다 싫어한다. 예를 들어, 다음과 같은 식으로 자주 말한다.

- "목사님이 시키셔서 스포츠 사역을 담당하기로 했어. 시간이 없는데 도저히 거절할 수가 없었어."
- "토요일 아침 7시에 남성 성경 공부 모임에 가야 해. 다들 나오라고 성화이지 뭐야. 안 가면 다들 실망할 거야."
- "여보, 피곤한 줄은 아는데 그 집사님 부부와 저녁 식사 약속을 잡았어. 꼭 가야 해. 내가 거절하면 서운해 할거야."

위 상황의 문제점은 어디까지가 자신이고 어디서부터가 남인지를 구분하지 못하고 있다는 것이다. 바로 이런 구분이 경계의 핵심이다. "어디까지가 나이고 어디서부터가 남인가?"

숨 쉬는 모든 것에 대해서 나의 경계를 정하고 지켜야 한다. 내 경계는 매일 수만 번씩 도전을 받는다. 배우자, 친구, 동료, 교회 성도, 판매원, 자녀까지 모두가 내 경계를 허무려고 시도한다. 사람은 누구나 자신이 원하는 것을 하고 싶어 한다. 이것은 꼭 나쁜 것이 아니다. 사람들은 언제나 우리에게서 시간이나 감정적 지원, 돈 따위를 원한다. 이는 지극히 자연스러운 일이다.[13]

문제는 세상의 요구가 우리가 감당할 수 있는 수준을 훨씬 넘어선다는 것이다. 따라서 우리는 당장 쉽고 편한 반응이 아니라 장기적으로 무엇이 최선의 반응인지를 지혜롭게 분별해야 한다. 다음은 건강한 경계를 보여 주는 그림이다.

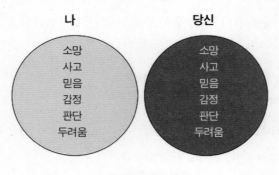

〈그림8〉 건강한 경계

두 원은 각기 다른 사람을 의미한다. 각 사람은 나름의 생각, 의견, 감정, 가치, 소망, 두려움, 믿음, 능력, 바람, 좋아하는 것과 싫어하는 것을 가지고 있다. 각 사람은 경계를 넘어 다른 사람의 선에 침범하지 않고 각자의 원 안에 머물러 있다. 이런 구분이 중요한 이유는 각 사람이 하나님의 형상을 따라 창조된 특별한 개인이기 때문이다(시 8:5 참고). 하나님은 각 사람에게 독특함, 신성함, 귀함, 가치를 불어넣으셨다. 개개인의 삶 하나하나가 기적이다.[14]

동시에 성경은 우리에게 하나의 가족으로서 서로 관계를 맺으라고 명령한다. 우리는 서로 하나가 되어 사랑하는 모습을 통해 예수님이 정말로 살아 계신다는 사실을 만천하에 드러내야 한다(요 13:34-35). 하지만 이 연합은 개인성이나 독립성을 해치지 않는 수준에서 이루어져야 한다.

'정서적으로 건강한 제자훈련 1부와 2부'는 교회나 사역 단체의 리더들이 건강한 경계를 실천하고 가르치는 훈련을 할 수 있게 돕는다. 사람들이 건강한 공동체의 선물과 한계를 경험하도록 리더들이 적용해야 할 가이드라인들을 제시해 준다.[15]

하나님의 선물인 한계를 적용하여 사역의 전반을 재정비하기 바란다. 이는 세상에 물든 현대 서구 기독교 문화에 저항하는 행위이다. 한 가지만은 확실하다. 하나님의 일을 하나님의 뜻과 타이밍대로 하면 항상 하나님의 열매를 맺는다.

경계와 한계 안에서는
무엇을 생각하든 상상 이상!

Leaf by Niggle(니글의 이파리)는 J. R. R. 톨킨(Tolkien)이 작가로서 자기 일의 한계와 불완전함을 이해하며 쓴 단편 소설이다.[16] 내게는 이 이야기가 너무 인상 깊었다. 그래서 이 이야기를 짧게 요약한 종이를 내 일기장 뒤쪽에 붙여 두었다. 조바심이 들 때마다 이 이야기를 보면 마음이 가라앉는다.

이야기의 주인공 니글은 한 웅장한 나무 주위의 아름다운 풍경을 생생하게 그리기로 마음을 먹은 화가이다. 유일한 문제점은 사방에서 방해를 하는 바람에 나무 전체를 그릴 수 없다는 것이다. 본격적으로 그림을 그리려고 하면 이웃들이 찾아와 도움을 청한다. 그 외에도 일상의 온갖 방해들로 인해 작업은 지지부진하기만 하다. "이파리 하나의 윤곽을 잡는 데만 아주 오랜 시간이 걸렸다. 하지만 그는 나무 전체를 그리고 싶었다."

그는 이파리만으로는 성이 차지 않아 끝없이 붓을 놀렸다. 그러던 어느 날 그는 죽음을 맞이하고 낯선 곳에서 깨어난다. 거기서 핸들에 "니글"이라고 쓴 노랑 이름표가 붙은 자전거를 발견한다. 그는 그 자전거를 타고 들판을 달리기 시작한다. 그러다 놀라운 것을 발견하고는 자전거에서 넘어진다. 그것은 바로 '그' 나무였다! 그가 평생 그렸지만 완성하지 못한 그 나무! 그 나무가 완벽히 완성되어 있었다. 단, 그것은 그림이 아니라 살아 있는 나무였다. 톨킨은 이렇게 말한다.

그의 앞에 그 나무, 곧 그의 나무가 완성된 채로 서 있었다. 나무는 살아 있었다. 잎은 활짝 펴져 있고 가지는 자라고 바람에 이리저리 휘고 있었다. 니글이 수없이 느끼고 머릿속에 그렸지만 끝내 그리지 못했던 모습이 그대로 펼쳐져 있었다. 그는 나무를 응시하다가 천천히 팔을 들어 활짝 펴며 말했다. '이건 선물이야!'

니글은 자신이 생전에 한 일이 선물이었다는 사실을 깨닫는다. 거기서 끝이 아니었다. 그는 자신이 이생에서 한 일이 내세에 완성될 더 큰 일의 일부에 불과하다는 사실을 발견했다.

우리의 일도 마찬가지이다. 때로는 경계와 한계 안에서 사는 것이 우리에게, 나아가 하나님의 사명에도 손해처럼 보인다. 하지만 경계와 한계 안에서 우리가 상상하는 것보다 훨씬 더 많은 일이 이루어진다.

하나님의 선하심을 믿고 그분의 한계를 선물이요 사랑의 표현으로 받아들이면 우리의 지혜가 깊어진다. 하지만 때로 이 과정에서 우리가 평생 품어 왔던 꿈을 포기해야 할 수도 있다. 그런 의미에서 정서적으로 건강한 제자훈련의 다음 원칙은 슬픔과 상실 속에 숨겨진 보물을 발견하는 것이다.

Chapter 6

슬픔과 상실은
성숙의 필수 관문임을
기억하라

제리(Jerry)와 린다 싯처(Lynda Sittser)는 2세부터 8세까지의 4명의 자녀와 어머니를 미니밴에 태우고 아이다호 주 시골의 한적한 고속도로를 달리고 있었다. 첫째와 둘째 아이의 학교 숙제로 근처 인디안 보호구역을 다녀오는 길이었다. 그들은 주변에서 완벽한 가족이란 소리를 자주 들었다. 실제로 그들은 누구보다도 행복한 가족이었다.

출발 10분쯤 지났을 때였다. 저 앞에서 미친 속도로 다가오는 차 한 대가 보였다. 제리는 커브에서 재빨리 속도를 줄였지만 시속 140킬로미터에 육박한 속도로 마주 오는 차에 정면으로 받혔다. 상대편 운전자는 만취 상태였다. 한순간에 어머니와 아내, 4세 딸까지 삼대가 사라졌다. 제리는 글을 통해 이렇게 한탄했다. "소중한 가족이 일순간에 공중분해되었다."[1] 제리는 그 외로운 고속도로 한복판에 앉아 사랑하는 가족이 죽어가는 모습을 지켜봐야만 했다.

재판에서 가해자는 결국 무죄 판결을 받고 풀려났다. (현장에서 즉사한 그의 임신한 아내가 아닌) 그가 차를 운전했는지가 확실하지 않다는 것이 이유였다. 나중에 제리는 글을 통해 슬픔의 나락으로 떨어지고 형언할 수 없는 고통으로 삶이 송두리째 뒤바뀌었다고 고백했다. 하지만 같은 글에서 그는 그 지독한 슬픔과 상실 속에 숨겨진 뜻밖의 보물에 관한 이야기도 했다.

상실이 아무것도 남지 않을 때까지 우리의 영혼을 갉아먹게 방치하지 않는 한, 우리가 상실로 인해 축소되는 것이 아니다. … 상실은 오히려 우리를 확장시킬 수 있다. … 나는 사랑하는 이들의 상실을 극복하지 못했다. 마치 흙이 썩은 물질을 받아들이듯 상실을 내 삶으로 흡수했을 뿐이다. 그것이 내 존재의 일부가 될 때까지 슬픔은 내 영혼 속에 영원히 자리를 잡아 내 영혼을 확장시켰다. … 영혼은 풍선처럼 팽창력이 있어서 고난을 통해 더 크게 자랄 수 있다.[2]

제리는 하나님이 상실이라는 "흑암 중의 보화와 은밀한 곳에 숨은 재물"을 통해 신비로운 방식으로 우리를 형성하신다는 고통스러운 진리를 깨달았다(사 45:3).

내가 이 진리에 닿기까지는 아주 오랜 시간이 걸렸다. 사실, 오랫동안 나는 내 상실을 숨겨 왔다. 그것이 관계들을 망치고 제자훈련을 저해한다는 사실도 모른 채 살았다. 하나님은 내 영혼을 확장시키고 나를 깊이 변화시키기를 원하셨지만, 나는 그저 고통이 빨리 끝나기만 바랐다. 상실을 그리스도 안에서 성숙을 위해 극복해야 할 장애물로만 본 것이다.

반면, 하나님은 상실을 그리스도 안에서 성숙하기 위해 통과해야 할 필수 관문으로 보셨다. 나는 슬픔 아래에 정서적, 영적 성인으로 성장하기 위해 필요한 보물들이 묻혀 있는 줄 전혀 모르고 있었다. 내게 슬픔은 어떻게든 피하고만 싶은 인생의 걸림돌이었다.

어떤 모습이든
상실은 상실이다

　잠시 우리가 일생 동안 겪는 상실이 얼마나 많고 다양한지를 생각해 보자. 자녀의 죽음, 사랑하는 이의 죽음, 장애, 이혼, 성폭력, 불치병, 불임, 산산이 깨진 평생의 꿈, 자살, 배신 같은 충격적인 상실이 있다. 그런가 하면 자연 재해나 대규모 참사로 인한 상실도 있다.

　2001년 9월 11일, 테러범들이 납치한 2대의 항공기가 무고한 사람들로 가득한 뉴욕 시의 최대 건물들과 충돌해서 약 3,000명의 목숨이 스러지는 일이 벌어졌다. 그 일로 뉴욕 시는 1년 넘게 지독한 정신적 외상을 경험했다.

　2019년에는 코로나19가 팬데믹으로 발전해 전 세계적으로 수백만 명이 감염되고 목숨을 잃었다. 우리가 알던 일상의 삶은 사라졌고 세계 경제는 계속해서 추락하고 있다.

　상실은 보다 자연적이고 예측 가능한 방식으로 찾아오기도 한다. 예를 들어, 고등학교나 대학교를 졸업하면 정서적인 상실과 관계적인 상실을 경험할 수 있다. 정든 학교와 친구들을 떠날 때의 상실감은 결코 가볍지 않다. 자녀가 나이가 차 멀어져 갈 때의 상실감도 있다. 교회에서 리더들이 바뀌거나 소그룹이 끝난다. 할아버지가 세상을 떠나신다. 이러한 일들은 자연적인 상실로 볼 수 있다. 그렇다고 해서 덜 슬픈 것은 아니다. 슬퍼하지 않고 놔 둔 상실은 마치 무거운 돌처럼 영혼 속에 쌓여 우리를 무겁게 짓누른다. 상실을 다루지 않으면 하나님과 사람들 앞에서 자유롭고 솔직하게 살 수 없다.

어떤 모양이든 상실은 상실이다. 그리고 누구도 이생에서 고난과 고통을 완전히 피할 수 없다. 또한 내게는 별 것 아닌 상실처럼 느껴지는 것이 다른 사람에게는 충격적인 일일 수도 있다. 그것은 하나님이 사람을 각기 다른 기질로 만드셨고 각 사람이 살아온 과정이 천차만별이기 때문이다.

똑같은 상실이라도 사람마다 다른 영향을 받는다. 따라서 내가 상실처럼 느끼지 않는다고 해서 상실이 아닌 것은 아니다. 예를 들어, 아내는 인구 850만 명 이상의 대도시인 뉴욕 시에서 자녀를 키우는 것을 상실로 느꼈다. 전 세계에서 온 다양한 사람들로 북적거리는 도시에서 자녀를 키우는 일은 많은 유익이 있지만 아내는 아이들이 자신처럼 시골만이 줄 수 있는 풍부한 경험을 누리지 못하고 자라는 것을 아쉬워했다. 반면, 원래부터 뉴욕 시에서 자란 나로서는 그런 상실감이 전혀 와닿지 않는다.

리더들도 나름대로, 아니 보통 사람들보다 훨씬 더 많은 상실을 경험한다. 많은 시간과 노력을 쏟은 사람들이 떠나가고, 꿈이 사라지고, 부교역자들이 떠나가거나 문제를 일으키고, 배신을 겪고, 교회 안에서 화목했던 가정들이 깨지고, 관계들이 끊어지고, 자연 재해나 경기 침체 같은 외적인 위기가 교회를 뒤흔든다. 교회의 리더라면 상실을 피해갈 기대를 하지 말아야 한다.

위대한 작가와 시인들은 인생을 상실의 기술을 터득하는 과정이라고 표현한다. 그들은 이 땅에서의 삶이 끝나 모든 것을 잃는 순간에 정점에 이르는 과정으로 묘사했다.[3] 따라서 하나님 앞에서 상실과 슬픔을 받아들이는 법을 배우는 것이 제자훈련의 핵심 중 하나이다.

그런데 상실을 하나님의 방법대로 다루는 법을 배우지 않고도 영적으로 성숙해질 수 있다는 생각은 도대체 어디에서 온 것일까?

슬픔과 상실을 하나님의 방식대로
받아들이다

북미와 유럽에서는 하나님, 영적 성숙, 하나님 나라를 넓히는 일과 관련해서 슬픔과 상실을 제대로 이해하고 있는 크리스천들을 찾아보기 힘들다. 슬픔을 받아들이면 세상 속에서 하나님 나라의 일이 방해를 받는다고 착각한다. 오히려 정반대이다. 슬픔을 하나님의 방식대로 받아들이면 하나님 나라의 일이 더욱 촉진된다.

삶의 통제권을 잃는 것에 대한 저항

서구 문화는 삶을 통제하고 승승장구하는 것에 가치를 두고 상실과 슬픔을 무가치하게 여긴다. 슬픔과 상실은 삶의 통제와 오르막길이 아닌 항복과 내리막길을 의미한다. 우리는 주식 시장이나 스포츠 경기나 사역의 수치들이나 영적 삶이 상승세가 이어지길 원한다.

그래서 고통이 찾아오면 반사적으로 그것을 부인하거나 축소하려고 한다. 무엇인가에 몰두하거나 자신을 무감각하게 만든다. 때로는 남을 탓하기도 한다. 상실과 슬픔에 대한 우리의 방어 기제는 무궁무진하다.

삶을 진정으로 통제할 수 없다는 사실을 마주하고 싶은 사람은 세상에 없다. 우리 문화가 상실을 부인하고 슬픔을 두려워하는 것은 전혀 과장이 아니다. 안타깝게도 교회들도 별반 다르지 않다.

내 경우도 삶의 통제력을 잃는 것에 대한 두려움이 슬픔과 상실을 피하는 데 큰 역할을 했다. 의기소침, 분노, 하나님에 대한 두려움 같은 감정이 초래할지 모르는 상황을 생각하면 마음이 일렁인다. 내 인생의 핸들을 놓칠까 봐 두렵다. 하나님께 핸들을 맡기면 나를 어디로 이끄실까? 나는 영혼의 어두운 밤이나 벽에 부딪히는 상황에 관한 신학을 배우지 않았다.[4] 그래서 핸들을 꼭 쥐고 놓치지 않으려고 했다. 마음 놓고 울 수 없어서 오랜 세월 동안 내 상실을 감추고 살았다. 슬픔의 무저갱으로 추락하는 것이 두려웠다. 그곳에서 예수님이 나를 기다리고 계실지도 모른다는 생각은 머릿속에 떠오르지 않았다.

세상의 관점은 상실과 고통이 아닌 성공을 위해 집중하라고 한다. 상실은 자꾸만 눈물을 자아내고 고통은 우리 안에서 비명을 끌어낸다. 우리는 이런 감정을 통제하기 위해 다양한 대응 전략을 개발했다. 더 안타까운 사실은 그 전략의 대부분이 물질 남용의 형태를 띤다는 것이다. 물질은 일, 영화, 마약, 술, 쇼핑, 음식, 중독, 성 도착, 건강하지 못한 관계적 집착, 심지어 교회 봉사까지 눈앞의 고통스러운 현실에서 눈을 떼게 해 주는 모든 것이 될 수 있다.

우리는 현실을 피하고 자신의 실패와 고난을 축소한다. 고통을 마주하지 못하는 사람들이 너무도 많다. 우리가 깨닫지 못하고 있는 것은 슬픔을 받아들이고 표출하지 않으면 모두가 피상적인 영성에 빠지게 된다는 점이다. 곧 이는 우리 안에서 성령의 역사가 온전히 이루어질 수 없게 한다. 현대 교회가 피상적으로 보이고 연민이 턱없이 부족한 데는 이것이 한 몫을 했다.

상실을 방해로 여기다

예전에는 슬퍼하는 행위가 그리스도를 섬기는 데 걸림돌이라고 생각했다. 쉽게 말해, 슬픔을 하나님을 위해 "세월을 아끼"지 못하게 하는 시간낭비라고 여겼다(엡 5:16). "그냥 이겨 내." 그렇게 되뇌며 이를 악물었다. 비탄에 잠긴 사람들에게 건방진 조언을 서슴지 않았다. "용서하고 잊어버리세요. 그것이 성경의 명령입니다!"

고통스러운 상실을 겪어도 최대한 빨리 사역을 정상화해야 한다는 압박감부터 느꼈고, 다른 사람들에게도 피해 복구를 위해 동분서주하라고 압박을 주었다. 혹시 슬픈 표정이라도 짓게 되면 서둘러 동료들에게 사과했다. 왜 그랬을까? 내가 아는 한, 슬픔은 풀어야 할 문제였고 목사로서 내 역할은 문제를 해결하는 것이었다.

내 경우, 슬픔을 느끼고 표현하는 데 큰 걸림돌 중 하나는 교회를 힘들게 한 것이 다른 사람이 아닌 나라는 자책감이었다. 힘들고 어려운 상황을 하나님의 징계라고 생각했다. 그래서 어릴 적 아버지에게 벌을 받을 때처럼 그 징계를 달게 받고 싶었다. 뭘 잘했다고 눈물을 흘리는가. 게다가 이미 엎질러진 물에 슬퍼하고 좌절해 봐야 무슨 소용인가.

상실과 슬픔에 관해서 많은 말을 하고 있는 성경을 수없이 읽고 공부해 놓고도 내가 겪은 상실에 대해 슬퍼해 본 적이 없었다. 물론 욥기에 관해 설교하고 예수님이 우리의 고통을 이해하신다는 말로 성도들을 위로하기는 했다. 하지만 그 말을 하는 순간에도 내 심령은 얼어붙어 있었다. 슬픔을 느끼고 표현해야 한다는 생각은 한 번도 들지 않았다. 어린 시절로 거슬러 올라가는 상실의 기억들은 내 안에 꽁꽁 봉인되어 있었다. 그것들을 어떻게 풀어놓아야 할지 몰랐다.

이렇게 상실과 슬픔을 걸림돌로 보는 경향은 교회 안에서도 발견된다. 예를 들어, 교회가 새로운 지역으로 이전할 때 저항하는 교인들이 있기 마련이다. 그들은 교회 이전에 대해 불안감을 느끼고 그 불안감을 이전하지 말라는 하나님의 신호로 해석한다. 하지만 사실 그들에게 필요한 것은 하나님이 많은 역사를 행하신 익숙한 장소를 떠나야 한다는 사실에 대해 슬퍼할 시간이다. 그런데 우리는 그들에게 옛 건물을 돌아보며 그곳에서 변화된 사람들과 유아세례를 받은 아기들, 식당에서 이루어졌던 즐거운 결혼식 피로연을 추억할 시간을 주지 않는다. 그들을 향해 하나님의 새로운 역사에 참여하기를 거부하는 반항아 내지는 고집쟁이라고 명명한다.

우리는 어버이날을 축하하지만 그날이 가장 괴로운 날인 사람들을 배려하지 않는다. 아기가 생기지 않아 슬퍼하는 부부들, 결혼해서 아이를 키우는 사람들을 부러워하는 노총각 노처녀들, 최근 부모나 자식을 잃은 사람들, 부모가 없거나 학대받으며 자란 사람들의 슬픔을 헤아려 주지 않는다.

오랫동안 교회를 충성스럽게 섬겨 왔던 이들이 떠나가면 슬픔과 동시에 그 슬픔에 대한 죄책감과 당혹감을 느낀다. 그래서 "주 안에서 항상 기뻐하라 내가 다시 말하노니 기뻐하라"(빌 4:4)나 "범사에 감사하라"(살전 5:18)와 같은 구절을 인용하며 애써 웃음을 짓는다.

20대 청년이 자신의 과거를 돌아보며 18년 동안 양부모에게 학대와 버림을 당했던 일을 떠올렸다고 하자. 이야기를 듣는 주변 사람들은 과거를 잊고 하늘 아버지와의 새로운 관계에 집중하라고 권면한다. 우리는 무슨 말을 해야 할지 몰라 상처를 서둘러 덮는다. 그 상처가 치유되지 않은 채로 주변을 곪게 만들고 있다는 사실을 애써 모른 체한다.

상실과 슬픔의 고통을 무시하면 이런 일이 벌어진다. 우리는 상실과 슬픔을 무시하거나 대충 봉합하고서 지나간다. 이해가 되지 않는 일로 씨름해 봐야 머리만 아프고 답답하기 때문이다. 하지만 그런 씨름은 반드시 필요하다. 대부분의 리더들이 그렇듯 나 역시 피상적인 답으로 청중에게 "아멘"을 이끌어 내는 데 만족했던 경우가 너무 많았다.

우리는 이해할 수 없는 것을 대충 넘어가려고 한다. 그렇게 하면 우리를 기다리는 보화를 놓칠 수밖에 없다. 우리의 상실을 하나님께 맡길 때 보화를 만날 수 있다. 성경에는 상실과 슬픔을 대하는 세상과는 전혀 다른 길이 제시되어 있다.

슬픔과 상실을 다루기 위해
성령이 제시한 3단계

엘리자베스 퀴블러 로스(Elisabeth Kübler-Ross)는 죽음과 상실에 대한 유명한 5단계 반응을 소개했다. 부정, 분노, 협상, 우울, 수용이 그 단계들이다.[5] 나중에 여섯 번째 단계인 의미 찾기가 추가되었다. 퀴블러 로스의 단계가 매우 유용하고 추천할 만하지만 무엇보다도 하나님이 주신 포괄적이고 성경적인 신학을 우리의 첫 번째이자 주된 틀로 삼아야 마땅하다.

성경은 슬픔과 비탄을 다루기 위한 3단계를 제시한다. 고통에 관심을 기울이고, 혼란스러운 과도기 속에서 기다리고, 옛 것이 새 것을 낳게 하는 것이 그 단계들이다. 각 단계는 독특한 특징들을 가지고 있으며, 꼭 단계별로 진행되지는 않는다. 서로 중복될 때가 많다. 보면 알겠지만 3단계를 동시에 경험하는 것도 가능하다. 하지만 시작은 어디까지나 상실의 고통에 관심을 기울이고 그 고통을 느끼는 것이다.

고통에 관심을 기울이라

우리의 삶이나 교회가 상실을 겪으면 우리는 하나님을 원망하고 마치 우주에서 침공한 외계인을 보듯 할 때가 많다. 그것은 슬픔과 상실의 고통을 다루는 것이 처음부터 하나님 백성들의 특징이었다는 사실을 망각한 탓이다. 다음과 같은 예를 보라.

- 옛 히브리인들은 입은 옷을 찢고 베옷을 입고 재 위에 앉는 식의 극적이고도 육체적인 방식으로 애통을 표현했다(단 9:3).
- 성경은 하나님이 노아 세대의 인류의 악함을 보시고 "한탄하사 마음에 근심"하셨다고 말한다(창 6:6).
- 욥기의 35개 장은 번민과 분노와 우울증에 빠져 자살을 생각하고 혼란에 빠진 한 남자의 이야기를 그리고 있다(욥 4:1-36:33).
- 전도서의 저자는 "울 때"와 "슬퍼할 때"를 포함해서 "범사에 기한이 있고 천하만사가 다 때가" 있다고 말한다(전 3:1, 4).
- 예레미야 선지자는 아예 애가라는 책을 썼다.
- 예수님도 "통곡과 눈물로" 기도하셨다(히 5:7). 겟세마네 동산에서 예수님은 감정적으로 무감각해 있거나 감정을 억누르시지 않고 극심한 고뇌와 슬픔을 표현하셨다(눅 22:39-44).

창세기부터 요한계시록까지 성경은 슬픔을 영적 삶의 중요한 측면 중 하나로 받아들이라고 말한다. 슬픔을 거부하면 반쪽짜리 인생이 된다.

슬픔이 빠진 영성은 비현실에 기반한다. 진정한 영성이라면 현실에서 도피하는 것이 아니라 현실을 분명히 다루어야 한다.

아마도 상실과 슬픔에 관심을 쏟는 것에 관한 가장 흥미롭고도 교훈적인 사례는 역사를 통틀어 성경 전체에서 많은 인기를 누린 책인 시편에서 찾아볼 수 있을 것이다.

시편과 애통: 시편이 사랑을 받는 데는 그럴 만한 이유가 있다. 그것은 시편이 모든 종류의 인간 경험을 아우르고 있기 때문이다. 성경에서 가장 긴 이 책은 찬양, 감사, 지혜, 회개의 시편을 포함하고 있다. 심지어 의심을 표출하는 시편도 있다. 전승에 따르면 대부분의 시편은 다윗이 썼다고 한다.

시편은 밝은 분위기와는 거리가 멀다. 학자 버나드 앤더슨(Bernhard Anderson)에 따르면 "시편에서 애통은 그 어떤 종류의 노래보다도 많다."[7] 150개 시편 중 절반에서 3분의 2를 애가로 분류할 수 있다. 시편의 애가들은 내면의 감정과 고뇌를 기도로 하나님께 털어놓는 법을 가르쳐 주기 위한 선물이다.

시편의 애가들은 힘들고 어렵고 잔인하기까지 한 현실을 솔직히 들여다본다. 하나님이 계시지 않은 것만 같은 상황에 절규한다. 하나님이 선하시지 않다고 말하는 것만 같은 상황에 관심을 기울인다. 하나님께 위로하고 돌봐 달라고 부르짖고, 하나님의 신실하신 사랑에 관한 의심과 씨름하기도 한다.

- 내 눈물이 주야로 내 음식이 되었도다(시 42:3).

- 내가 어찌하여 원수의 억압으로 말미암아 슬프게 다니나이까(시 43:2)
- 주께서 나를 깊은 웅덩이와 어둡고 음침한 곳에 두셨사오며 … 나를 괴롭게 하셨나이다(시 88:6-7).

시편은 때로 알 수 없는 이유로 하나님이 우리에게 극심한 고통을 허락하신다는 현실을 바탕으로 한다. 수많은 시편의 저자인 다윗은 하나님의 마음에 맞는 사람으로 잘 알려져 있다(행 13:22). 그런데 그가 상실과 실망감, 두려움에 늘 관심을 기울였기 때문에 하나님의 마음에 맞는 사람이었다는 점을 아는 이는 별로 없다. 다윗은 상실과 슬픔에 주의할 뿐 아니라 겪은 많은 상실에 관한 노래와 기도문까지 썼다.

예를 들어, 다윗은 사울이 오랫동안 자신을 죽이기 위해 추격했음에도 그를 향한 깊은 사랑과 존경심을 잃지 않았다. 다윗은 사울의 아들 요나단과도 세상에 둘도 없는 우정을 나누었다. 사울과 요나단이 블레셋과의 전쟁 중에 전사하자 다윗은 쾌재를 부르며 왕좌를 차지하기 위한 하나님의 계획을 재빨리 실행으로 옮기지 않았다. 그는 충분히 슬퍼할 시간을 가졌다.

다윗은 한 시대를 풍미한 거인들을 잃은 슬픔을 아름다운 노래로 표현했다. 그 노래는 사무엘하 1장 17-27절에서 볼 수 있다. 다윗은 그 비극에 깊이 탄식했다. "오호라 두 용사가 엎드러졌도다 사울과 요나단이 생전에 사랑스럽고 아름다운 자이러니." 특히, 사랑하던 친구 요나단의 죽음에 대해서는 직접적으로 슬픔을 표현했다. "내 형 요나단이여, 내가 그대를 애통함은"(삼하 1:26).

리더들이 특히 주목해야 할 점은 다윗이 자신의 슬픔에 관심을 기울이기만 한 것이 아니라 온 유다 백성들에게 애통하는 법을 배우도록 명령했다는 것이다(삼하 1:18). 상상이 가는가? 다윗은 새 정부를 수립하는 막대한 과제 앞에서 온 국민에게 먼저 애도에 동참할 것을 명령했다. 그는 백성들이 이스라엘의 막대한 상실에 대해 슬퍼하고 애통해하는 법을 '배우기'를 원했다.

당신의 교회에서 애통에 초점을 맞춘 예배를 드리거나 슬퍼하는 시간이 영적 성숙에 얼마나 중요한지를 가르친 적이 있는가? 성경에서 슬픔과 애통을 얼마나 중요하게 다루고 있는지를 설명하는 설교를 들어본 적이 있는가?

리더로서 다윗은 슬퍼하는 시간이 건강한 영적 삶에 필수적이라는 점을 분명히 인식했다. 그는 상실의 슬픔을 떨쳐내기 전에 먼저 슬퍼하기로 선택했다.[8] 그는 하나님이 어두운 골짜기에서 자신과 백성들을 만나 주실 줄 믿고 그 골짜기로 내려갔다.

다윗의 본을 따라 우리도 감정을 마비시키거나 억누른 채 가면을 쓰고 살아가는 것을 거부해야 한다. 수십 년간 그렇게 살아왔다 해도 이제는 벗어나야 한다. 감정을 느끼는 법을 배우지 않으면 하나님의 방식으로 감정을 다룰 때 나타나는 놀라운 계시와 보물을 놓치고 만다.

감정을 느끼는 법을 배우다

느끼거나 표현하지 않은 고통과 슬픔은 아무 쓸모가 없다. 그 결과, 하나님이 주신 다양한 감정을 누리지 못해 감정적 삶이 아주 작고 비좁은 상자 안에 갇혀 버린다. 하지만 결국 그 감정은 상자의 벽을 타고 우리 삶의 표면 위로 올라와 우울증, 근심, 공허함, 외로움 같은 부정적인 증상으로 표출된다.

처음 '정서적으로 건강한 제자훈련'의 여정을 시작할 때 내가 가장 먼저 한 일 중 하나는 그 상자를 열어 감정을 느낀 것이다. 나중에는 그것이 매일의 습관으로 굳어졌고, 내 안에서 벌어지는 일을 일기장에 기록하게 되었다. 몸의 소리에도 귀를 기울였다. 몸은 머리보다도 감정을 더 잘 인식한다. 내 몸은 목의 긴장이나 가슴의 울렁거림이나 두통 같은 증상을 통해 '말'을 했다.[9] 그럴 때마다 내가 그런 감정을 느끼는 '이유'와 하나님께서 그 감정을 통해 내게 하시는 말씀에 귀를 기울였다.

더불어, 시편을 읽고 그 시편에 따라 기도하기 시작했다. 하나님은 날것 그대로의 감정이 담긴 다윗의 글들을 통해 내 안의 억눌렸던 부분들을 깨우셨다. 그런 연약한 부분들과 친해질수록 놀라움, 기쁨, 즐거움 같은 훨씬 더 다채로운 감정들이 솟아났다. 내 영혼이 살아나기 시작했다. 더 많은 자유와 평강이 물밀 듯이 밀려왔다. 처음에는 힘들었지만 나중에는 내 감정을 파악하는 것이 숨쉬기처럼 자연스러워졌다.

결국 나는 가슴 깊이 묻힌 감정들을 파악하고 거기에 관심을 기울이기 위한 영적 훈련을 개발했다. 우리는 이것을 '빙산 탐험'이라고 부른다.[10]

빙산 탐험

아래 4개의 질문은 감정들, 특히 표면 아래에 숨어 있는 감정들을 찾아서 관심을 기울이도록 돕기 위한 것들이다. 질문에 답하기 전에 먼저 눈을 감고 몇 분간 조용히 앉아 있으라. 하나님의 인도하심과 말씀하심을 구하라. 하나님이 무엇을 밝혀 주시던 마음을 열고서 받아들이라.

각 질문에 대해 2분 정도 깊이 고민하고 나서 답을 적어 보라. 무엇이든 머릿속에 떠오르는 대로 쓰라. 현재나 가까운 과거 혹은 먼 과거의 경험을 돌아보라.

1. 무엇이 화가 나는가?(배신, 동료의 독한 말, 자동차 고장, 응답되지 않는 기도 등)
2. 무엇이 슬픈가?(작거나 큰 상실, 실망스러운 일, 자신이나 남들이 한 선택 등)
3. 무엇이 걱정되는가?(재정, 미래, 가족, 건강, 교회 등)
4. 무엇이 기쁜가?(가족, 기회, 교회 등)

믿을 만한 친구와 함께 빙산을 탐험해도 좋다. 친구가 질문을 읽어 주면 주의 깊게 듣고서 내면에서 일어나는 일을 표현해 보라.

자신의 감정 알기를 두려워하는 사람들을 자주 본다. 그들은 자칫 감정을 건드렸다가 내면의 미움, 원망, 절망 같은 것이 분수처럼 터질까 봐 두려워한다. 실제로 그럴 수도 있다. 하지만 자신의 고통에 관심을 기울이면 부수 효과로 하나님의 긍휼을 새롭게 발견할 수 있다. 하나님이 우리를 있는 모습 그대로 사랑해 주시고 받아주신다는 사실을 깨닫게 된다. 자신의 감정을 느끼면 하나님의 사랑에 연결될 뿐 아니라 사람들을 멀리하기 위해 쌓았던 담이 허물어지기 시작한다. 또한 그리스도 안에서의 참

자아로 살아가도 세상이 무너지지 않는다는 사실을 알게 된다.[11]

이렇게 되려면 하나님 앞에서 기도의 한 표현으로서 자신의 고통에 관심을 기울여야 한다. 이 단계는 상실과 슬픔을 다루기 위한 하나님의 3단계 과정 중 다음 단계와 중복되는 동시에 바로 이어진다.

혼란스러운 과도기 속에서 기다리다

상실과 슬픔은 멈추고 기다리고 계획을 바꾸게 만든다. 바쁜 삶과 생산성, 예측 가능성을 좋아하는 문화 속에 사는 우리에게는 상실과 슬픔이 특히 더 힘들게 다가온다. 기다리는 법을 배우는 것은 오늘날 크리스천들에게 가장 힘든 일 중 하나이다. 상대방의 말이 느리면 대신해서 그의 문장을 완성해 주는 전형적인 뉴요커답게 나 역시 기다림의 고통을 너무도 잘 알고 있다. 하지만 성경은 하나님을 기다리는 법을 배워야 했던 사람들의 사례로 가득하다.

- 노아는 비가 쏟아지고 나서 그치기까지 오랫동안 기다렸다.
- 아브라함과 사라는 하나님이 약속의 아들을 주시기까지 거의 24년을 하염없이 기다려야 했다.
- 요셉은 노예와 종, 죄수의 상태로 20년을 기다린 끝에야 극심한 고통을 통한 하나님의 목적이 실현되는 광경을 볼 수 있었다.
- 모세는 이스라엘 백성들을 애굽에서 이끌고 나오라는 하나님의 명령이 떨어질 때까지 40년을 기다렸고, 약속의 땅 앞에 이르기까지 다시 40년을 기다려야 했다.
- 한나는 자녀를 달라는 기도가 응답되기까지 오랜 세월을 눈물로 기다

렸다.

- 엘리사벳은 수십 년을 기다린 끝에 비로소 아들 요한을 품에 안을 수 있었다.
- 욥은 하나님이 나타나셔서 새로운 시작을 주시기까지 몇 달이 아닌 몇 년을 기다렸다.
- 사도들은 성금요일의 십자가와 오순절 사이의 혼란 속에서 기약 없이 기다렸다.

성경은 기다리는 법을 가르치시는 하나님으로 가득하다. 기다림은 언제나 혼란스럽고 답답하다.[12] 절망에 빠지거나 중독적인 행동으로 고통을 마비시키거나 화가 나서 하나님과의 대화를 멈추고 싶은 생각이 들기 마련이다.

기다림이 그토록 힘든 것은 하나님이 어디서 무엇을 하고 계신지 혹은 이 기다림이 언제 끝날지, 아니 끝나기는 할지 알 수가 없기 때문이다. 그때 우리는 깊은 절망과 무기력함 속에서 하나님을 외면한다. 미래는 보이지 않고 좋았던 옛날로 돌아갈 방법은 없으니 답답하기 그지없다.

이런 순간에 우리는 십자가를 마주한다. 6세기 영성 작가 십자가의 요한(John of the Cross)이 영혼의 어두운 밤이라고 표현했던 단련시키는 불 속으로 들어간다.[13] 어두운 밤은 고통스럽기만 한 것이 아니라 영적 외로움이 사무치는 밤이다. 패배감과 절망감이 몰려와 지치고 허무해진다. 십자가의 요한에 따르면 이 혼란스러운 과도기는 그리스도 안에서 자라기 위한 필수 관문이다. 누구도 예외는 없다. 요한은 다음과 같이 말한다.

하나님은 우리 안의 흠을 보시고, 우리를 향한 사랑으로 인해 ⋯ 우리의 흠을 그냥 두실 수 없다. 그래서 우리를 어두운 밤으로 데려가신다. ⋯ 하나님이 어두운 밤이라는 수단을 통해 영혼 속에서 간접적인 역사를 행해 주시지 않으면 그 어떤 영혼의 영적 삶도 깊이 자랄 수 없다.[14]

이 혼란스러운 과도기는 하나님이 우리의 의지를 꺾고 거짓 자아의 층들을 벗겨 건강하지 못한 집착에서 해방시키시는 기간이다. 이 과도기는 우리가 비워지는 기간이다. 이 비워짐의 목적은 한 가지이다. 더 좋고 새로운 뭔가를 위한 공간을 내는 것이다.

물론 상실의 한복판에서 하나님을 기다리는 것은 빠른 해법을 원하는 인간의 본성에 반한다. 특히, 자기의지를 중시하는 서구 문화와도 상충한다. 이것이 이 시기를 버티기 위해 성령의 도우심이 절실히 필요한 이유이다.

테르툴리아누스(Tertullian)는 "인내에 관해서"(Of Patience)라는 탁월한 글에서 현대인들이 좀처럼 꺼내지 않는 주제를 다룬다. 그 주제는 바로 하나님의 인내하시는 성품이다. 그는 성령이 임하시면 반드시 인내와 기다림이 나타난다고 말한다. 왜일까? 인내와 기다림이 그분의 성품이기 때문이다.

테르툴리아누스는 아담과 하와가 저지른 첫 반역의 뿌리에 조급성이 있었다고 보았다. "요컨대 모든 죄는 조급성으로 거슬러 올라간다. 그리고 조급성의 기원은 바로 사탄이다."[15] 우리의 시간표는 천 년을 하루처럼 여기시는 하나님의 시간표와 너무도 다르다(벧후 3:9).[16] 혼란 속에서의 기다림이라는 이 두 번째 단계가 그토록 힘든 것도 무리는 아니다. 성령의 도우심 없이는 버티기가 불가능할 정도이다.

영적 성장의 대부분은 내 힘으로 통제할 수 없는 고통스럽고도 혼란스러운 시간을 보내고 찾아왔다. 나는 지난 45년간 그리스도와 동행해 왔다. 그 시간을 돌아보면 적어도 5번의 지독히 어두운 밤이 분명히 눈에 들어온다. 어두운 밤 중에 있을 때 내 기도는 다음과 같이 변한다. "주님, 더는 버틸 수 없습니다. 이번은 좀 지나치십니다. 감당할 수 없는 수준 이상의 시험은 주시지 않겠다고 약속하시고선 이런 시련을 주시다니요! 그냥 당장 저를 하늘로 데려가세요. 아멘."

내 힘으로 상황을 해결해 보겠다고 정신없이 뛰어다닐 때는 하나님이 예비하신 새 출발을 받기 위한 준비를 대충할 수밖에 없었다. 반면, 하나님을 기다렸을 때는 그 과도기 안에서 수많은 통찰과 긍휼을 발견할 수 있었다. 공허하고 혼란스럽고 무의미해 보이는 시기가 지나고 나서 보니 놀라운 변화의 시기였다. 하나님이 내 삶의 이면에서 강력하게 역사하고 계셨다.

혼란스러운 과도기 혹은 어두운 밤의 원칙은 개인만이 아니라 그룹과 교회에도 똑같이 적용된다. 다음은 우리 교회가 통과한 어두운 밤 중 하나에 관한 이야기이다. 이 일을 평생 잊지 못할 것이다.

뉴 라이프 펠로십 교회는 8년간 임대해서 사용하던 건물을 아예 매매하기 위해 거의 4년간 자금을 모으며 기도했다. 그 건물은 뉴욕 시 퀸즈 한복판에 위치한 1,500평 이상 규모의 엘크스 로지(Elks Lodge)였다. 건물주와 조건 협의가 다 끝났다고 생각했는데 마지막 순간에 한 대형 부동산 개발업자가 끼어들어 도저히 맞출 수 없는 조건을 제시했다. 결국 건물주가 계약을 파기했고 영광스러운 미래를 꿈꾸던 우리는 6개월 안에 새 장소를 구해서 나가야 하는 신세로 전락했다. 그 짧은 시간 안에 새 보금자리를 구하지 못하면 길거리로 나앉을 수밖에 없었다. 마치 쇠망치로 뒤통수를 가격당한 것처럼 정신이 없었다. 특히, 건물 구매에 수많은 시간과 에너지를 쓴 리더들의 상심과 좌절감은 이루 말할 수 없었다.

많은 사람이 혼란과 분노와 고통을 겪고 하나님께 실망한다. 도대체 하나님은 어디에 계신가? 왜 우리 기도에 응답하시지 않는가? 오 하나님, 왜 우리에게 이런 시련을 주시는 겁니까? 패배감과 무기력감이 엄습했다. 아무것도 하기 싫어졌다. 기도는 더 이상 무의미해 보였다. 하나님의 역사가 더 이상 눈에 들어오지 않았다. 우리는 혼란스러운 과도기 속에서 원하지 않는 기다림의 시간을 가져야 했다.

그 사이에 더 크고 싸고, 더 넓은 주차장까지 갖춘 다른 건물이 매물로 나왔다. 교역자들과 장로들은 이 건물을 놓고 기도했지만 그것이 다른 지역에 있다는 점이 마음에 걸렸다. 결국, 퀸즈 빈민가의 심장부에서 가난한 사람들을 섬기는 다문화 교회라는 우리의 비전과 맞지 않는다는 결론을 내렸다. 우리는 그 건물을 포기하고 계속 기다리기로 결정했다. 몇 주를 넘어 몇 달이 훌쩍 지나갔다.

이 경험을 통해 하나님은 나와 교인들에게 깊은 역사를 행하셨다. 하나님은 우리 안에서 아집과 고집을 도려내고 그분 뜻 안에서의 참된 평강과 쉼을 경험하게 하셨다. 결국 개발업자와 건물주가 결별하면서 2년 뒤에 우리가 건물을 매입할 수 있었다.

우리는 기다림을 아무 일도 일어나지 않는 막간쯤으로 생각했지만 전혀 그렇지 않았다. 우리의 눈에 보이지 않았을 뿐, 하나님은 변함없이 일하고 계신다.

우리는 기다리는 시기를 받아들이지 않고 저항할 때가 많다. 하나님이 보이지 않을 때면 그분에게서 도망쳐 깊은 절망 속으로 빠져든다. 좋은 소식은 그곳에서도 하나님이 우리를 찾아와 만나 주신다는 것이다.

수많은 혼란의 시기를 겪으면서 하나님 안에서는 그 무엇도 낭비가 아니라는 사실을 똑똑히 깨달았다. 덕분에 이제는 어떤 힘든 일을 만나도 믿음을 놓지 않을 자신이 있다. 하나님은 모든 것, 심지어 영혼의 혼란스럽고 어두운 밤까지도 우리의 유익과 그분의 영광, 남들의 선을 위해 사용하신다.

이 혼란의 시기에 하나님과 슬픔을 피해 도망쳐 봐야 고통의 치유에 아무런 도움이 되지 않는다. 오히려 고통만 가중될 뿐이다. 치유와 성장을 경험하고 싶다면 사망의 어두운 골짜기를 통과해서 빛으로 나아가야 한다. 어둠 속에서 우리는 바바라 브라운 테일러(Barbara Brown Taylor)가 말하는 새로운 것들을 발견할 수 있다.

> 빛 가운데서는 절대 배울 수 없는 것들, 내 삶을 계속해서 구해 준 것들을 어둠 가운데서 배웠다. 그래서 합리적인 사람이라면 오직 한 가지 결론을 내릴 수 있다. 내게는 빛만큼이나 어두움이 필요하다.[17]

이 혼란스러운 과도기를 믿음으로 견디면 다음 단계로 넘어가 옛 것에서 새로운 것을 낳게 할 수 있다. 이 단계에서는 하나님이 우리의 상실을 오히려 유익한 경험으로 변화시켜 예비하신 보물을 발견할 수 있게 해 주신다.

혼란스러운 과도기와 용서

용서가 상처의 크기에 상관없는 의지적 행위라는 것은 슬픔과 상실에 관한 성경의 가르침을 알지 못하기에 하는 말이다. 가해자를 마음으로부터 진정으로 용서하려면 자신의 고통을 온전히 느껴야 한다. 먼저 하나님의 인도하심을 따라 혼란스러운 슬픔의 과도기를 지나야 한다.

예수님은 우리를 용서하기 위해 생명을 내어 주실 때 "저들도 최선을 다했어. 어쩔 수 없지 뭐"라고 대수롭지 않게 말씀하시지 않았다. 예수님은 감정이 없는 분이 아니었다. "아버지, 저들을 사하여 주옵소서. 자기들이 하는 것을 알지 못함이니이다." 예수님은 십자가에 홀로 달려 그렇게 말씀하실 때 우리의 거부와 반역으로 인한 고통을 뼛속까지 깊이 느끼셨다

용서의 과정은 언제나 슬픔을 동반한다. 용서를 베푸는 사람이나 용서를 받는 사람이나 먼저 깊이 슬퍼하는 과정을 거쳐야만 한다. 오래전 교회가 가슴 아픈 분열을 겪었을 때 나는 용서의 이 측면과 씨름했다. 4년 동안 피와 땀을 쏟았던 스페인어 예배 모임에서 200명이 아무런 사전 통보도 없이 부목사와 함께 교회를 떠났다. 무한한 사랑과 열정, 기도를 쏟아부었던 사람들의 배신은 실로 가슴이 아팠다. 그 부목사를 용서해야 한다는 것을 머리로는 알았지만 의지력을 끌어 모을수록 더 큰 분노가 올라왔다. 설교와 목회에 몰두하며 잊어버리려고 해도 속에서는 분노와 함께 용서하지 못하는 데 대한 죄책감이 들끓었다. 동시에 나는 고통스러운 현실을 애써 외면하려고 했다. 그럴수록 그 부목사와 하나님을 향한 원망은 커져만 갔다.

그때는 용서하기 위한 '과정'이 있다는 생각을 하지 못했다. 슬픔을 표출할 시간이 필요하다는 점을 이해하지 못했다. 슬픔을 다루는 긴 여행이 필요하고 상처가 깊을수록 그 여행이 더 길어진다는 점을 알지 못했다. 마음으로부터 용서하는 것이 하나님의 도우심 없이는 불가능할 정도로 힘든 일임을 깨닫지 못했다.

그로 인해 오랫동안 피상적인 용서의 수준에만 머물렀다. 슬픔의 과정을 겪지 않고 억지로 용서하려고 하니 진정한 용서가 이루어지지 않았다. 루이스 스미즈(Lewis Smedes)는 피상적인 용서의 위험성을 이렇게 정리한다. "섣불리 용서하는 이들이 걱정스럽다. 그들은 고통을 피하기 위해 성급하게 용서하려고 한다. 혹은 상대방을 용

서한 뒤에 이용하기 위해서 빨리 용서한다. 하지만 그렇게 즉석에서 용서하는 것은 상황을 오히려 악화시킬 뿐이다."[18]

우리에게 깊은 상처를 준 사람을 진정으로 용서하려면 오직 하나님만 행하실 수 있는 기적이 필요하다. 혼란스러운 과도기에서 하나님만 해 주실 수 있는 일을 요청하고 기다리면 우리 안에서 그리고 우리를 통해 새로운 것이 탄생한다. 3번째 단계가 우리의 삶에서 이루어진다.

옛 것이 새 것을 낳게 하라

기독교의 핵심 진리는 예수님이 십자가에서 돌아가셨다가 죽음에서 살아나신 일이다. 예수님은 부활하셨다! 이것이 우리의 상실과 끝이 새로운 시작으로 가는 관문이라고 확신할 수 있는 근거이다. 도무지 선한 것이 나올 수 없을 것만 같은 상황에서도 우리는 그렇게 고백할 수 있다. 물론 우리의 상실은 실질적이다. 하지만 살아 계신 하나님이 우리의 상실에서 이끌어 내시는 부활도 실질적이다.

하나님은 우리가 살면서 경험하는 수많은 작은 죽음들을 그분께 드리라고 말씀하신다. 예수님은 이렇게 말씀하셨다. "한 알의 밀이 땅에 떨어져 죽지 아니하면 한 알 그대로 있고 죽으면 많은 열매를 맺느니라"(요 12:24).

삶이 지옥처럼 변해 아무런 미래의 희망이 없어 보이는 순간에도 우리는 하나님의 이 약속을 가슴 깊이 새기고 기억해야 한다. 다음은 이런 상황에 처했던 내 친구 목사인 마이클(Michael)의 이야기이다.

마이클의 교회는 수년간 은밀하게 진행된 횡령으로 인해 뿌리째 흔들렸다. 아무리 적게 잡아도 수만 달러가 증발했다. 마이클이 빠진 구덩이는 나날이 더 깊어져만 갔다. 교회의 생존 자체가 암담해졌다. 마이클이 직접적으로 연루된 것은 아니었지만 나쁜 사람들을 믿은 데 대한 분명한 책임이 있었다. 마이클은 고통스러운 눈물을 흘렸다. 그리고 나는 귀를 기울였다.

이윽고 나는 입을 열었다. "마이클, 다 그만두고 싶은 줄 잘 아네. 당장 사임하고 도망치고 싶겠지. 하지만 내 말을 좀 들어보게. 예수님은 부활하셨네."

수화기 반대편에서는 아무 소리도 들리지 않았다. 혹시 내 말을 듣지 않은 것은 아닌가 하는 생각이 들었다. 너무도 많은 것이 걸려 있었다. 마이클과 그의 가족, 그가 목회하는 많은 성도들이 달려 있었다. 그런 상황에서 자신의 고통에 관심을 기울이고 하나님을 기다리는 것이 얼마나 힘들지 잘 알고 있었다. "지금 이 상황이 지옥 같겠지. 맞아. 이건 겨우 시작일 뿐이네. 하지만 잊지 말게. 예수님은 부활하셨네. 예수님의 손을 굳게 붙잡고 이 힘든 시기에 교회를 잘 이끌면 장기적으로 큰 유익이 있을 걸세."

마이클은 예수님의 손을 꼭 붙잡았고, 수년이 흐른 지금 그와 교회는 번영하고 있다. 그의 이야기는 죽음에서 새로운 생명을 이끌어 내시는 하나님의 역사를 보여 주는 수많은 사례 가운데 하나일 뿐이다. 예수님은 살아 계시고 부활은 진짜이다. 상실과 슬픔의 건너편에 막대한 선물이 우리를 기다리고 있다. 우리는 그저 주님을 기다리며 그분 안에 거하기만 하면 된다.

이 3단계가 이전 단계들에 비해 그토록 어려운 이유는 실제로 새로운 것으로 이동해야 하기 때문이다. 고통에 관심을 기울이고(1단계) 하나님을 기다리는 것(2단계)은 잘하지만 옛 것을 내려놓지 못해서 하나님이 예비하신 새로운 것으로 이동하지(3단계) 못하는 사람을 많이 보았다. 나도 그럴 때가 많아서 이 문제를 너무도 잘 알고 있다.

제2차 세계대전이 끝나고 강제 수용소에서 풀려났지만 결국 벌레가 득실거리는 그 비좁은 막사로 제 발로 돌아갔다는 포로들의 이야기가 남의 이야기 같지 않다. 그들은 왜 강제 수용소로 돌아갔을까? 그곳이 익숙하고 편해졌기 때문이다. 몸에 배인 무기력이 그들로 하여금 열악한 환경을 벗어나지 못하게 만들었다.[19]

비참한 끝처럼 보이는 것이 위대한 새 출발의 기초가 되는 경우가 많다. 하나님이 정해 주신 슬픔의 길을 따르면 그렇게 될 수 있다. 나 스스로도 그런 경험을 수없이 했고 남들의 삶 속에서도 그런 경우를 많이 보았다. 무엇보다도 상실에 따른 고통에 관심을 기울이고 우리 안의 모든 것이 하나님에게서 도망치라고 아우성칠 때도 꿋꿋이 하나님을 기다리면 기적의 변화가 일어난다. 다음은 나 스스로 경험하고, 하나님의 방식대로 용감하게 슬픔을 느낀 수많은 사람들의 삶 속에서 확인한 5가지 부활의 보물들이다.

하나님이 자신을 드러내신다. 상실을 겪고 나면 우리의 마음이 커져 하나님이 얼마나 불가해하고 무한하고 초월적이고 영원하고 완벽하신지를 받아들이게 된다(그런 의미에서 마이스터 에크하르트는 하나님을 버리고서 오히려 진짜 하나님께 더 가까이 다가가는 사람들이 있다고 말했다. 그렇다면 이는 좋은 일이다! 그들이 버린 하나님은 성경에서 만날 수 있는 하나님이 아니다).[20] 하나님의 길은 우리가 상상할 수 있는 수준보다 훨씬 더 높고도 넓다. 예루살렘이 바벨론 군대의 손에 파괴되는 비극 속에서 예레미야가 발견한 것처럼 우리도 아침마다 새로워지는 하나님의 깊은 인자와 긍휼을 발견하게 된다(애 3:22-24). 하나님의 무한하신 생명 안에서 우리가 끝없이 성장하게 될 것임을 깨닫게 된다.[21]

하나님이 우리를 더 부드럽고 연민이 가득하게 만들어 주신다. 슬픔은 우리의 방어적인 태도를 허문다. 그 결과, 사람들이 우리에게 마음 놓고 속을 털어놓게 된다. 슬픔을 겪은 만큼 다른 사람을 긍휼히 여기게 된다는 헨리 나우웬(Henry Nouwen)의 말이 참으로 옳다. "많은 눈물 없이는 연민도 없다. … 연민을 유일한 권위로 삼으시는 하늘 아버지처럼 되려면 수많은 눈물을 뿌려, 어떤 상태에 있는 사람들이라도 받아주고 진정으로 용서할 수 있는 마음을 길러야 한다."[22]

자신의 고통을 삼킬 때 타인의 고통 속으로 들어갈 수 있다. 그럴 때 성숙한 사랑을 실천하는 진정한 믿음의 어미요 아비가 될 수 있다.

하나님이 우리를 더 깊이 알게 해 주신다. 슬픔은 우리 안에 자기의지가 얼마나 깊이 박혀 있는지를 깨닫게 해 준다. 스스로 슬픔을 경험하기 전까지는 겟세마네 동산의 땅바닥에 엎드려 아버지의 뜻에 힘들어하셨던 예수님을 이해할 수 없었다. 머리로는 알아도 마음으로부터 이해하지는 못했다. 정원사가 더 큰 열매를 맺기 위해 가지치기를 하듯 상실은 우리 안에서 뭔가를 도려낸다. 하나님은 슬픔의 불을 통해 그분을 기다리고 그분의 뜻에 항복하는 우리의 능력을 단련시키신다. 쓸데없는 것들을 잘라 내고 비워 내서 그분의 생명을 채울 공간을 만들어 내신다. 그러고 나서 예수님과의 연합을 통해 큰 열매를 맺을 수 있는 새롭고도 놀라운 능력을 우리 안에 채우신다.[23]

하나님이 그리스도 안에서 우리를 참 자아에 더 가깝게 만들어 가신다. 슬픔은 우리가 세상 앞에서 쓰고 있는 가면을 벗기는 능력이 있다. 우리가 내세우는 성과나 재능이 흩어지고 무너진다. 남들에게 멋지게 보여야 한다는 강박관념과 고통을 피하려는 미숙한 태도에서 해방된다. 하나님의 계획을 자유롭게 따르고, 세상 사람들이 집착하는 쓸데없는 것들을 비워 낼 수 있다. 참된 것이 서서히 나타나기 시작한다. 다시 말해, 우리 안에서 그리고 우리를 통해서 그리스도가 나타난다. 자신의 망가짐과 약함을 감추지 않고 솔직히 인정하게 된다. 하나님과 사랑을 주고받는 것보다 더 부하고 아름다운 것이 있다는 착각에서 벗어난다.

하나님이 놀라운 세상을 향한 눈을 열어 주신다. 모든 생명의 신성함을 전에 없이 생생하게 느끼고 즐긴다. 계절의 변화, 얼굴을 스치고 지나가는 바람, 떨어지는 낙엽, 휴일, 사람들의 내적 아름다움까지 모든 것이 예전과 다르게 특별하게 다가온다. 마음이 커져서 표면 아래의 깊은 생명을 느낀다. 삶의 경이와 기적에 전보다 더 자주 감탄하게 된다.

슬픔의 이 마지막 단계를 지나고 나면 전혀 다른 사람이 된다. 부활하신 예수님이 제자들에게 상처를 보여 주신 것처럼 우리도 자신의 상처를 보여 주기 위해 세상 속으로 보내심을 입었다는 사실을 마침내 깨닫게 된다(요 20:19-28 참조).

슬픔에 관한 하나님의 과정을 교회에서 적용하기 위한 3가지 아이디어

1. 성도들이 개인적인 상실과 주변 세상의 상실을 인식하고 돌아볼 수 있도록 훈련하라.

이혼, 은퇴, 죽음, 심각한 질병, 이사, 청년으로 성장한 자녀, 실직 같은 인생의 변화들에 슬픔과 상실의 신학을 적용하는 워크숍이나 사역을 마련하라. 교회는 큰 상실과 변화를 겪은 이들을 세상과는 다른 방식으로 섬겨 줄 수 있다.

2. 성경 속의 슬픔에 관한 세미나 혹은 설교 시리즈를 진행하라.

시편, 예레미야애가, 욥기, 다윗의 삶은 성도들에게 어떻게 슬퍼하고 애통할지를 가르치기 위한 좋은 성경적인 틀을 제공해 준다. 나는 시편의 다양한 노래에 관한 14주 설교 시리즈를 진행한 적이 있다. 14주가 끝난 뒤에는 모든 교인들에게 각자의 삶을 돌아보며 자신만의 시편이나 시를 쓰게 했다. 역시나 대부분이 하나님께 쓴 애가를 제출했다.

3. 애통의 프로그램 등을 통해 사람들에게 슬퍼할 기회를 제공하라.

슬픔을 주제로 한 반나절 혹은 하루 코스의 수련회를 진행해도 좋다. 베트남 참전용사 기념관(Vietnam Veterans Memorial), 홀로코스트 박물관(Holocaust Museum), 운디드 니 학살 기념관(Wounded Knee Massacre Monument), 미국 흑인 역사 및 문화 박물관(National Museum of African American History and Culture), 미국 전쟁과 정의 기념관(National Memorial for Peace and Justice), 911 추모 박물관(9/11 Memorial Museum), 히로시마 평화 기념관(Hiroshima Peace Memorial) 같은 중요한 박물관과 기념관을 찾아가는 것도 좋은 방법이다. 인종 차별, 성 차별, 계급 차별 같은 큰 상실을 겪은 사람들을 초대해서 이야기를 들어보는 시간을 가지라.

상실과 슬픔을 끌어안은
사람의 이야기

　슬픔과 상실의 보물들을 발견하는 주제로 지금까지 달려왔다. 내가 오랫동안 알고 지낸 한 놀라운 여인에 관한 이야기로 이번 장을 마무리하고 싶다. 상처를 딛고 부활의 힘을 세상에 보여 준 이 여인의 이름은 비앙카(Bianca)이다.

　비앙카의 삶은 처음부터 힘들었다. 11세에 친척에게 성적 학대를 당했고 그 이후 성에 관한 악몽에 시달렸다. 더러워진 기분에 밤새 이리저리 뒤척이곤 했다. 당시는 그것이 믿고 의지했던 친척에게 성추행과 강간을 당한 결과라는 것을 알기에는 너무 어렸다.

　비앙카는 자신이 늘 불안감에 시달리는 줄도 모른 채 나이를 먹었다. 자신의 성이든 남들의 성이든 성이라는 것이 점점 더 더럽게만 느껴졌다. 어릴 적에 겪은 아픔을 세 사람에게 털어놓았지만 아무도 진지하게 관심을 가져 주지 않았다. 겨우 한 사람만 성의 없는 말을 툭 던졌을 뿐이다. "그냥 호기심에 그랬을 거야."

　성폭력을 당한 기억은 생생히 살아 있었다. 가슴 깊이 묻어 두지도 못했다. 굳이 기억을 더듬을 필요도 없었다. 늘 머릿속에 걸려 있었다. 그녀는 뉴욕 시 최대 학군에 속한 한 학교의 교육위원회에서 일했다. 그곳은 학생들의 95퍼센트가 빈곤선 이하로 사는 학교였다. 그때부터 악몽이 맹렬히 되살아나기 시작했다. 방치된 아이들을 보노라면 어린 시절의 끔찍한 기억이 되살아났다. 또 다시 밤마다 과거의 일들에 관한 꿈을 꾸었고 불면증에 시달렸다.

당시 비앙카는 예수님을 믿은 지 12년 가까이 된 독실한 크리스천이었다. 성경 공부 모임과 기도 모임에도 열심히 참석하고 있었다. 그럼에도 그녀의 삶은 온통 가눌 수 없는 슬픔에 휩싸여 있었다.

교회는 비앙카의 장점과 섬김에 주목했다. 비앙카는 재능이 다양한 친구였다. 하지만 속으로는 죽어가고 있다는 사실을 누구에게도 말하지 못했다. 특히, 교회 리더들 중 누구도 자신의 약점이나 혼란, 극심한 고통을 솔직히 나누는 본을 보여 주지 않았기 때문이다. 모두가 앵무새처럼 "좋으신 하나님, 할렐루야"만 읊을 뿐이었다.

비앙카에게 하나님은 의지할 수 없는 분이었다. 오직 자신의 성과에만 관심이 있는 냉담한 분이었다. 주일예배를 마치고 돌아오면 자신이 결국 창녀가 되어 학생들이 사창가로 자신을 찾아오는 모습을 상상하며 목놓아 울기 일쑤였다. 망가질 대로 망가진 삶을 회복시키는 것은 불가능해 보였다. 하나님이 그 짐승 같은 학대의 순간을 내려다보면서도 나서서 보호해 주시지 않았다고 생각할 때마다 분노가 들끓었다.

벼랑 끝까지 몰린 비앙카는 믿을 만한 친구에게 아픔을 털어놓았고, 그 친구는 유능한 기독교 상담자를 소개해 주었다. 그때부터 비앙카는 어린 시절의 상처를 돌아보고 슬퍼하기 시작했다. 몹쓸 친척의 손에 죽음을 맞은 어린 시절의 어두운 혼돈 속으로 들어갔다. 이제 감정의 수문이 활짝 열렸다. 꾹꾹 눌러 왔던 분노가 봇물 터지듯 터져 나왔다.

예배 시간에 목사가 성적인 상처를 입은 사람들을 앞으로 나오라고 할 때 비앙카는 나갔다. 그리고 절친한 친구들에게 깊은 슬픔과 고통을 나누었다. 하나님의 인정을 받기 위한 노력을 그만두고 복음에 나타난 사랑과 은혜를 받아들이기 시작했다. 이렇게 되기까지 긴 세월이 걸렸다.

비앙카의 가슴에는 여전히 구멍이 남아 있다. 성폭력으로 인해 그녀의 안에서 뭔가가 죽었다. 하지만 이제 그녀는 온전함으로 가는 여행 중이다. 물론 이것은 하루아침에 끝나는 여행이 아니다. 성폭력의 기억이 불쑥불쑥 되살아나 그녀의 발목을 잡을 것이다. 특히 학생들을 향한 세상의 불의를 볼 때마다 아픈 상처가 다시 터진다.

하지만 이제 비앙카는 그리스도와 동행하고 그분을 사랑하며 섬기고 있다. 주님의 손을 꼭 붙잡고 고통의 가시밭길을 통과한 덕분에 복음을 누구보다도 깊고 분명하게 알게 되었다. 뉴 라이프 펠로십에서 춤과 소그룹에 참여하며 남다른 지혜로 교인들에게 선한 영향을 끼치고 있다. 비앙카는 "우리의 신학이 깨끗해졌으면" 좋겠다며 열심히 신앙생활을 하고 있다.

비앙카의 이야기는 우리가 상실과 슬픔을 끌어안을 때 하나님이 어떤 놀라운 역사를 행하실 수 있는지 잘 보여 준다. 슬픔을 통과하는 동안 우리는 예상하지도 못했고 스스로는 선택하지도 않았을 놀라운 보물들을 하나님께 받았다. 그것들은 어둠 속에 숨겨진 보물들이다(사 45:3).

고통 중에 성장하는 법을 배우면 우리 안에서 그리스도를 닮은 풍성한 연민의 열매가 맺혀 그 연민이 세상 속으로 흘러넘친다. 사람들을 진정으로 사랑하신 예수님의 본을 따라서 사는 것이 우리의 가장 큰 책임 중 하나이다.

Chapter 7

누구보다
사람을 사랑하는
사람이 되라

유럽에서 제1차 세계대전이 발발한 해인 1914년, 한 젊은이가 당대의 유명한 유태계 독일인 신학자이자 저자인 마르틴 부버(Martin Buber)를 찾아왔다. 부버는 그 만남을 다음과 같이 기록했다.

> '종교적' 열정이 가득한 어느 아침 이후의 오전 시간, 한 낯선 청년이 찾아왔다. 하지만 나는 별로 신경을 쓰지 않았다. 딱히 친절히 대해 주지도 않았다. … 말을 열심히 들어주기는 했지만 그가 끝내 꺼내지 않은 질문을 헤아리지 못했다. 오래지 않아 그의 친구들에게서 그가 더 이상 살아 있지 않다는 소식을 들었다. 그것이 그가 하지 못한 질문들의 핵심적인 내용이었다. 그가 우연히 나를 찾아온 것이 아니라 운명에 이끌려 왔다는 것을 알게 되었다. 그는 잡담을 나누러 온 것이 아니라 결정을 내리러 온 것이었다. 그는 마침 그 시간에, 그리고 다른 사람이 아닌 나를 찾아온 것이었건만.[1]

전쟁이 발발하기 전, 부버는 스스로 매우 종교적이라고 생각했다. 그는 일상 속의 세속적이고 평범한 경험들에서 눈을 떼어 신비로운 경험들에 주로 관심을 가졌다. 랍비이자 신학자인 윌리엄 카우프먼(William Kaufman)은 당시 부버 사상의 특징으로 일시적인 것보다 영원한 것, 일상 삶보다 무아경, 세상 자체보다 세상의 이면에 있는 것에 대한 더 큰 관심을 꼽았다.[2] 하지만 1914년의 그날 부버를 찾아온 청년이 자살하면서 부버의 사상은 크게 변한다.

부버의 죄책감은 청년을 절망에서 구하지 못했다는 것이 아니었다. 그는 자신이 청년에게 온전히 집중하지 못했다는 사실에 괴로워했다. 그날 아침 하나님과 함께한 시간에 관한 생각이 계속 머릿속을 맴돌아 그 청년과의 대화에 관심을 오롯이 집중하지 못했다.

부버에게 그 일은 그때까지 살아온 삶 전체에 대한 심판처럼 느껴졌다.[3] 그는 심오한 영적 경험을 하고 '산을 옮길 만한 믿음'이 있어도 사람들을 향한 깊은 사랑이 없으면 아무것도 아니라는 사실을 절실히 깨달았다. 이 일은 부버를 변화시킨 수많은 사건 가운데 하나일 뿐이지만 그의 역작 《나와 너》(*I and Thou*)의 결정적인 밑거름이 되었다. 이 책은 제1차 세계대전 종전 후 불과 5년 뒤인 1923년에 처음 출간되었다.[4]

그 청년을 만난 날의 마르틴 부버가 꼭 나처럼 느껴진다. 그리스도를 영접하고 나서 처음 17년간 나는 눈앞의 사람들에게 집중하지 못했다. 하나님의 형상을 품은 사람들을 하나님의 사랑으로 사랑해 주어야만 한다는 복음의 중심적인 가르침을 내가 철저히 무시하고 있다는 사실을 까마득히 모르고 있었다. 내가 배운 크리스천 리더십은 철저히 피상적이었다. 그로 인해 내가 이끌던 교회의 상태는 딱 그만큼 피상적이었다. 깨닫기 전의 부부처럼 나도 하나님을 알고 경험하는 데만 집중했다. 내게는 그것이 영적 성숙의 유일한 지표였다.

성숙한 크리스천의
결정적인 증거

그리스도를 영접하고 나서 친구들과 가족들에게 예수님의 사랑을 전해야 한다는 큰 책임감을 느꼈다. 용서에 관한 메시지와 하나님의 무조건적인 사랑이 내 가슴에 불을 질렀다. 그때부터 기도, 성경, 복음 전도, 제자훈련에 관한 모든 것을 기회가 닿는 대로 배웠다. 리더십, 설교, 공동체 구축, 리더 양성에 관해서도 열심히 공부했다. 최선을 다해 사람들을 살아 계신 하나님에 관한 진리로 이끌었다. 그런데 남들을 섬기겠다는 순수한 동기는 점점 희석되고 흐려져만 갔다.

내 초점과 목표는 제자를 삼고 교회를 성장시키는 일이었다. 그러기 위해서 사람들의 도움과 동참이 필요했다. 그리스도의 사명을 더욱 성공적으로 수행하려면 사람들이 나와 함께해야 할 일들이 있었다. 온 세상이 예수님을 필요로 하는 시급한 상황이었다. 서둘러 교회를 개척하고 사람들을 훈련시키고 가난한 이들을 먹여야 했다. 이 일에 동참할 사역자를 구하는 것이 급선무였다.

시간이 지날수록 사람들을 있는 그대로 사랑해 주는 것과 사역에 유용한지에 따라 이용하는 것을 잘 구분하지 못하기 시작했다. 내가 우리 교회를 키우기 위해 사람들이 예수님을 영접하기를 원하는 것인가? 아니면 그들이 예수님을 따르고 우리 사역을 도울지에 상관없이 그냥 사랑해 주는가? 그리스도의 일을 하는 데 집중하다보니 내 동기가 무엇인지 스스로도 분간하지 못할 지경에 이르렀다.

하지만 그런 것을 따질 겨를이 없었다. 해야 할 일이 너무 많았다. 누구도 내게 사람들에 대한 사랑이야말로 성숙한 크리스천의 결정적인 증거라고 가르쳐 주지 않았다. 사람들을 어떻게 사랑해야 할지, 그것이 무슨 의미인지, 실천적으로 어떤 모습이 나타나야 할지, 특히 리더로서 어떻게 사랑의 본을 보여야 할지 전혀 알지 못했다. 그 어떤 세미나나 리더십 콘퍼런스에서도 그것을 배운 적이 없었다. 어디를 가나 남들을 잘 이끌 수 있도록 하나님에 관해서 배울 수 있는 모든 것을 배워야 한다는 말만 들을 수 있었다. 그것만 배우면 충분할까? 전혀 그렇지 않았다.

그리스도를 영접한 지 얼마 되지 않아서부터 인종적, 경제적, 문화적, 성적 담을 허물겠다는 열정으로 불타올랐기 때문에 내가 사람들을 제대로 사랑하지 못하고 있는 줄은 꿈에도 생각하지 못했다. 청년 시절 나는 흑인과 히스패닉 계열 대학생들을 섬기는 간사로 3년을 섬겼고, 그 기간 중 4개월은 필리핀에서 사역했다. 그리고 늘 소수인종 교회들을 찾아 출석했다.

신학교를 졸업한 뒤에는 아내와 함께 중미로 향했다. 우리는 육체적으로나 문화적으로나 평생 살아온 세상을 떠났다. 다른 문화권의 사람들과 하나가 되기 위해 편안하고 익숙했던 모든 것을 내려놓았다. 현지인들의 음식을 먹고 현지어를 배우고 현지의 풍습과 절기를 지켰다. 프라이버시와 사적인 공간을 포기하고 현지인 대가족과 함께 살았다. 집은 목공소 위에 있어서, 월요일부터 토요일까지 새벽 6시만 되면 어김없이 바닥의 구멍들이 톱밥을 토해냈다.

미국으로 돌아오자마자 뉴욕으로 이사해서 아이들을 키우고 뉴 라이프 펠로십 교회를 개척했다. 어릴 적에 누렸던 중산층의 편안한 삶에 작별을 고하고 복잡하고 북적거리는 다문화 도시 퀸즈로 들어갔다.

우리가 지난 37년의 대부분을 보낸 작은 블록 안에는 마약 중독자, 매춘부, 고아, 과부, 홀아비, 미혼 등이 살았다. 우리 동네는 흑인, 키프로스 사람, 한국인, 중국인, 히스패닉, 브라질인, 미혼자와 기혼자, 은퇴자들이 뒤섞여 있었다. 덕분에 우리 딸들은 교회와 학교, 지역 사회에서 소수인종으로 사는 고충을 생생히 느낄 수 있었다.

언뜻 우리가 무엇보다도 사람을 우선시하는 부부였다고 생각하기 쉽다. 그것은 오해이다. 정말 황당하게도, 수많은 세월을 여러 인종과 함께 살고도 우리는 여전히 그들에게 진정으로 집중하는 법을 몰랐다. 하긴, 아내와 나는 이웃들이나 세상 사람들은 고사하고 서로에게조차 집중하는 법을 몰랐다.

아내는 결혼하고도 외롭다는 말을 오랫동안 했다. 내가 자신의 말을 듣지 않는 것처럼 느꼈다고 했다. 나는 도대체 무슨 말인지 이해할 수가 없었다. 그래서 아내의 말을 한 귀로 듣고 한 귀로 흘려보냈다.

앞서 말했듯이 1996년 1월 결국 아내는 교회를 그만두겠다고 선언했다. 그리하여 우리는 2명의 기독교 상담자와 함께 집중 상담에 돌입했다. 그 주간에 우리는 "성육신적 경청"이라고 부르는 간단한 기술을 배웠다. 대화의 정확한 내용은 기억이 나지 않는다. 기억나는 것, 아니 평생 잊을 수 없는 것은 우리 부부가 처음으로 서로를 진정으로 본 순간이다. 실로 놀라운 경험이었다. 하나님의 임재와 사랑이 우리를 온통 감쌌다. 말할 수 없는 경이감이 밀려왔다.

그 전까지 오랜 세월 동안 크리스천으로 살아왔지만 우리 둘 사이에 임한 하나님의 영광은 난생 처음 경험하는 것이었다. 그것은 화려한 설교, 뜨거운 찬양 시간, 강력한 기도 모임, 극적인 치유와 전혀 다른 경험이었다. 내게 이 경험을 설명할 신학적 틀은 없었다. 단지 우리가 그 전까지 하나님과 관련해서 했던 모든 경험을 초월하는 천국의 한 조각을 맛보았다는 것만큼은 분명히 알 수 있었다. 이 일을 계기로 곧 우리의 제자훈련은 근본적인 변화를 경험했다. 그리고 그 변화는 결국 지금의 '정서적으로 건강한 제자훈련'이라는 글로벌 운동으로까지 이어졌다.

이 경험을 하기 전까지 우리 부부는 유명하다는 크리스천 리더십 훈련과 제자훈련에 수없이 참여했다. 우리는 그리스도의 죽음의 의미를 정확히 이해했고, 성경 공부에서부터 기도, 금식, 예배, 공동체 삶까지 전통적인 영적 훈련을 모두 실천했다.

하지만 우리와 사역은 뭔가 단단히 잘못되어 있었다. 하나님을 향한 사랑과 열정은 자라고 있는 것처럼 보였는데 그 사랑이 사람들을 향한 사랑으로 발전하지 않고 있었다. 성경을 향한 열정이 불탔지만 사람들에 대해서는 방어적이고 비판적이고 냉담한 모습이 뚜렷했다.

결국 우리는 교회 안에서 사랑을 주고받는 모습이 세상 사람들과 별로 다르지 않다는 가슴 아픈 현실을 인정할 수밖에 없었다. 예를 들어, 우리의 관계법은 다음과 같았다.

- 분노나 슬픔을 어떻게 해야 할지 몰랐다.
- 타인과의 관계에서 자신을 솔직히 드러내기를 두려워했다.
- 좋은 사람으로만 보이기를 원해서 갈등을 피했다.
- 거절하고 싶은데도 거절하지 못할 때가 많았다.
- 타인의 생각을 확인하지도 않고 제멋대로 추측했다.
- 타인이 스스로 할 수 있고 또 해야 하는 일까지 과도하게 해 주었다.

사람이 서른 혹은 쉰, 아니 일흔이 넘어서도 여전히 관계 속에서 정서적인 아기로 남아 있을 수 있다는 사실을 분명히 알게 되었다. 정서적인 건강과 영적 성숙이 불가분의 관계에 있다는 사실, 정서적으로 미성숙하면 영적으로 성숙해지는 것이 불가능하다는 사실을 깨닫게 되었다.

아내와 나는 사역이나 영적 훈련이 아니라 사랑이야말로 영적 성숙의 진정한 척도임을 깨달았다. 그때부터 우리는 제자훈련의 이 치명적인 공백을 메우는 작업을 시작했다. 예수님이 하나님 사랑과 이웃 사랑의 연결을 얼마나 중시하셨는지를 재발견하면서 사람들이 남들을 잘 사랑하도록 훈련시키기 시작했다. 특히, 스트레스나 갈등의 한복판에 있는 사람들을 잘 사랑해 주어야 한다는 점을 가르쳤다.

우리가 예수님의 새가족에 속했다는 사실이 우리의 관계들에 잘 반영

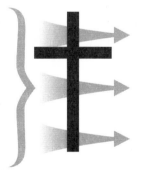

〈그림9〉 **십자가의 역할들**

망가진 관계(창 3장)에서	온전한 관계(창 1-2장)로
방어적	다가가기 쉬운
자기인식이 낮은	자기인식이 높은
고립된	연결된
남에게 책임을 돌리는	스스로 책임을 지는
반응적	비반응적
두려워하는	용감한
자신에게 몰두하는	자신을 내어 주는
중독된	자유로운
솔직하지 못한	솔직한

되기를 원했다. 우리의 망가진 관계들이 온전하게 회복되어야 했다. 그러기 위해서 우리는 망가진 관계와 온전한 관계의 주요 증상들 혹은 지표들을 규명했다.

21년 동안 우리는 사람들이 망가진 관계에서 온전한 관계로 나아가도록 도와주는 8가지 강력한 기술을 개발했다. 북미와 전 세계의 여러 교회에서 이 기술들을 실험하고 다듬은 끝에 '정서적으로 건강한 관계 코스'를 통해 선보였다. 우리의 목표는 사람들이 각자의 집, 일터, 학교, 친구 관계, 사는 곳, 교회에서 예수님처럼 사람들을 사랑하도록 훈련시키는 것이었다.[5] 이 코스는 관계적인 보조바퀴 역할을 했다. 즉 이 코스에서 성경을 적용하고 어릴 적 가정에서 배워 몸에 배인 좋지 않은 관계적인 패턴들을 바꾸기 위한 기본 기술들을 배울 수 있었다.

교회들은 이 코스를 소개하자 저항했다. 적지 않은 목사들이 교인들에게 건강한 관계 기술을 가르치는 데 그토록 많은 시간과 노력을 쏟아붓는다는 것에 회의적인 반응을 보였다. 그들에게는 관계가 설교나 기도, 치유 예배만큼 영적인 일처럼 보이지 않았다.

한 목사는 내게 전화를 걸어 이렇게 말했다. "목사님, 제가 관계에 관해서는 잘 모릅니다. 그런데 지금 저희 교회는 갈등이 끊이질 않네요. 혹시 이 갈등을 당장 풀 비결이 있다면 간단히 핵심만 설명해 주실 수 있을까요?"

나는 껄껄 웃으면서 예수님처럼 사람들을 사랑하려면 하나님을 사랑하는 법을 배우는 것 못지않은 시간과 노력을 들여야 한다고 설명했다. 이런 투자를 하지 않는다면 그 교회의 교인들은 계속해서 정서적으로 미성숙한 채로 남아 있을 것이다. 갈등이 계속될 것이다. 인종이나 정치처럼 사람들을 분열시키는 민감한 주제에 관한 대화는 엄두도 낼 수 없을 것이다. 하지만 사랑을 영적 성숙의 지표로 삼고 이런 노력을 한다면 그 교회 안에서 제자훈련의 혁명이 일어날 것이다.

우리는 이런 목사들이 우리가 추구하는 변화를 진정으로 이해하기를 원했다. 그래서 정서적 성숙과 영적 성숙 사이의 불가분의 관계를 분명히 보여 줄 수 있는 틀을 개발했다. 이 틀은 2가지 측면으로 이루어져 있다. 하나는 유대교, 특히 하시디즘을 바탕으로 관계의 본질을 파헤친 마르틴 부버의 역작을 탐구하는 것이다. 다른 하나는 사랑의 모델로서 예수님의 성육신을 탐구하는 것이다.

'나-그것'에서
'나-당신'의 관계로

마르틴 부버는 자신이 만난 청년이 자살한 뒤 관계를 이해하기 위한 하나의 틀을 개발했다. 그 틀은 관계들을 '나-그것'과 '나-당신', 이렇게 2가지로 구분하는 것이다.

부버는 '나-그것'과 '나-당신'의 관계가 상대방을 대하는 2가지 다른 방식을 의미한다고 말했다. 각각 상대방을 '그것'(사물)과 '당신'으로 대하는 것이다. 사람들을 사물이나 목적을 위한 수단으로 보면 '그것'으로 다루게 된다. 반면, 사람들을 신성하거나 거룩한 존재로 보면 '당신'으로 다루게 된다.[6] 다음 표는 둘 사이의 5가지 결정적인 차이를 보여 준다.

나-그것 관계	나-당신 관계
상대방에게 집중하지 않는다. 목표 중심적이다.	온전히 집중한다. 듣는 데 집중한다.
다른 사람은 사물 혹은 자신의 연장선이다.	다른 사람은 독특하고 나와 구별된 사람이다.
비판적, 조건적 수용	비판적이지 않은, 무조건적 수용
독백, 논쟁, 내 주장	대화, 탐구, 호기심
자신을 내어 주지 않는다, 자신을 잘 드러내지 않는다.	자신을 내어 준다, 자신을 솔직히 드러낸다.
닫힌, 배우거나 바뀌려고 하지 않는다.	열린, 배우고 바뀌려고 노력한다.

〈표3〉 5가지 결정적 차이

교회에서 나-그것 관계는 어떤 식으로 나타날까? 내 경험에서 찾은 몇 가지 예를 소개한다.

- 상대방의 말을 듣고 눈도 마주치지만 속으로는 내가 할 말을 생각하고 있다.
- 우리 건물의 관리인에게 인사하지 않고 지나간다.
- 성도석에 앉아 있는 교인들을 사랑하고 그들과 연결되는 것보다 내 설교의 흐름과 설득력에 더 신경을 쓴다.
- 학벌, 출신, 직장, 가문 따위로 사람들을 평가한다.

- 대화 도중 상대방에게서 하나님에 관한 그릇된 생각이 보이면 당장 바로잡아 주지 않고는 배기지 못한다.
- 대화를 할 때 속으로 짜증을 자주 낸다.

이러니 내 계획이나 기대와 맞지 않는 사람들을 잘 참아 주지 못할 수밖에 없었다. 예전에 나의 접근법은 '나-그것'이었다.

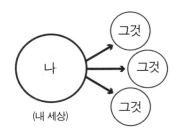

〈그림10〉 과거 나의 접근법

'나-당신' 관계는 완전히 다르다. '나-당신' 관계에서는 모든 사람을 다시 만나기 힘든, 비할 데 없이 귀한, 살아 계신 하나님의 형상을 품은 보물로 본다. 각 사람을 하나님의 생기에서 탄생한 신성한 존재로 여긴다. 무엇보다도, 나와 다른 모습을 기꺼이 받아들인다.

그래서 사람들에게 뭔가를 얻으려고 하거나 나 자신의 연장선으로 대하지 않는다. 망치나 전화기 같은 사물처럼 취급하지 않는다. '나-당신' 관계에서는 다른 속셈을 갖고 남을 대하지 않는다. 가식의 가면을 쓰지 않고 때로는 말없이 그저 들어주기만 한다. 상대방에게 자신을 온전히 내어주며 그를 이해하기 위해 노력한다.

다른 일을 생각하지 않고 상대방의 친밀함에 오롯이 집중한다. 부버
는 이런 살아 있는 관계에 관해서 "모든 진정한 삶은 만남이다"라는 말을
했다.[7]

부버는 진정한 '나-당신' 관계가 서로의 차이를 넘어 연결될 의지가 있
는 두 사람 사이에서만 가능하다고 말했다. 그런 의지가 있을 때 하나님
이 둘 사이의 틈을 메워 주신다. 두 사람이 진정한 대화를 나누는 자리에
는 하나님이 둘 사이의 틈 사이에 계셔서 그곳을 신성한 공간으로 만들어
주신다.

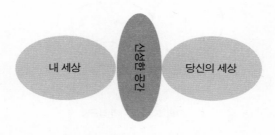

내 세상 　　신성한 공간　　 당신의 세상

〈그림11〉 부버의 진정한 '나-당신' 관계

부버 저작의 핵심은 사람들 사이의 '나-당신' 관계가 하나님과의 '나-
당신' 관계를 반영한다는 것이다. 다시 말해, 상대방을 당신으로 보는 모
든 진정한 관계는 '영원한 당신'과의 관계에서 비롯한다. 그러니 두 사람
이 서로의 말에 깊이 귀를 기울이는 순간이 그토록 강력할 수밖에 없다.

나와 아내가 성육신적 경청을 실천했을 때 바로 이런 일이 일어났다.
우리가 8년간 우정을 나누고 거의 9년간 결혼생활을 한 끝에야 비로소 우
리 사이에 '나-당신' 관계가 형성되었다!

또 다른 예로 이 점을 설명해 보겠다. 마르틴 부버는 동유럽 하시디즘

의 영향을 많이 받았다. 유태인으로서 오랫동안 독일을 비롯한 외세의 핍박과 학대를 받았다는 사실도 그의 사상을 형성하는 데 큰 영향을 미쳤다. 그런 그가 노벨문학상을 받은 저명한 시인이자 영국 성공회 교인인 T. S. 엘리엇(Eliot)을 만났을 때 모두가 힘든 만남일 것이라고 예상했다. 인생사에서 종교적 믿음과 어울리는 부류까지 두 사람은 도무지 닮은 점이 없었기 때문이다.

만남이 끝난 뒤 부버는 그의 사상이 엘리엇과 많이 달랐느냐는 질문을 받았다. 그의 대답은 상대방을 '그것'이 아닌 '당신'으로 대하는 것이 무엇인지를 분명히 보여 준다. 그는 이렇게 대답했다. "저는 사람을 만날 때 사상이 아닌 그 사람 자체에 관심을 갖습니다."[8]

참으로 아름다운 이야기이다. 하지만 극심하게 분열된 이 세상에서는 이것이 말처럼 쉽지는 않다. 다양한 이유로 우리는 우리와 다른 사람에 관해서 다음과 같은 생각을 품고 있다.

> 서로 의견이 달라서 안타깝군.
>
> 당신도 나처럼 세상을 봐야 해.
>
> 그 따위 생각을 버리지 않는 한, 나와의 관계를 유지할 수 없어.

이것이 사람들이 기독교를 사랑과 연민의 종교가 아닌 비판적인 무리로 보는 이유 중 하나이다.

'나-그것'과 '나-당신'이라는 부버의 틀은 이 상황을 뚫고 다른 사람과의 진정한 사랑의 관계 속으로 들어갈 길을 열어 준다.

자신에게 던지는
3가지 질문의 힘

　매일 이 관계를 잘 실천하고 있는가? 하나님의 임재에 집중하듯 눈앞의 사람들에게 집중하고 있는가? 나를 점검하는 데 큰 도움이 되었던 도구 중 하나는 데이비드 베너(David Benner)의 책 *Soulful Spirituality*(영혼 충만한 영성)[9]에 소개된 3가지 질문이다.

> 1. 상대방에게 온전히 집중하고 있는가? 다른 생각을 하고 있는가?
> 2. 상대방을 사랑하고 있는가? 비판하고 있는가?
> 3. 상대방에 의해 내가 바뀔 가능성에 열려 있는가? 닫혀 있는가?

　누군가와 함께하기 전 혹은 도중에 스스로에게 이런 질문을 던지면서 상대방에게 집중하고, 사랑하고, 열린 태도를 유지하면 '나-당신' 관계로 나아갈 수 있다.

　상대방에게 온전히 집중하고 있는가? 다른 생각을 하고 있는가?
　결혼생활과 목회가 모두 극심한 위기에 처했을 때 한 크리스천 상담사와 아내를 통해 누군가가 내게 온전히 집중해 주는 경험을 처음으로 했다. 이 상담사와 함께한 시간은 마치 예수님을 경험하는 시간과도 같았다. 서둘지 않고 한눈을 팔지도 않고 오로지 내게만 집중해 주는 모습은 실로 감동이었다.
　이 상담사는 헨리 나우웬이 말한 상대방에 대한 진정한 집중이 무엇인지를 똑똑히 보여 주었다.

> 상대방을 위해 주는 것은 무엇보다도 상대방에게 집중하는 것을 의미한다. 경험해 보면 알겠지만, 우리를 위해 주는 사람은 항상 우리에게 집중해 준다. 우리의 말에 진정으로 귀를 기울여 주고, 말할 때도 우리에게 집중한다. 이렇게 우리에게 집중해 주는 사람은 우리를 있는 그대로 받아주고 우리가 자신의 삶을 진지하게 받아들이도록 격려해 주기 때문에 우리를 치유시킨다.[10]

내 별명을 스스로 짓는다면 '주의산만'이 어울리지 않을까 싶다. 늘 머릿속에서 3-4가지 생각이 떠다녀서 눈앞의 상황이나 사람을 놓치기 때문이다. 나는 눈앞의 사람에게 집중하는 법을 배우지 못한 사람이었다. 지금은 많이 나아지긴 했지만 내게는 첫 번째 질문이 여전히 중요하다. "상대방에게 온전히 집중하고 있는가? 다른 생각을 하고 있는가?" 대화를 시작하기도 전에 이 질문을 던져야 간신히 상대방과 대화다운 대화를 나눌 수 있다.

조사에 따르면, 지난 15-25년 사이에 눈을 마주치고 감정을 나누는 대화가 급격히 줄어들었다고 한다. '나-당신' 관계를 이루기가 그만큼 힘들어진 것이다. 스마트폰과 SNS 같은 첨단기술이 일터, 가족의 삶, 양육, 친구 관계, 교실, 데이트, 교회 공동체까지 삶의 모든 면을 크게 변화시켰다.[11] 상대방과 함께 있을 때 온전히 집중하려는 노력이 그만큼 더 중요해졌다.

상대방을 사랑하고 있는가? 비판하고 있는가?

믿지 않는 사람들에게 크리스천들이 어떤 사람들이냐고 물으면 가장 먼저 나오는 말이 '비판적'이다. 안타깝지만 이는 맞는 말이다.

배우자가 우리를 따라오지 않는다고 비판한다. 절친한 친구라도 우리와 정치적 입장이 다르면 가차 없이 비판한다. 독립한 자녀가 우리의 뜻과 다른 결정을 내리면 비판한다. 우리가 원하는 만큼 일을 잘하지 못하는 동료들을 비판한다. 복음을 빨리 받아들이지 않는 이웃들을 비판한다. 힌두교도, 이슬람교도, 불교도, 시크교도 같은 다른 종교를 믿는 이들, 그리고 무신론자와 불가지론자가 예수님을 구주로 영접하지 않는다고 비판한다. 우리와 다른 의견을 가진 젊은 세대나 나이든 세대를 비판한다. 사회적 계급이나 인종, 민족, 외모, 교육 수준이 우리와 다른 사람들을 비판한다. 사람들이 입는 옷이나 보는 영화, 타는 자동차, 듣는 음악을 구실로 비판한다. 심지어 성격 유형 검사 결과로 사람들을 비판한다.

비판한다는 것은 내가 다른 사람들에 비해 도덕적으로 우위에 있다는 생각에서 비롯된다. 그런 식으로 우리는 속으로 모든 사람을 분류하고 우리와 다른 사람들을 열등하게 여긴다.[12]

나도 아직 비판 중독에서 회복 중인 신세이다. 대부분의 사람들처럼 나도 나와 다르게 생각하거나 행동하거나 믿는 사람들과 잘 지내지 못한다. 나는 어릴 적 가정에서 비판하는 법을 배우며 자랐다. 우리 가족은 우리와 다른 사람들을 비판하는 것을 당연하게 여겼고, 그들이 우리와 똑같은 시선으로 세상을 보도록 정신 개조를 시켜야 한다고 믿었다.

분명 이렇게 묻는 독자들이 있을 것이다. "사람들이 우리와 같은 것을 믿게 하는 것이 우리의 사명이지 않은가? 사람들을 변화시켜야 하지 않는가?"

내 답은 그렇기도 하고 아니기도 하다. 물론 사람들이 세상을 이처럼 사랑하사 독생자를 주신 하나님을 알게 만들어야 한다. 물론 그리스도의 교회를 세우고 그분의 나라를 온 세상으로 확장하는 일에 사람들을 참여시켜야 한다.

하지만 사람들을 비판하는 것은 우리의 사명이 아니다. 심지어 진리를 옹호한다는 명목으로도 비판은 옳지 않다. 비판하는 것은 상대방을 사물로 대하는 행위이다. 우리보다 무한히 많이 아시는 하나님만이 다른 사람을 판단할 권리와 지혜가 있으시다. 칼 바르트(Karl Barth)의 말처럼, 이 선을 넘으면 "죄의 뿌리와 근원, 즉 자기 자신과 자기 이웃의 판관이 되려고 하는 교만함"으로 이어진다.[13]

부버는 "(사람들) 사이의 진정한 만남이 이루어지지 않는 것"을 "잘못된 만남"(mismeeting)으로 명명했다.[14] 잘못된 만남은 사람들을 비판하거나 사물로 대하고 열등하게 취급한다. 부버가 말한 "진정한 만남"은 상대방을 나와 동등한 인간으로 볼 때만 이루어질 수 있다. 부버는 이렇게 말했다. "이 세상에 태어난 모든 사람은 새로운 뭔가를 의미한다. 그 전에는 존재하지 않았던 뭔가. 원조인 뭔가. 유일무이한 뭔가."[15]

따라서 상대방이 성경적으로 그릇되거나 어리석게 보이는 선택을 해도 모든 대화에 호기심을 가지고 임해야 한다. 이를테면 성전환 수술을 한 이유나 교회를 떠난 이유, 불교에 귀의한 이유, 동거를 하게 된 이유 등에 호기심을 가지라.[16]

예수 그리스도의 제자로서 우리의 첫 번째 과제는 서로를 당신으로 보고서 상대방에게 진정한 관심을 보이는 것이다. "계속 말해 보세요. 당신이 세상을 어떻게 보는지 알고 싶습니다. 어떻게 해서 그런 결정을 내

리게 된 거죠?"

상대방에 의해 내가 바뀔 가능성에 열려 있는가? 닫혀 있는가?

많은 사람들에게 이 질문은 고민할 가치도 없는 질문이다. 특히, 상대방이 비신자라면 더욱 그렇다. 왜 우리가 바뀌어야 하는가? 특히, 우리의 핵심 가치를 어떻게 바꿀 수 있단 말인가? 상대방이 '틀린' 것을 확실히 '아는데' 왜 내가 바뀌어야 하는가? 우리가 바뀔 가능성에 열려 있어야 하는 것은 그것이 진정한 대화의 조건이기 때문이다. 자신이 바뀔 가능성을 배제하면 기껏해야 일방적인 독백만 가능할 뿐이다.

필시 이렇게 묻고 싶을 것이다. "뭐든 좋은 게 좋다는 말인가요? 절대적인 진리는 없다는 의미인가요? 하나님이 말씀하신 진리도 포기할 수 있어야 한다는 것인가요?" 전혀 아니다. 앞서 말했듯이 나는 사람들을 예수님께로 인도하는 일에 목숨을 건 사람이다. 그리고 나는 니케아 신경 (부록B를 보시오) 같은 믿음의 문서들에 명시된 교부들의 역사적 신앙에 단단히 닻을 내리고 있다.[17]

하지만 동시에 나는 하나님의 형상을 품은 또 다른 존재에게 열린 태도로 다가가는 것이 성경적이라고 믿는다. 그들에게서 배우고 그들을 통해 변화될 수 있어야 한다. 그들이 하나님께 받은 다른 선물들을 눈여겨보아야 한다. 16세기 신학자 존 칼빈(John Calvin)은 고대 그리스와 로마 사상가들의 사상 속에서 "빛나는 감탄스러운 진리의 빛"에 관해서 쓴 바 있다. 칼빈은 그들을 이교도로 여기면서도 그들의 통찰만큼은 칭찬했다.

이런 문제에 관해서 세속 작가들 속에서 빛나는 감탄스러운 진리의 빛을 볼 때마다 사람의 정신이 아무리 타락하고 왜곡되어서 온전하지 못해도 하나님의 훌륭한 선물들로 뒤덮여 있다는 사실을 배워야 한다. 하나님의 영을 진리의 유일한 원천으로 여긴다 해도 진리가 나타날 때마다 그 진리 자체는 거부하거나 경멸하지 말아야 한다. 그렇지 않는다면 하나님의 영을 무시하는 것이다.[18]

19세기 네덜란드 신학자 아브라함 카이퍼(Abraham Kuyper)도 성령의 역사가 인간 삶 속에서 나타나는 일반 은혜라는 주장으로 하나님의 영이 비신자들을 통해서도 역사하신다고 인정했다.[19]

나와 다르면 불편해진다. 또한 우리는 남들이 변해야 한다고 믿어 의심치 않는다. 하지만 하나님은 세상을 다르게 보고 경험하는 사람들에게 다가가 사랑해 주라고 명령하신다. 그렇게 해도 신앙을 잃거나 타협하지 않을 수 있다. 그저 타인의 말에 겸손히 귀를 기울이며 '나-당신' 관계에 필요한 진정한 대화를 이어가면 된다.[20]

하지만 상대방이 우리와 공통점이 아주 많은 사람이라도 이것이 그렇게 쉽지만은 않다. 예를 들어, 최근에 아내와 나는 부부 싸움을 했다. 우리는 서로에게 형편없이 반응했다. 나는 기분이 상해 사무실에 앉아 씩씩거리고 있었다. 그러다가 스스로에게 질문을 던졌다. 다른 생각을 하지 않고 아내에게 온전히 집중했는가? 아내를 비판하지 않고 사랑하고 있는가? 아내에 의해 내가 바뀔 가능성에 열려 있는가? 그중 마지막 질문에 답하기가 가장 어려웠다. 아내의 말을 유심히 듣고 그에 따라 나를 바꿀수 있겠는가? 내 교만과 아집은 "아니!"라고 외치고 있었다. 하지만 내 안의 예수님은 나를 "응" 쪽으로 이끄셨다. 결국 나는 마지못해 아내에게 대화를 시도했다.

코로나19로 출가한 자녀들과 어린 손자들이 우리 집에 들어오는 바람에 할 일이 많아져서 힘들다는 아내의 말에 귀를 기울였다. 내 입장을 옹호하는 말을 하지 않고 잠잠히 듣기만 했다. 그러자 우리 사이의 긴장 상태가 풀어졌다. 하나님이 아내를 통해 나를 깨우쳐 주셨다. 그날 나는 조금 더 성장했다.

앞서 말했듯이 우리는 사람들에 대한 사랑이 영적 성숙의 지표가 되도록 문화를 바꾸기 위한 틀을 개발했다. 이 틀은 2가지 요소로 이루어진다. 한 가지 요소는 '나-당신'과 '나-그것' 관계에 관한 마르틴 부버의 저작을 탐구하는 것이다. 더 중요한 두 번째 요소는 예수님의 성육신을 사랑의 모델로 삼는 것이다.

인간을 향한
최고의 사랑 표현

제자가 되는 것의 의미는 무엇보다도 성육신이라는 신비를 통해 가장 잘 이해할 수 있다. 성육신은 하나님이 인간의 육신을 입으신 사건이다. 하나님은 온전히 세상 속으로 들어오는 것보다 인간을 향한 사랑을 보여 주는 데 더 좋은 방법은 없다고 판단하셨다. 저자이자 신학자인 로널드 롤하이저(Ronald Rolheiser)는 한 가지 사례로 이 점을 설명했다.

한밤중에 겁에 질려서 깨어난 네 살배기 아이에 관한 놀라운 이야기가 있다. 아이는 어둔 방 안에 온갖 종류의 도깨비와 괴물들이 가득하다고 생각했다. 그래서 겁에 질린 채로 조르르 아빠 엄마의 방으로 달려갔다. 아이를 달래고 나서 손을 잡고 자기 방에 데려간 엄마는 불을 켜고 아이를 안심시켰다. "걱정하지 마. 너는 혼자가 아니란다. 이 방에는 하나님이 너와 함께 계셔." 그러자 아이는 이렇게 대답했다. "그건 나도 알아요. 하지만 살이 있는 진짜 사람이 같이 있어 주면 좋겠어요."[21]

하나님이 어디나 계시고 우리를 사랑하신다는 말이나 지식만으로는 충분하지 않다. 우리에게는 살이 있는 하나님이 필요하다. 하나님은 그것을 알고서 우리에게 예수님을 보내 주셨다. 그리고 지금도 하나님은 육체를 입고서 우리에게 오신다. 그분의 몸이요 그분이 거하시는 곳인 교회를 통해서 그렇게 하신다. 우리는 주변 사람들에게 살아 있는 하나님이 되어 주어야 한다. 이것이 성육신의 믿음으로 사는 삶의 의미 중 하나이다.

예수님의 성육신과 성육신적 사역의 중요성을 믿지 않는 크리스천 리더는 거의 없다. 하지만 4세기 가이사랴 주교 바실레이오스(Basil)는 이렇게 말했다. "성수태 고지는 흔하지만 성육신은 드물다."

다시 말해, 하나님의 역사를 담대하게 선포하는 소리는 흔히 들을 수 있지만 실제로 살이 있는 하나님으로서 살아가는 사람들은 찾아보기가 정말 힘들다. 왜일까? 성육신적 믿음으로 살려면 자아의 죽음을 필요로 하기 때문이다.

무슨 말인지 설명해 보겠다. 예수님의 삶에서 우리는 사람들에 대한 사랑을 실천하는 성육신적 삶의 3가지 역학을 확인할 수 있다. 상대방의 세상 속으로 들어가고, 자기 자신을 잃지 않고, 두 세상 사이의 긴장 속에서 사는 것이 그 역학들이다.

이 3가지 역학은 서로 구별되며, 동시에 이루어진다. 이웃에서부터 동료와 친구, 우리와 의견이 다른 위원회 위원, 배우자, 부모, 자녀까지 상대가 누구든 진정한 성육신이 이루어지려면 이 3가지 역학(dynamics)이 모두 나타나야 한다.

상대방의 세상 속으로 들어가라

예수님이 우리 세상에 깊이 참여하기 위해 하늘의 집을 떠나셨던 것처럼 우리도 세상을 떠나 그와 전혀 다른 상대방의 세상 속으로 들어가야 한다. 그러기 위한 최선책은 경청이다. 이와 관련해서 신학자 데이비드 아우구스버거(David Augsburger)는 이렇게 말했다. "상대방의 말을 듣는 것은 상대방을 사랑해 주기 위해 서로 구분되지 않을 만큼 가까이 다가가는 행동이다."[22]

37세가 될 때까지 나는, 나를 변호하거나, 의견을 제시하거나, 꼭 조언이 필요한 사람을 만났을 때 말하고, 들었다. 나의 커뮤니케이션 스타일은 마치

〈그림12〉 건강하지 못한 상호작용

속사포와도 같았다. 상대방의 말이 너무 느리면 무례하게 끼어들어서 대신 문장을 완성해 주는 식이었다. 아래 그림은 상대방이 나처럼 생각하고 느끼기를 은근히 강요하는 그릇된 상호작용을 보여 준다.

건강하지 못한 상호작용은 상대방을 자신만의 생각과 감정, 두려움, 가치를 지닌 별개의 인간으로 인정하고 존중해 주지 않는 것이다. 어디까지가 나이고 어디서부터가 상대방인지가 불분명하다.

반면, 예수님은 사람들에게 분명하고 존중하는 태도로 말씀하셨다. 복음서들에서 우리는 마태, 나다나엘, 창기, 니고데모, 시각장애인, 사마리아 여인 등 누구에게나 온전히 집중하시는 예수님의 모습을 수없이 발견할 수 있다. 부자 청년이 다가왔을 때도 예수님은 "그를 보시고 사랑하"(막 10:21)셨다. 그렇다. 예수님은 부자 청년 쪽으로 고개를 돌려 관심을 보이셨고, 시간을 내서 그의 말을 들어주셨다. 예수님은 각 사람을 별개의 특별한 존재로 인정해 주셨다.

〈그림13〉 건강한 상호작용

다들 그렇겠지만 나도 말하기를 더디하고 경청하라는 설교를 정말 많이 들었다(약 1:19). 하지만 그런 설교를 아무리 들어도 예수님처럼 듣고 말하는 것이 되질 않았다. 감사하게도 아내와 함께 정서적으로 건강한 제자훈련에 관해서 배울수록 다른 이를 사랑하는 데 경청이 얼마나 중요한지를 깨닫게 된다. 그때부터 2가지 중요한 기술을 배우고, 나중에는 가르치게 되었다. 그 기술들은 성숙한 말하기와 성육신적 경청이다.

우리는 하나님이 주신 말의 힘을 잘 사용하여 사람들이 치유와 성장, 예수님의 사랑을 경험할 수 있게 해 주어야 한다. 이런 말하기는 영적 성숙과 건강한 공동체에 필수적이다. '정서적으로 건강한 제자훈련'에서는 성숙한 말하기의 특징으로, 예의와 솔직함, 분명함, 때에 맞는 방식을 꼽는다.

예의 있게. 말을 불쑥 내뱉지 말고 깊이 생각한 뒤에 말하라. 상대방의 감정을 고려하라. "어떻게 저런 영화를 좋아할 수 있어? 정말 형편없는 영화야." 이런 식으로 말하지 말고 "이런 영화를 좋아하는구나. 이 영화의 어떤 점이 좋았니?"라고 말하라.

솔직하게. 에두르거나 왜곡하지 말고 자신의 생각과 감정을 있는 그대로 말하라. 예를 들어 "다른 일이 있어서 못 갈 것 같아"라고 말하지 말고 "오늘은 집에 혼자 있고 싶어서 못 갈 것 같아"라고 말하라.

분명하게. 모호하고 알쏭달쏭하게 말하지 말고 원하는 바를 직접적으로 말하라. "화요일 밤에 바빠?" 이것보다는 의사를 분명하게 표현하는 것이 좋다. "화요일 밤에 내가 가르치는 수업에 와서 좀 나아졌나 봐 줄래?"

때에 맞게. 특정한 대화를 하기에 더 좋은 때와 상황이 있기 마련이다. 상대방이 피곤하거나 뭔가 짜증이 나 있거나 시간에 쫓기는 것 같으면 상대방이 여유가 생길 때까지 기다리는 편이 현명하다.

이런 본보기를 보며 자란 사람은 그리 많지 않다. 그래서 예의 있지 않고 솔직하지 않고 분명하지 않고 때에 맞지 않게 말하는 습관을 평생 버리지 못하는 사람이 너무도 많다. 그렇기 때문에 끊임없이 연습과 훈련이 필요하다. 특히, 갈등 중에 있거나 스트레스가 극심한 상황에서는 이런 말하기가 정말 중요하다.

상대방의 세상 속으로 들어가기 위해서는 성숙한 말하기와 함께 성육신적 경청이 필요하다. 우리 부부에게 이 기술은 서로에게 진정으로 '동조되기'[23](attune) 위한 적절한 가드레일과 구조를 제공해 주었다. 우리는 사실과 정보를 넘어 서로의 감정에 귀를 기울였다. 이 기술을 제대로 사용하면 단순한 말 이상의 것들을 들을 수 있다. 성육신적 경청은 얼굴 표정, 어조와 목소리의 강도, 자세 같은 비언어적 신호에도 집중하는 것을 의미한다. 이렇게 상대방의 모든 것을 들을 때 그의 세상 속으로 들어가 그의 감정을 그대로 느낄 수 있다. 그리고 그것을 상대방도 느끼게 된다.

성육신적 경청[24]을 실천하는 법

우리는 성육신적 경청을 가르칠 때 먼저 이 질문을 하라고 가르친다. "지금 당신에게 가장 큰 영향을 미치는 것은 무엇이며 그로 인한 당신의 감정은 무엇인가?" 그런 다음, 8-10분 동안 두 사람이 돌아가며 말하게 한다. 듣는 사람은 상대방의 말뿐 아니라 얼굴 표정, 몸의 자세, 목소리의 어조, 눈 접촉, 머리의 움직임, 말이 아닌 소리("아"나 "오" 등) 같은 비언어적 신호에도 관심을 기울이게 한다.

구체적인 형식은 다음과 같다.

준비…
- 누가 먼저 말할지 정한다.

말할 때는…

- "나"에 관해서 말한다. (상대방이 아닌 '자신의' 생각과 감정, 바람을 말한다.)
- 짧고 간단하게 말한다.
- 가끔씩 멈춰서 자신이 무슨 말을 했는지 상대방에게 말해 보게 한다.
- 자신의 감정에 관해서도 말한다.
- 예의 있고 솔직하고 분명하게 말한다.

들을 때는…

- 말하는 사람에게 온전히 집중한다. (자신의 차례에 할 말에 관해서 생각하지 않는다.)
- 말하는 사람의 입장에 되어 그의 감정을 느껴보려고 노력한다.
- 판단하거나 해석하지 않도록 조심한다.
- 상대방이 한 말을 되돌아보거나 최대한 정확히 정리해서 말해 준다.
- 상대방이 말을 다 한 것 같다면 "더 할 말씀이 있나요?"라고 묻는다.
- 상대방의 말이 끝나면 "지금까지 하신 말씀 중에서 가장 중요한 점은 무엇입니까? 내가 무엇을 꼭 기억해야 할까요?"라고 묻는다.

성육신적 경청의 구조와 틀을 따르는 것이 처음에는 어색하게 느껴질 수 있다(아래에 '아내가 성육신적 경청의 가치를 발견한 이야기'를 보시오). 하지만 이 가이드라인은 일종의 보조바퀴이다. 처음 배우기 시작할 때만 필요하지, 나중에 이 기술을 완벽히 체득하면 보조바퀴는 불필요해진다. 하지만 특히, 수세대 전부터 내려와 몸에 깊이 배인 나쁜 습관들을 깨뜨리려면 처음에는 구조와 틀이 꼭 필요하다.

우리 부부가 이 기술을 처음 배우기 시작할 때 아내가 내게 이런 말을 했다. "여보, 당신의 말을 듣다보면 말로 나를 죽이는 것만 같아요."

그때 나는 이렇게 대답했다. "그래서 내 말에 좀 화가 났나요?"

그때부터 아내의 상처를 누그러뜨리는 말을 하기 시작했다. 그러면서도 아내의 말을 유심히 듣고 내가 할 말도 솔직하고 정확하게 했다.

몇 가지 명심해야 할 점이 있다. 첫째, 성육신적 경청은 상대방의 말에 무조건 맞장구를 치는 것이 아니다. 성육신적 경청의 목적은 문제의 해법을 찾는 것도 아니다. (그럼에도 조사에 따르면 문제의 거의 70퍼센트가 경청만으로 해결될 수 있다.) 이런 것에는 다른 정서적 기술이 필요하다.

둘째, 상대방의 세상에 들어가기 위한 말하기와 듣기에는 강한 인격과 정서적 성숙이 요구된다. 상대방이 받아들이기 힘든 말이나 우리에 관한 부정적인 말을 할 때는 특히 더 그렇다. 그럴 때 우리의 본능적인 반응은 자신을 옹호하는 것이다. 하지만 하나님은 가드를 풀고 열린 마음으로 들을 것을 명령하신다.

아내가 성육신적 경청의 가치를 발견한 이야기

이 기술의 효과를 처음 경험했을 때의 충격을 평생 잊지 못할 것이다. 우리를 변화시키는 하나님의 역사를 똑똑히 보았다. 당시는 남편과 함께 성육신적 경청 기술을 꽤 연마해 온 상태였다. 하루는 부엌에서 주방 일을 보고 있는데 남편이 다가와 교회에서의 심각한 문제에 관해 내 의견을 물었다. 예전에는 남편이 내 의견을 궁금하게 여긴 적이 없었다. 남편의 질문은 그냥 자신의 답답한 심정을 표출하는 수단이었을 뿐이다.

하지만 그날은 내 눈을 똑바로 보며 내게 집중하며 말했다. "정말로 당신의 의견을 듣고 싶어요. 당신의 생각과 감정이 내게는 정말 중요해요." 하마터면 바닥에 털

썩 주저앉을 뻔했다. 이제 그것은 더 이상 연습이 아니었다. 남편과 우리의 관계가 근본적으로 변했다. 실로 거룩한 순간이었다.

자신을 잃지 말라

두 번째 역학인 자기 자신을 잃지 않는 것이 가장 어려울 수 있다. 다른 사람의 세상 속으로 들어간 뒤에도 자신을 잃지 않으려면 깊은 성숙과 노력이 필요하기 때문이다.

예수님은 이 역학의 본을 보여 주셨다. 예수님이 참 자아로 사신 탓에 많은 사람들이 실망했다. 거의 모든 사람들이 예수님에 대해 특정한 기대와 요구를 가지고 있었다. 하지만 예수님은 그들의 뜻에 따르지 않으셨고 가족들도 실망한다. 그로 인해 가족들은 예수님이 미쳤다고 생각하기까지 했다(막 3:21). 제자들은 메시아는 어떠해야 한다고 머릿속에서 정해 놓고 예수님께 그런 모습의 메시아가 되라고 은근히 압박했다. 하지만 예수님이 자신의 참 모습을 고수하시자 제자들은 실망했고 심지어 가룟 유다는 배신하기까지 했다. 예수님은 치유하고 먹여 주는 세상적인 메시아를 원하는 군중을 실망시키셨다. 그분을 이해하지 못하는 종교 지도자들도 실망시키셨다.

예수님은 자신과 사역에 대한 아버지의 인정을 확신하셨다. 그래서 주변 사람들을 사랑해 주면서도 자신을 잃지 않을 수 있었다. 그리고 그로 인해 극심한 스트레스의 한복판에서도 깊은 평안을 누리셨다.

하지만 우리 중에는 자신을 알기 위한 내적 작업을 충분히 하지 못한 사람이 많다. 그런 사람은 타인의 의견과 기대에 너무도 쉽게 휘둘린다. 마치 카멜레온처럼 상황에 따라 수시로 변한다. 혹시 다음 시나리오가 남 얘기 같지 않지 않은가?

- 동료의 말에 상처를 받지만 너무 민감하거나 비판적인 사람 취급을 당하기 싫어 아무 말도 하지 않는다.
- 한 집사님의 딸 결혼식 청첩장을 받았는데 시간은 토요일 밤이고 장소는 집에서 차로 3시간이나 떨어진 곳이다. 참석하고 싶지 않지만 그에게 밉보이고 싶지 않아 억지로 다녀온다.
- 열심히 하지 않아 다른 교사들에게 방해가 되는 중고등부 교사가 있다. 바뀌어야 한다고 에둘러서 말하지만 변할 생각을 하지 않는다. 직접적으로 말했다간 교회를 떠나거나 화를 낼까 두렵다. 그래서 임시방편으로 그냥 교사 한 명을 더 세워 그의 반을 둘로 나눈다.
- 한 팀원이 인종차별적이고 저속한 발언을 자주 한다. 하지만 비판적이고 오만한 사람이라는 말을 듣기 싫어서 그냥 둔다.

때로 우리는 상대방에게 너무 깊이 공감한 나머지 자신을 잃어버린다. 자신의 취향, 가치관, 감정, 의견, 바람, 즐기는 것을 탐구하는 내적 작업이 이루어지지 않은 상태에서는 더욱 그렇게 되기가 쉽다. 자신의 삶과 독특한 성격 및 기질을 통해 하나님이 어떤 말씀을 하고 계신지를 깊이 고민해 보아야 한다.[25]

예수님이 우리의 롤 모델이시라는 사실을 늘 명심하라. 예수님은 자신이 누구이며 어디에서 왔는지를 분명히 아셨다. 좋은 말을 하고 경청하는 것을 포함해서 사람들에게 자신을 얼마나 내어 줄지는 자신을 얼마나 잘 아느냐와 정비례한다. 자신을 전혀 모르면 다른 사람에게 줄 수 있는 것은 거짓 자아뿐이다. 오래전 한 지혜로운 사람은 내게 자신을 사랑하고 소중히 여기는 만큼 다른 사람을 사랑하고 소중히 여길 수 있다는 사실을 가르쳐 주었다. 다음의 이야기는 타인의 세상 속으로 들어가면서도 자기 자신을 잃지 않는 것이 실천적으로 어떤 의미인지를 잘 보여 준다.

우리 교회에는 서로 친한 두 여성이 있었는데 언제부터인가 둘 사이에 냉기가 흐르기 시작했다. 도나(Donna)는 앨리슨(Allison)이 뭔가를 함께 하자고 할 때마다 거절을 해서 화가 났다. 결국 도나는 쌓이고 쌓인 서운함을 표출했다.

앨리슨은 같이 화를 내며 방어적으로 행동할 수도 있었다. 하지만 그렇게 하지 않고 자신을 잃지 않으면서도 상대방의 세상 속으로 들어갔다. 원래 앨리슨은 거절하는 것이 바람직하지 않은 행동이라는 생각에 도나가 뭔가를 하자고 하면 무조건 따라갔다. 하지만 이제는 거절해야 할 때는 과감하게 거절할 만큼 자신을 소중히 여기고 있다. 자신이 홀로 재충전할 시간을 많이 필요로 하는 내향적인 성격이라는 사실을 깨닫고 그런 시간을 지키고 있다. 반면, 도나는 밖에 나가서 사람들과 어울리기를 좋아하는 외향적인 성격이다. 도나가 서운함을 표출했을 때 앨리슨은 어떻게 했을까?

먼저, 화를 내거나 자신을 변호하지 않고 도나의 실망감과 슬픔, 서운함에 묵묵히 귀를 기울였다. 그러고 나서 차분한 어조로 이렇게 말했다. "너를 친구로 좋아해. 너랑 함께하는 시간이 좋아. 단지 나는 혼자 있는 시간도 꽤 필요할 뿐이야."

이렇게 앨리슨은 도나의 세상 속으로 들어가면서도 자신을 잃지 않고 자신의 감정과 바람을 존중했다. 다행히 도나는 고개를 끄덕였고, 두 사람은 함께 새로운 우정의 리듬을 찾을 수 있었다. 만약 도나가 서운함을 표현했을 때 앨리슨이 자신을 잃었다면 어떻게 되었을까? 거절하는 것이 나쁜 행동이라는 생각을 여전히 가지고 있었다면 재빨리 사과하고 나서 지금도 도나의 요청을 매번 받아들이고 있을 것이다. 그리고 그럴수록 점점 짜증이 쌓여 결국 둘의 관계는 끝날 가능성이 크다.

두 세상 사이의 긴장 속에서 살라

상대방의 세상 속으로 들어가는 사랑을 실천할 때(역학1) 자신을 잃지 않아야 한다(역학2). 결국, 자기 세상과 상대방 세상 사이의 긴장 속에서 살아야 한다는 말이다(역학3). 두 세상 사이의 긴장 속에서 사는 것은 상대방의 말에 전적으로 동의하지 않아도 성급하거나 방어적으로 반응하지 않고 진심으로 귀를 기울여 주는 것을 의미한다.

예수님은 이 땅에서 하늘과 땅이라는 두 세상의 긴장 속에서 사셨다. 예수님은 완벽한 세상을 떠나 오해와 핍박이 기다리는 우리의 세상으로 들어오셨다. 예수님은 십자가 위에서 말 그대로 하늘과 땅 사이에 매달리셨다.

우리가 예수님처럼 십자가에 달려 죽을 일은 없겠지만 자신의 십자가를 지지 않고서는 성육신적인 사랑을 실천할 수 없다. 즉 어떤 식으로든 자아의 죽음을 경험해야 한다.

두 세상 사이에 걸려 있는 삶을 헬렌 프리진(Helen Prejean) 수녀의 실화만큼 잘 보여 주는 사례도 없다. 헬렌 수녀는 나중에 영화로도 만들어진 베스트셀러 *Dead Man Walking*(데드 맨 워킹)의 저자이다.

영화에서 그려진 것처럼 헬렌 수녀는 뉴올리언스의 빈민가 세인트
토머스(St. Thomas)에서 사역하던 중 루이지애나 주립교도소(Louisiana State
Penitentiary)의 한 사형수에게서 펜팔 요청을 받았다. 그는 끔찍한 범죄로
사형 판결을 받은 매튜 폰스렛(Matthew Poncelet)이었다.[26] 어느 금요일 밤 그
는 자신의 형제와 함께 스포츠 경기를 보고 나서 한적한 사탕수수밭에서
10대인 로레타(Loretta)와 데이비드(David)를 맞닥뜨렸다. 형제는 로레타를
강간하고 나서 마치 처형하듯 뒤에서 두 사람의 머리통에 총을 대고 쐈
다. 그러고 나서 시체를 밭에 버리고 갔다.

헬렌 수녀는 처음에는 폰스렛의 무죄 주장이 사실일지 모른다는 생각
을 했다. 폰스렛은 강간과 살인을 저지른 사람은 자신의 형제라고 주장하
며 헬렌 수녀에게 자신의 방면을 위해 힘써 달라고 부탁했다. 하지만 헬
렌 수녀가 실제로 그의 세상 속으로 들어가서 보니 그 안은 지저분하기
짝이 없었다. 폰스렛은 실로 추악한 인물이었다. 깜둥이란 말을 서슴지
않는 인종주의자에다 히틀러를 추앙하기까지 했다. 여성을 비하하는 말
을 하고, 툭하면 정부 청사 건물들을 폭파해 버리고 싶다고 했다. 헬렌 수
녀에게는 한 번도 성관계를 해 보지 않아서 불쌍하다는 말까지 했다. 불
쌍한 마음이 눈곱만큼도 들지 않는 인물이었다.

하지만 상관없이 헬렌 수녀는 자신의 신념대로 그를 괴물이 아닌 같
은 인간으로 대했다. 죄를 고백하고 그리스도를 영접하라고 끈덕지게 권
유했다. 자신이 저지른 일에 책임을 지라는 말도 했다. 하지만 변화는 느
렸다. 너무도 느렸다.

한편 헬렌 수녀는 슬퍼하는 희생자 가족들에게도 다가갔다. 형언할
수 없는 상실과 슬픔이 가득한 그들의 세상 속으로 들어갔다. 죽은 아이

들의 부모들은 길길이 날뛰며 폰스렛과 관련된 행동을 당장 그만두라고 소리를 쳤다. 유족들의 반응은 단호했다. "살인자와 친하면서 우리와도 친해지겠다고요?" 한 희생자의 아버지가 고함을 질렀다. 그는 헬렌 수녀에게 당장 자신의 집에서 나가라며 이렇게 말했다. "우리 가족을 조금이라도 생각한다면 그 몹쓸 놈이 죗값을 받게 놔 둬요."

신문사들은 폰스렛의 인종주의와 친나치 성향을 보도하면서 헬렌 수녀와의 관계를 언급했다. 동료들은 헬렌 수녀가 자신의 본분을 소홀히 하고 있다고 불평했다. "자기 반이나 신경을 써요."

남성 희생자의 아버지는 그런 일에 대한 믿음을 가질 수 있냐고 물었다. 이에 헬렌 수녀는 이렇게 대답했다. "믿음이 아니라 노력이에요."

헬렌 수녀는 포기하지 않았다. 폰스렛은 서서히 방어 자세를 풀기 시작했다. 마침내 처형을 불과 몇 분 앞둔 저녁 11시 38분, 수녀는 폰스렛에게 물었다. "두 사람의 죽음에 책임감을 느끼나요?"

폰스렛은 펑펑 울며 처음으로 죄를 인정했다. 그리고 몇 분 뒤 이렇게 말했다. "나 같은 사람을 사랑해 주어서 고맙습니다. 진짜 사랑을 받아보기는 처음이에요."

헬렌 수녀는 폰스렛과 함께 처형실로 걸어가던 순간을 이렇게 회상한다. "그때 그를 처음 만졌다. 고개를 숙여 그의 사슬이 반짝거리는 타일 바닥에 질질 끌리는 것을 보았다. 그는 머리를 다 밀고 깨끗한 흰색 티셔츠로 갈아입은 모습이었다. 나는 처형실에 들어가는 그의 쪽으로 몸을 기울여 등에 입을 맞추었다. '폰스렛, 나를 위해 기도해 줘요.'"

"네, 수녀님, 그럴게요."

헬렌 수녀는 독극물 주사를 맞기 위해 의자에 묶여 있는 그에게 자신의 얼굴을 좀 보라고 말했다. "이 세상에서 마지막으로 보는 것이 당신을 사랑하는 사람의 얼굴이었으면 해요." 폰스렛은 수녀의 얼굴을 보고 원망이 아닌 사랑 속에서 생을 마감했다.

헬렌 수녀의 이야기에서 두 세상 사이의 긴장 속에서 사는 것이 무슨 의미인지를 생생하게 볼 수 있다. 그것은 고통스러운 삶이다. 실로 강한 인격이 필요하다. 하지만 그 삶을 통해 우리는 세상을 사랑하사 하늘과 땅 사이의 십자가에 달리셨던 예수님의 고난에 동참하게 된다.

헬렌 수녀는 여러 세상 사이에 걸려 있다. 사형수 살인자의 세상, 슬퍼하는 유족들의 세상, 동료들의 세상, 자기 자신의 세상, 수녀는 사방에서 오해와 비판을 받으면서도 자신의 공동체나 희생자 유족들, 폰스렛을 섬기기를 멈추지 않았다. 예수님처럼 그녀는 폰스렛과 세상을 향한 사랑으로 충성을 다했다.

성육신을 사랑의 모델로 삼을 때마다 긴장과 고통을 경험할 수밖에 없다. 배우자나 친구, 상사, 자녀, 형제, 동료, 이웃, 인종이나 문화, 사회적 계급이 다른 사람과 갈등을 빚을 수 있다. 하지만 종으로서 우리는 주인보다 높지 않고, 학생으로서 선생보다 높지 않다(마 10:24). 우리도 남들을 살리기 위해 십자가에 달리신 예수님의 길을 따라가야 한다.

사랑으로 표현하는
성숙의 지표

예수님은 하나님에 대한 사랑이 자라는데 사람들에 대한 사랑은 자라지 않는 것을 인정하시지 않았다. 우리는 이것을 인정하지 말아야 한다. 예수님 당시 종교 지도자들은 성경을 잘 알고 온갖 영적 훈련을 열심히 하며 예배에 최선을 다했다. 하지만 주변 사람들에 대해서는 방어적이고 비판적이며 까다롭게 굴었다. 오늘날 교회 안에도 이런 사람이 넘쳐난다.

예수님이 하나님 사랑과 인간 사랑을 통합하신 것은 1세기에도 혁명적이었지만 지금도 여전히 혁명적이다. "우리는 하나님의 말씀에 귀를 기울일 뿐 아니라 우리의 생각이 다른 사람들의 말에도 귀를 기울인다."[27] 예수님이 하셨다고 해도 믿을 법한 말이다. 예수님의 우선순위는 분명했다. "너희가 서로 사랑하면 이로써 모든 사람이 너희가 내 제자인 줄 알리라"(요 13:35). 우리는 누구보다도 사람들을 사랑하는 사람이 되어야 한다.

서로 성숙한 관계를 맺는 혁신적인 문화 공동체를 이루는 것이야말로 우리가 세상에 줄 수 있는 가장 큰 선물 중 하나이다. 특히 우리와 생각이 다르거나 우리를 미치게 만드는 사람들을 사랑하는 것이 하나님을 사랑하는 것 못지않게 중요하다. 그런 의미에서 인간 사랑에 관한 제자훈련이 너무도 중요하다.

마르틴 부버의 '나-그것'과 '나-당신' 관계와 예수님의 성육신적인 사랑의 모델은 교회들과 지역 사회들 안에 전혀 새로운 문화를 창출하기 위한 강력한 틀이 되어 준다. 먼저 우리가 하나님의 사랑을 더 많이 누리고 나서 그 사랑을 세상에 마음껏 나누어 줄 수 있는 문화가 형성되어야 한다.

Chapter 8

과거의 힘을
깨뜨리라

결혼 초에 아내는 어린 시절의 내 가정 환경에 대해 자주 물었다. 그러면서 내 가족들의 주된 커뮤니케이션 방식이 소리와 고함을 지르는 것이라고 지적했다. 물론 그런 커뮤니케이션 방식이 내게는 지극히 자연스러웠다. 결혼한 지 3년쯤 되었을 때 아내가 이렇게 말했던 기억이 난다. "여보, 시어머님과 대화다운 대화를 해 본 적이 한 번도 없어요. 시어머니는 "얘야, 어서 와라"라는 다정한 말씀도 한 번도 하신 적이 없어요."

나는 우리 어머니가 18세의 어린 나이에 막내아들을 잃은 충격에서 아직 완전히 벗어나지 못했다는 말로 얼렁뚱땅 상황을 모면했다. 내 행동도 아내를 힘들게 하는 경우가 많았다. 나는 무조건 적을 향해 진격하는 강한 리더십 스타일과 심각한 우유부단함을 동시에 지니고 있었다. 사람들을 끌어 모아 과감하게 새로운 일을 벌이다가도 비판을 받으면 전혀 딴사람처럼 의기소침해져서 밤새 잠을 설쳤다.

나는 어떤 대가를 치르더라도 교회를 부흥시키려는 열정으로 불타올랐다. 그러다 보니 쉬는 날에도 세 살배기와 한 살배기를 품에 안은 아내를 외면한 채 집을 나섰다. 아내의 생각을 물을 겨를도 없었다.

아내가 포착한 나의 또 다른 모순점은 화가 나서 불평을 쏟아내는 드센 여성들 앞에서 내가 보이는 반응이었다. 나는 마치 겁먹은 꼬마처럼 꿀 먹은 벙어리로 변해, 나와 교회, 우리 가족에게 해로운 요구들을 거절하지 못하고 받아들였다. 아내가 이런 문제에 대한 근본 원인을 찾아보고자 내 가족에 대해 묻기만 하면 나는 재빨리 방어막을 가동했다. "이제 내 안에는 가문의 피가 아니라 보혈이 흘러. 나는 그리스도 안에서 새로운 피조물이야."

그러면 아내는 늘 똑같은 말로 답했다. "전혀 아니네요. 같이 사는 내가 잘 알죠."

발목을 붙잡고 있는
과거의 굴레

그리스도는 많은 면에서 내 삶을 변화시켜 주셨다. 바울이 로마서와 갈라디아서에서 설명하듯 내가 예수님을 영접한 순간, 하나님은 내 사면을 선포함으로 죄의 형벌에서 해방시켜 주셨다. 은혜로 나는 하나님 가족의 온전한 일원이 되었다.

물론 내 어린 시절은 굴곡이 많았다. 그렇지 않은 사람도 있을까? 이래 뵈도 나는 내 모든 문제에 대해 부모님 탓을 하는 사람은 아니었다. 내 태도는 이러했다. "이제 나는 하나님의 가족이야. 나는 오로지 예수님을 향한 헌신과 사랑으로 살고 있어. 우리 부모님과는 많이 다르지. 원망도 품지 않고 집안일도 꽤 거들어 주지. 기저귀도 갈고 말이야. 그리고 예수님을 전하는 일에 온 힘을 쏟고 있어."

여기서 더 꼽을 것도 없었지만 그것만으로도 내가 꽤 변했다고 자신했다. 안타깝게도 부모에게서 물려받은 부정적인 유산도 여전히 내 일상의 많은 부분을 지배하고 있다는 점을 전혀 깨닫지 못하고 있었다. 특히, 내 리더십이 어린 시절 가정 환경의 영향을 많이 받고 있었다. 그런데도 나는 내 과거가 현재에 어떤 영향을 미치고 있는지 돌아볼 생각조차 하지 못했다.

양가 부모의 결혼생활에 비추어 우리의 결혼생활을 점검하는 아주 간단한 활동을 처음 했던 때가 지금도 생생히 기억난다. 각자 자신의 부모가 어떤 사람인지를 기술했다. 아울러 양가 부모의 결혼생활에 관한 다음과 같은 일반적인 특성도 열거해 보았다. 양가 부모가 어떻게 갈등을 풀고 화를 표현하고 성 역할을 이해하고 서로 연결되었는가?

활동을 마치고 나서 아내와 나는 의자에 몸을 푹 기댄 채 서로 충격의 눈빛을 교환했다. 우리가 부모에 비해 많이 나아졌다고 자신했는데 알고 보니 여전히 부모의 부정적인 패턴들이 우리의 결혼생활에서도 많이 나타나고 있었다. 그리스도가 우리의 삶 속에 계시긴 했지만 우리 부부의 관계는 아직 변화되지 않은 상태였다. 적어도 실질적인 변화는 아직 나타나지 않았다.

우리는 슬픔과 당혹감에 휩싸였다. 이 문제가 우리 가정을 넘어 다른 영역들까지 방해하고 있다는 사실을 인정할 수밖에 없었다. 우리가 이끄는 사람들이 영적으로, 정서적으로 미성숙한 수준에서 벗어나지 못하는 원인이 무엇인지 알게 된 것이다. 왜 성경 공부, 기도와 금식, 소그룹 활동이 큰 효과가 없는지를 알게 되었다.

내가 과거를 돌아보지 않고 그것이 내 리더십에 미치는 악영향과 씨름하기를 거부한 탓에 우리 교회의 발전이 크게 저해되었다. 내가 넓기만 하고 깊지 않은 탓에 우리 교회도 넓기만 하고 깊지 않은 상태에서 벗어나지 못했다. 교인들 중에 자기 삶의 표면 아래를 들추어보는 사람이 거의 없었다. 자신의 과거가 현재에 어떤 영향을 미치고 있는지 돌아보는 교인은 더욱 적었다. 지금 와서 생각하면 어떻게 미성숙한 가정을 가진 미성숙한 리더(나)가 성숙한 교회를 일굴 수 있다고 스스로를 속일 수 있었는지 황당하기 짝이 없다.

하나님은 주권적인 뜻에 따라 우리 부부를 역사 속의 특정한 순간에 특정한 장소의 특정한 가정에서 탄생시키셨다. 덕분에 우리 부부는 많은 기회와 선물을 누릴 수 있었다. 하지만 동시에 우리는 부모에게서 비성경적인 관계법과 삶의 방식을 많이 물려받았다. 실제로 성경과 삶은 우리의 현재 모습과 과거가 뗄 수 없는 관계로 복잡하게 얽혀 있다는 점을 가르쳐 준다.

이런 이유로 교회의 가장 큰 비극 중 하나는 많은 교인이 과거에 묶여 있는 것이다. 자신의 과거가 현재에 영향을 미치는 줄도 모르고 자신의 피를 타고 흐르는 가족사를 무시하거나 축소한다. 그로 인해 영적으로나 정서적으로 정체된 크리스천의 삶에 머물러 있다.

사람들이 하나님이 주신 참되고도 독특한 자아를 이루도록 도우려면 그들의 발목을 잡고 있는 과거의 힘을 깨뜨리게 해 주어야 한다. 수많은 외부 요인이 영향을 미칠 수 있지만 어릴 적 가정의 영향은 주된 영향이다. 아주 드문 경우를 제외하고는 어릴 적 가정에서의 삶은 우리의 현재를 빚어 내는 가장 강력한 요인이다.

오랜 세월 우리 부부는 우리가 이끄는 사람들은 고사하고 자신의 삶 깊은 곳에 숨겨진 망가짐과 상처를 다루는 법을 몰랐다. 이 역학이 교회 안에서 구체적으로 어떻게 나타나는지 가늠해 볼 수 있도록 절친한 사람의 교회에 사역자로 합류한 한 찬양 인도자에 관한 이야기를 소개한다.

자신의 가족사를 고백한
찬양 인도자

　　35세의 토드(Todd)는 고교 시절 영 라이프(Young Life) 사역을 통해 그리스도를 영접했다. 대학에서 음악을 공부한 뒤에 새 도시로 이사를 해서 결혼하고 근처 고등학교의 음악 교사로 임용되었다. 토드와 아내 줄리(Julie)는 60여 명이 모이는 개척 교회에 등록하고 곧바로 왕성한 활동을 시작했다. 부부는 젊은 부부를 위한 소그룹에 참여하고 토드는 찬양 팀에서 봉사했다. 그의 음악과 리더십 재능은 처음부터 돋보였다. 6개월 만에 그는 한 달에 2-3번 찬양을 인도했다.

　　매주 새로운 사람들이 찾아오면서 교회는 활기를 띄었다. 목사는 그런 놀라운 인재를 보내 주신 하나님께 깊이 감사했다. 하지만 2년째가 되자 토드의 행동에서 이상 현상이 감지되기 시작했다. 시작은 한밤중에 줄리가 목사에게 전화를 걸어 부부 사이의 문제를 말하며 펑펑 운 사건이었다. 토드가 좀처럼 집에 있지 않고, 집에 있을 때도 마음은 다른 곳에 가 있다는 것이었다. 그리고 얼마 후 찬양 팀의 한 젊은 여성이 토드가 수차례 실없는 문자 메시지를 보낸다는 사실을 한 집사의 아내에게 털어놓았다. 그 여성은 기분이 나빴지만 어떻게 대처해야 할지 몰라 혼자서만 끙끙 앓고 있었다. 비슷한 시기, 토드는 정치 문제를 놓고 SNS로 한 장로와 난타전을 벌였다. 목사에게 2번 불려간 뒤 토드는 갑자기 SNS로 교인들에게 작별 인사를 고했다. 하지만 말이 작별 인사이지, 가만히 읽어 보면 교회 리더들이 성령의 음성에 민감하지 않다고 은근히 비꼬는 내용이었다. "어찌된 일인가? 토드 부부는 우리 교회를 위해 큰일을 해 온 놀라운 일꾼들이었건만." 교인들은 혼란에 빠졌다.

팀원에게 이런 일이 벌어지면 대개 우리는 몇 가지 반응 중 하나를 보인다. 자신의 지혜와 분별력 부족을 탓하는 경우가 있다. 그럴 경우, 사역자를 함부로 세우지 않고 일단 세운 사역자에게 더 큰 책임을 지우는 새 정책을 마련한다. 혹은 이런 일을, 사역에 따르는 어쩔 수 없는 대가로 여긴다. 예수님도 이런 일을 겪으셨으니까 말이다. 이런 일은 다른 교회에서도 흔히 일어난다. 어떤 경우든 대가를 치르고 나서 빨리 털어버리고 새롭게 전진하기 위해 최선을 다한다.

두 반응 모두 합당한 면이 있지만, 둘 다 핵심 문제를 다루지는 못하고 있다. 핵심 문제는 사람의 과거가 현재 그리스도를 따르는 능력에 미치는 영향을 고려하지 않는 피상적인 제자훈련이다.

앞으로 나아가기 위한
되돌리기

성경은 과거의 힘을 깨뜨리는 제자훈련에 관한 3단계 틀을 제시한다.

1. 3-4대를 거슬러 올라가는 가문의 복과 죄가 현재 내 모습에 깊은 영향을 미치고 있다는 사실을 인정한다.
2. 내가 예수님의 새가족으로 다시 태어났다는 사실을 깨닫는다.
3. 내 가문과 문화의 악한 패턴을 버리고 예수님의 새가족으로 사는 법을 배운다.

자신과 가문의 과거를 망라하는 이 광범위한 접근법을 통해 과거의 힘에서 해방되어 미래를 위한 하나님의 위대한 계획을 붙잡을 수 있다.

가문의 복과 죄가 현재 내 모습에 준 영향

성경 기자들은 '가족'이란 단어를 우리와 다르게 이해한다. 구약과 신약 모두 '가족'을 한 부부와 자녀가 아니라 3-4대에 걸린 가문 전체의 차원에서 본다. 이 관점을 오늘날에 적용하면 가족은 1800년대 말까지 거슬러 올라가는 가족사 안의 모든 사람을 포함한다. 또한 성경은 한 세대가 취한 행동과 결정의 결과가 다음 세대에게까지 영향을 미친다고 가르친다. 다음 구절을 보라.

> 나 네 하나님 여호와는 질투하는 하나님인즉 나를 미워하는 자의 죄를 갚되 아버지로부터 아들에게로 삼사 대까지 이르게 하거니와 나를 사랑하고 내 계명을 지키는 자에게는 천 대까지 은혜를 베푸느니라(출 20:5-6).

한 구약 학자에게서 이 구절의 히브리어 '죄를 갚다'(벌하다)에 대한 가장 적절한 번역은 '되풀이되는 경향이 있다'라는 말을 들은 기억이 난다. 다시 말해, 한 세대에서 일어난 일은 다음 세대에도 되풀이되는 경향이 있다. 그러니까 윗대의 알코올 중독, 마약 중독, 우울증, 자살, 부부 싸움, 혼전 임신, 권위에 대한 불신, 풀리지 않는 갈등 등은 아랫대에서도 그대로 나타나기 쉽다.

과학자들과 사회학자들은 이것이 '자연'(우리 DNA)의 결과냐 '양육'(우리 환경)의 결과냐를 놓고 수십 년간 논쟁을 벌여 왔다. 이에 관해서 성경은 분명하게 답해 주지 않는다. 단지 이것이 '하나님의 우주의 신비로운 법칙'이라고만 말할 뿐이다.

각 사람이 홀로 행동하는 개인인 것처럼 보이지만 성경에 따르면 3-4대를 거슬러 올라가는 더 큰 가족의 일부이기도 하다. 그리고 이 가문의 과거에서 온 패턴은 현재 우리의 관계와 행동에서도 거의 필연적으로 나타난다. 성경에서 가장 유명한 두 가문인 아브라함과 다윗의 가문을 예로 생각해 보자.

아브라함과 이삭과 야곱

창세기에 기록된 이 이야기는 죄와 복이 어떻게 세대에서 세대로 전해지는지를 잘 보여 준다. 아브라함이 순종의 삶으로 받은 복은 세대를 타고 내려가 그의 자식(이삭), 손자(야곱), 증손자(요셉과 형들)들에게로 전해졌다. 동시에 우리는 죄와 망가짐의 패턴도 세대를 타고 흘러간 것을 확인할 수 있다.

예를 들어, 다음과 같은 패턴이 분명하게 눈에 들어온다.

거짓말의 패턴
- 아브라함은 사라에 관해서 두 번이나 거짓말을 했다.
- 이삭과 리브가의 결혼 과정은 거짓으로 얼룩져 있었다.
- 야곱은 거의 모든 사람에게 거짓말을 했다. 오죽하면 그의 이름 자체가 '속이는 자'를 의미한다.
- 야곱의 열 아들은 요셉의 죽음에 관한 거짓말을 했다. 그들은 요셉이 죽은 것처럼 조작하고 '가문의 비밀'을 10년 넘게 함구했다.

최소한 부모 중 한 쪽의 편애

- 아브라함은 이스마엘을 편애했다.
- 이삭은 에서를 편애했다.
- 야곱은 요셉, 그리고 나중에는 베냐민을 편애했다.

형제 사이가 갈라지다

- 이삭과 이스마엘은 서로 갈라섰다.
- 야곱은 형 에서의 보복을 피해 도망친 뒤로 오랜 세월 동안 형제는 완전히 남남처럼 살았다.
- 요셉은 10년 넘게 10명의 형들과 연을 끊고 살았다.

부부 사이의 친밀함 부족

- 아브라함은 하갈에게서 서자를 낳았다.
- 이삭과 리브가의 관계는 별로 좋지 않았다.
- 야곱은 두 아내와 두 첩을 두었다.

다윗, 솔로몬, 르호보암

다윗은 하나님의 "마음에 맞는 사람"이란 칭호를 얻었다(행 13:22). 그런 만큼 아들 솔로몬에게 많은 복이 전해졌고, 그 복은 세대에서 세대로 계속 흘러갔다. 하지만 그는 수세대를 이어지는 죄와 망가짐의 패턴도 아들에게 물려주었다.

영적 도덕적 타협

- 다윗은 간음을 저지르고 우리아를 살해한 일을 은폐했다.
- 솔로몬은 이스라엘의 하나님에 대한 예배를 우상 숭배와 혼합했다.
- 솔로몬의 아들 르호보암은 지혜로운 조언을 거부하고 주변 국가들의 우상을 숭배했다.

성적인 죄

- 다윗은 많은 부인을 거느리고 밧세바와 간음을 저질렀다.
- 솔로몬은 700명의 아내와 300명의 첩을 두었다.
- 르호보암은 18명의 아내와 60명의 첩을 취했다.

풀리지 않은 갈등

- 다윗은 7명의 형들과 갈등을 빚었다.
- 솔로몬의 이복형제 압살롬은 형제를 죽이고 심지어 아버지 다윗까지 죽이려고 했다.
- 르호보암은 형제와 반목했고 이스라엘을 둘로 나뉘게 만들었다.

하나님은 우리 안을 깊이 들여다볼 필요성을 가르치기 위해 이런 이야기가 기록되게 하셨다(고전 10:6). 이런 이야기가 다른 사람을 이끌고 제자로 훈련시키는 이들에게 의미하는 바는 분명하다. 그것은 자라온 환경과 가문의 역사를 이해하지 않고서는 과거에서 해방될 수 없다는 말이다. 우리의 현재에 미치는 과거의 힘을 이해하기 전까지는 교회 안팎의 관계들에서 이런 패턴이 되풀이될 수밖에 없다.

예수님의 새가족으로 다시 태어났다는 사실

부모가 우리의 미래를 결정하지 않는다. 그 결정은 하나님이 하신다! 우리는 용서를 받았을 뿐 아니라 수세대 동안 우리 가문에서 내려온 죄의 힘에서 해방되었다.[1] 성령 안에서 하나님의 생명 자체가 우리 안에 거하

신다. 우리는 새 마음, 새 본성, 새 영을 받았다(겔 36:25-27).[2]

그리스도를 믿는 순간, 성령을 통해 영적으로 예수님의 가족으로 다시 태어난다. 어둠에서 빛의 왕국으로 옮겨진다. 우리의 새 정체성을 결정하는 것은 생물학적 가족의 피가 아니라 예수님의 보혈이다. 이전과 완전히 다른 새 삶이 시작된다.

크리스천이 되는 것과 관련해서 신약에서 가장 중요한 언어는 하나님 가족으로의 입양이다(롬 8:14-17). 사도 바울은 로마 시대에 흔한 관행이었던 입양의 비유를 사용하여 이 심오한 진리를 전달했다. 그렇다. 이제 우리는 새 아버지이신 하나님과의 새롭고도 영원한 관계 속에 있다. 우리의 빚(죄)은 탕감되었다. 우리는 새로운 이름(크리스천), 새로운 유산(자유, 소망, 영광, 하늘의 자원들), (전 세계 곳곳의) 새로운 형제자매를 받았다.

예수님 당시 부모 공경은 극도로 중요한 가치였다. 그런데도 예수님은 생물학적인 가족을 떠나 그분을 따르라고 반복해서 명령하셨다. "아버지나 어머니를 나보다 더 사랑하는 자는 내게 합당하지 아니하고"(마 10:37) 그리고 예수님은 그분의 새가족을 그분의 말씀을 듣고 행하는 자들로 정의하셨다(눅 8:19-21).

신자들에게는 이제 교회가 '첫 번째 가족'이다.[3] 신약에서 교회에 대해 몸, 집, 신부를 비롯한 96가지 비유를 사용하지만 가족이 가장 널리 사용되는 비유이다.[4] 학자들인 레이 앤더슨(Ray Anderson)과 데니스 건지(Dennis Guernsey)는 이 점을 정확히 짚었다.

교회는 하나님의 새가족이다. … 영적 거듭남을 통해 우리는 하나님의 가족으로 입양되어 예수 그리스도의 형제자매가 된다. … 예수 그리스도 안에서 남편과 아내는 서로에게 남편과 아내이기 전에 먼저 형제요 자매이다. 아들과 딸도 아버지와 어머니에게 아들과 딸이기 이전에 형제자매이다.[5]

신약은 제자로서의 성숙이 건강한 교회라는 배경 안에서 이루어진다고 가르친다. 교회와 교구가 그리스도의 도로 다시 양육을 받는 공동체가 되는 것이 하나님의 뜻이다. 재양육이 서서히, 하지만 확실하게 이루어져야 한다.

예수님의 새가족으로 사는 법

과거가 어떻게 나를 형성했는지 돌아보지 않고서는 파괴적인 패턴을 끊을 수 없다. 그리스도 안에서 변화되어야 후대에 좋은 유산을 전해 주고 우리의 삶을 세상에 선물로 내어 줄 수 있다. 그렇다면 왜 대부분의 교회 안에서 이런 일이 벌어지지 않고 있는가? 왜 대부분의 교인들이 기도하고 성경도 읽고 예배도 드리는데 교회에 다니지 않는 세상 사람들과 크게 다르지 않은가?

답은 간단하다. 우리가 과거의 힘을 깨뜨리고 성경적 제자훈련 틀의 세 번째 부분을 실천하라는 예수님의 명령을 진지하게 받아들이지 않았기 때문이다. 즉 우리는 가문과 문화의 악한 패턴을 벗어버리고 예수님의 새가족 안에서 하나님의 뜻대로 사는 법을 다시 배우고 있지 않다.

예수님이 우리의 마음속에 계실지 모르지만 우리의 뼛속에는 여전히 할아버지가 계신다. 다시 말해, 가계도에서 우리 윗대에 있는 '할아버지들'이 돌아가신 지 수세대가 지난 지금까지도 우리에게 어두운 그림자를 드리우고 있다. 따라서 모든 제자는 자기 가문과 문화의 망가짐과 죄를 깊이 돌아봐야 한다. 하지만 이는 보통 힘든 작업이 아니다.

위대한 미래를 쟁취하기 위한
5단계

먼저 우리 교회 안에서, 그러고 나서 다른 많은 교회에서 이 틀을 실행해 본 결과, 우리는 개인적으로나 공동체로서나 과거의 힘을 깨뜨리고 위대한 미래를 쟁취하기 위한 5단계 접근법을 개발했다.

가계도를 그리게 하라

우리 부부는 가족 체계 이론에서 도출해 낸 제자훈련 도구를 거의 20년 가까이 활용해 왔다. 그 도구는 바로 가계도이다. 가족이 우리를 어떻게 형성했는지를 파악하는 까다로운 작업에 가계도만큼 효과적인 도구를 보지 못했다.

가계도는 3-4대에 걸친 가족사와 가족들의 역학이 우리에게 어떤 영향을 미쳤는지 시각적으로 보여 주는 도구이다. 우리가 그리스도와 타인과의 관계 속으로 가져온 과거의 좋지 않은 패턴들을 찾아내는 데 큰 도움이 된다. (보기 드문 예외를 제외하면) 가족은 지금의 우리를 형성하는 데 가장 결정적인 영향을 미친 집단이기 때문에 가족을 탐구하고 이해하는 것이야말로 그리스도 안에서 변화되기 위한 열쇠이다.

가계도를 그려보면 마치 우주에 나간 우주비행사가 처음으로 지구 전체를 보게 되는 것처럼 눈앞의 상황에서 한걸음 뒤로 물러나 삶 전체를 조명할 수 있게 된다.[6] 우주비행사가 우주에서 보면 지구는 '허공에 달려' 종잇장처럼 얇은 대기에 둘러싸인 작고 약한 공처럼 보일 수 있다. 그때 우주비행사가 경험하는 변화가 워낙 커서 '조망 효과'(Overview Effect)라는 신조어가 탄생했을 정도다.[7]

〈그림14〉 우주에서 본 지구의 모습

　　우리가 가계도를 도구로 가문의 3-4대 과거를 돌아볼 때 비슷한 변화가 나타날 수 있다. 우리의 삶을 완전히 새롭게, 그리고 전체적으로 보면서 조망 효과를 경험하게 된다.

　　다음 질문들은 우리 삶의 표면 아래를 뒤져 과거가 현재에 어떤 영향을 미치고 있는지 확인하기 위한 질문들이다.[8] 마치 8-12세 사이의 어린 시절로 돌아간 것처럼 어린아이의 눈으로 가계도를 작성하게 한다. 그 과정에서 다음과 같은 질문을 던진다.

・ 가족들(부모나 보호자, 조부모, 형제 등)을 2-3개의 형용사로 표현하라면

어떻게 표현하겠는가?

- 부모(혹은 보호자)와 조부모의 결혼생활은 어떠했는가?
- 지난 2-3세대를 돌아보면 당신 가문의 사람들은 갈등을 어떻게 다루었는가? 분노는? 성 역할은?
- 당신의 가문에 어떤 문제들이 있었는가? (예를 들어, 중독, 불륜, 상실, 학대, 이혼, 우울증, 정신병, 낙태, 혼외자녀 등)
- 가족들이 감정에 관한 이야기를 편하게 했는가?
- 성에 관한 대화를 편하게 했는가? 그런 대화 속에 어떤 암묵적인 메시지가 오갔는가?
- 모두가 쉬쉬하는(혼전임신, 근친상간, 금전적인 추문 같은) 가문의 '비밀'이 있는가?
- 당신의 가문에서는 예로부터 무엇을 '성공'으로 보았는가?
- 돈을 어떻게 다루었는가? 영성은? 친척들과의 관계는?
- 당신의 가문이 속한 인종과 문화가 당신 삶의 형성 과정에 어떤 영향을 미쳤는가?
- 당신의 가문에 영웅이 있는가? 희생양은? '패자'는? 가족들이 그들을 그렇게 보는 이유는 무엇이었는가?
- 당신의 가문에서 어떤 중독이 나타났는가?
- 당신의 가문에 어떤 충격적인 상실이 있었는가? 예를 들어, 급사나 오랜 질병, 사산이나 유산, 파산, 이혼 같은 일이 있었는가?
- 그런 가슴 아픈 일에서 어떤 추가적인 상실이나 나타났는가? 예를 들어, 물질적으로나 정서적으로 기댈 어머니나 아버지를 잃거나 더 이상 사람들을 못 믿게 된 일 등이 있었는가?

우리는 (갈등, 의절, 소원하거나 안 좋은 관계, 집착, 학대 같은) 관계적 역학을 표현한 일련의 심벌들을 사용하여 가계도 속의 사람들을 묘사하게 한다. 그런 다음에는 다음과 같은 질문을 사용하여 자신이 쓴 내용을 돌아보게 한다. "우리 가문에 어떤 문제들(중독, 불륜, 정신병, 혼외자식, 실직, 가문의 비밀 등)이 있었는가?" "가족사 안에 수세대 이후까지 파장을 미친 '지각변동의 사건'이 있었는가?"[9]

가계도를 완성한 뒤에는 기도하면서 다음 질문에 관해 생각하게 한다.

- 현재의 내게 가장 큰 영향을 미친 가문의 사건 1-2가지는 무엇인가?
- 제자훈련이란 고된 과정을 통해 바꾸도록 하나님이 오늘 밝혀 주신 가문의 문제점은 무엇인가? 하나만 말해 보라.

목사와 리더들에게는 한 가지 질문을 추가한다. "내 가문의 과거를 돌아볼 때 교회 내에서 현재 내 리더십에 영향을 미치는 것은 무엇인가?"

제자훈련이라는 고된 작업이 필요하다

예수님은 제자의 길이 편한 길인 것처럼 포장하지 않고 있는 그대로 솔직히 말씀하셨다. "아무든지 나를 따라오려거든 자기를 부인하고 날마다 제 십자가를 지고 나를 따를 것이니라"(눅 9:23). 이는 죽으라는 초대의 말씀이다. 한 번만 죽는 것이 아니라 자아의 죽음을 아예 삶의 방식 자체로 삼으라는 명령이다.

하지만 이 초대에 따라 과거의 그릇된 패턴들을 구체적으로 찾아 깨기 시작하면 매우 실질적인 고통이 찾아온다. 그래서 제자훈련의 고된 작업에 저항감이 발생한다. 너무 큰 대가가 따르는 것처럼 보이고 힘들게 느껴진다.

솔직히 인정하자. 우리 모두는 성금요일 없는 부활절을 원한다. 우리는 어둠이 없는 빛, 절망을 거치는 않는 소망, 고난 없이 거저 얻는 행복을 원한다. 하지만 과거의 힘을 깨뜨리려면 십자가에 달려야만 한다. 그래서 우리의 모든 것이 저항하며 아우성을 친다.

여기서 키워드는 '구체적'이다. 우리의 뼛속 깊이 박힌 건강하지 못한 패턴들을 구체적으로 찾아야 한다. 예를 들어, 나는 성인이 된 뒤로 슬픔과 두려움 같은 약한 감정을 좀처럼 표현하지 않았다. 어릴 적 우리 집안에서 이런 감정은 용납되지 않았다. 특히, 남자들은 절대 눈물을 흘리거나 겁쟁이처럼 굴어서는 안 되었다. 그래서 스스로 슬픔을 느끼고 아내에게 고백하는 것이 꽤 두려운 믿음의 도약이었다. 적어도 처음에는 엄두가 나질 않았다. 왜일까? 그것이 어릴 적부터 습득해 온 가문의 가치 및 문화의 성 역할과 상충했기 때문이다.

현대 교인들이 부지불식간에 따르고 있는 비성경적인 가문의 계명들에는 다음과 같은 것들이 있다〈그림15〉.

이것들은 예수님의 새가족으로서 하나님이 원하시는 삶의 방식이 아니다. 따라서 우리는 다시 배워야 할 것이 너무도 많다고 말할 수 있다. 우리는 400년 동안이나 애굽의 노예로 살았던 이스라엘 백성과도 같다. 자신과 하나님, 타인을 보는 시각은 철저히 노예 근성에 물들어 있었다. 마찬가지로, 우리도 하나님의 자녀라는 새로운 신분이 아닌 다른 요인들의 영향을 많이 받았다. 물론 하나님이 은혜로 우리를 구원해 주셨다. 우리

〈그림15〉 비성경적인 가문의 계명들의 사례

1. 돈
- 돈은 삶을 안전하게 지켜 주는 최고의 원천이다.
- 돈이 많을수록 중요한 사람으로 대접받는다.
- 성공하려면 돈을 많이 벌라.

2. 갈등
- 무슨 수를 써서라도 갈등을 피하라.
- 다른 사람에게 밑보이지 마라.
- 지저분한 술수로 싸워도 괜찮다.

3. 성
- 성에 관해서는 대놓고 말하지 마라.
- 남성은 성적으로 문란해도 괜찮고 여성은 정숙해야 한다.
- 성은 더러운 것이다.

4. 슬픔과 상실
- 슬픔은 약함의 증거이다.
- 의기소침해져서는 절대 안 된다.
- 상실을 바로 털어버리고 아무렇지도 않게 살아가라.

5. 분노의 표출
- 분노는 위험하고 나쁜 것이다.
- 주장을 확실히 전달하기 위해 화를 내는 것은 괜찮다.
- 빈정거림으로 화를 표출해도 괜찮다.

6. 가족
- 우리는 부모가 해 준 모든 것에 빚을 졌다.
- 타인 앞에서 가족의 '치부'를 말하지 마라.
- 자신이 속한 가족과 집단에 대한 의무가 모든 것에 우선한다.

7. 관계
- 사람들을 믿지 마라. 섣불리 믿었다간 상처를 받을 것이다.
- 누구에게도 당하지 마라.
- 약한 모습을 보이지 마라.

8. 타문화에 대한 태도
- 자신과 비슷한 사람과만 친구가 되라.
- 다른 인종과 결혼하지 마라.
- 우리보다 못한 열등한 문화들이 있다.

9. 성공
- 성공은 좋은 학교에 들어가는 것이다.
- 성공은 돈을 많이 버는 것이다.
- 성공은 결혼해서 자녀를 낳는 것이다.

10. 감정과 정서
- 특정한 감정들은 품어서는 안 된다.
- 감정은 그렇게 중요한 것이 아니다.
- 깊이 생각하지 않고 감정적으로 반응해도 괜찮다.

는 엄연히 구원을 받은 존재들이다. 하지만 착각하면 안된다. 비성경적인 삶의 방식을 걷어 내려면 제자훈련이라는 고된 작업이 필요하다.

　가족사를 돌아보면 성령의 변화시키는 역사에 맡겨야 할 삶의 영역들이 눈에 들어온다. 가족사를 돌아보고서 문제점을 찾은 사람들의 몇 가지 실례를 살펴보자.

- 샬롯(Charlotte)은 어린 나이에 이민을 왔고 그로 인해 영향을 받았다. 미국으로 건너온 부모는 식당 주방에서 밤늦게까지 일했다. 쉬는 날이 손에 꼽았다. 부모는 전국의 식당을 전전했다. 샬롯은 어린 나이에 혼자 식사를 준비해서 먹고 하루의 대부분을 홀로 지냈다. 이제 그녀의 제자훈련은 가족, 친구, 동료들과 건강하고도 친밀한 관계를 쌓는 것에 초점을 맞추고 있다.
- 피어(Pierre)는 어릴 적에 난독증을 '정신병'으로 보는 사회적 시선으로 인해 상처를 받았다. 덕분에 하나님과 타인을 신뢰하지 못하게 되었다. 이제 그의 제자훈련은 모험심을 기르는 데 초점을 두고 있다. 그는 전문대학에 입학하고, 교회에서 소그룹을 이끌기 시작했다. 아울러 교회 장로인 제임스(James)에게 멘토링을 부탁했다.
- 테드(Ted)는 12년간 뉴잉글랜드의 기숙학교에서 지냈다. 자연스럽게 가족 내에서 아웃사이더가 된 기분을 느낀다. 결혼해서 3명의 자녀를 두었는데도 가족들과의 친밀함을 쌓는 데 어려움이 있다. 그래서 그의 제자훈련은 매일 자신의 감정을 제대로 느끼고 글로 적어 보는 것에 초점을 맞추고 있다. 아내와의 관계를 가꾸기 위해 2주에 한 번씩 함께 한 기독교 상담자를 찾아가는 일도 빼먹지 않고 있다.

이 세 사람은 사는 곳도 안고 있는 문제점도 다르지만, 과거를 돌아봄으로써 특별한 훈련이 필요한 영역들을 정확히 찾아냈다. 덕분에 이제 그들은 더 온전한 예수님의 제자로 자라가기 위한 선택들을 해나가고 있다.

내 리더십과 제자훈련에도 어릴 적부터 습득한 그릇된 문제들이 있었다. 그중 다음 2가지가 가장 심각했다. 하나님은 가계도 활동을 통해 이 문제들에서 나를 해방시키고 우리 교회를 정체의 늪에서 꺼내 주셨다.

먼저 내 자존감이 높아지면서 리더십이 더 강해지기 시작했다. 여기서 자존감은 남들의 인정에 목매지 않고 자신의 참 자아대로 살아가는 것을 의미한다. 어린 시절 우리 집에서는 획일적인 생각을 요구하는 압력이 매우 강했다. 그렇게 자존감이 낮다보니 개인들이 주변의 눈치를 보지 않고 마음껏 자신의 의견이나 가치관, 목표를 주장하기가 매우 힘들었다.

이렇게 낮은 자존감은 내 리더십에도 고스란히 반영되었다. 나의 태도는 전혀 담임목사답지 못했다. 예를 들어, 새로운 비전을 선포하거나 힘든 결정을 내렸다가도 누군가 이의를 제기하면 곧바로 꽁무니를 뺐다. 당시 나는 사람들의 인정 없이는 못 사는 사람이었다. 남들이 인정해 주지 않으면 내 판단을 믿지 못했다. 또한 하나님이 빚어 주신 독특한 모습 그대로 사람들을 이끌어도 괜찮다는 생각을 하지 못했다.

이 문제점의 해답은 소신대로 강하게 밀어붙일 때는 밀어붙이면서도 타인과 친밀하게 연결된 상태를 유지하는 법을 배우는 것이었다. 하지만 그러기 전에 먼저 내 과거에서 비롯한 몇 가지 문제점을 다루어야 했다.

외갓집은 1923년부터 뉴욕 시에서 이탈리안 제빵 기업을 운영해 왔다. 그런데 가족도 기업도 늘 뭔가 혼란스럽고 복잡했다. 역할과 경계가 불분명하고 기대사항을 정확히 전달하지 않은 탓이었다. 게다가 서로에게 짜증을 폭발하는 것이 일상이었다. 한마디로, 우리 기업은 잘 운영되는 일터가 아니었다. 자연스럽게 나도 운영에는 소질이 없다고 지레짐작했다.

그런데 그 문제가 결국 내 발목을 잡았다. 나는 유급 사역자와 무급 사역자를 관리하기 위한 행정 기술을 배우지 않으려고 했다. 내게는 행정 관리에 대한 소질이 전혀 없다고 판단했기 때문이다. 그래서 늘 이런 종류의 리더십을 피하거나 다른 사람에게 위임하기만 했다. 내 가족의 패턴들을 파악하기 전까지는 이 그릇된 역학을 깨뜨리고 필요한 행정 기술을 배울 수 없었다.

한 지혜로운 교인은 내게 일어난 변화를 이렇게 묘사했다. "목사님, 사사기에 '사람마다 자기 소견에 옳은 대로 행하였더라'(17:6; 21:15)라는 구절이 있잖아요. 전에는 우리 교인들이 이 사람들 같았습니다. 하지만 목사님이 제대로 리더십을 발휘하면서 마침내 평화가 찾아왔습니다." 그의 말이 옳았다. 내 안의 혼돈과 불안은 내 바깥세상의 혼돈과 불안으로 이어졌다. 하지만 이제 내면에 평안과 쉼이 가득해지니 가족과 교회라는 외적 세상에도 평안과 쉼이 흘러넘치게 되었다.

또 다른 변화는 삶의 속도를 늦춰 나와 가정을 돌보는 일을 우선시했다. 여느 리더들처럼 나는 사역으로 나를 정의하고 세상 속에서 내 자리를 평가했다. "생산하고 성과를 내라!" 이것이 어릴 적부터 내 귀에 들려온 분명한 메시지였다. 목사가 된 뒤로 나의 자존감은 교회가 얼마나 빨리 부흥하느냐와 밀접하게 연결되었다. 너무 바빠서 얼굴도 보기 힘들다고 아내가 아무리 하소연해도 듣지 않았다. 우리 가문에 배우자에게 다정하게 구는 남자는 거의 없었기 때문이다. 이로 인해 대부분의 가정이 불행했다. 나는 아내의 불행을 적신호로 보지 못하고 당연한 것이라 생각했다.

마침내 내 삶의 속도를 늦추고 나와 가정을 돌보는 일을 우선시하자 그 효과는 실로 놀라웠다. 처음으로 스스로에게 이렇게 물었다. "내가 맡은 리더의 책임을 계속해서 감당하기 위해서 하나님과 보내는 시간을 얼마나 투자해야 할까?" 이런 질문도 던졌다. "예수님의 사랑이 가득한 가정을 가꾸기 위해 내 스케줄을 어떻게 조정해야 할까? 이 분야에서 성장하려면 어떤 훈련과 자료가 도움이 될까?"

이런 질문과 씨름한 결과, 일하는 시간을 대폭 줄이고 아내와 함께 매주 24시간의 안식일을 갖기 시작했다. 개인적으로 건강해질 뿐 아니라 교회 전체도 훨씬 더 균형 있게 기능하게 되었다.[10]

"내 가족사가 하나님이 내게 맡겨 주신 교회나 사역을 하는 데 얼마나 많은 영향을 미치고 있는가?" 모든 리더는 이 까다로운 질문과 씨름해야 한다. 자신이 인식하지 못하는 것을 바꿀 수 없으므로 이 질문을 반드시 던져야 한다. 좋은 소식은 과거의 부정적인 유산을 인정하는 것만으로도 삶과 리더십에 드리운 과거의 힘을 깨뜨리는 여행에서 큰 진전을 했다는 사실이다.

과거로부터 위대한 미래를 끌어낸다

우리가 과거로부터 위대한 미래를 끌어내는 것이 하나님의 뜻이다. 이것을 요셉보다 더 잘 보여 주는 성경 인물은 없을 것이다. 요셉은 17세의 어린 나이에 가족들의 손에 의해 이루 말할 수 없는 상실과 비극을 경험했다. 그 일로 그는 가족, 고향, 언어, 문화까지 깡그리 잃어버렸다. 심지어 노예와 죄수로 한스러운 13년을 보냈다.

이 정도 되면 불평해야 마땅하다. "피붙이라는 자들이 내 삶을 망쳤어. 내 청춘을 앗아갔어!" 하지만 요셉은 불평하지 않았다. 그는 자신을 향한 하나님의 계획과 목적이 선하다고 굳게 믿으며 그 고된 세월을 꿋꿋이 버텼다. 나중에 그가 자신을 배신한 형들에게 하는 말을 들어보면 그 믿음을 분명히 엿볼 수 있다. "나를 이리로 보낸 이는 당신들이 아니요 하나님이시라"(창 45:8). 그는 형들의 의도는 악했지만 하나님이 그 일을 선하게 사용하셨다고 말했다(창 50:20). 월터 브루그만(Walter Brueggemann)의 말도 비슷하다. "인간의 악한 계획은 하나님의 목적을 무산시키지 못한다. 오히려 의도치 않게 하나님의 계획을 이루는 도구가 된다."[11]

우리도 요셉과 같아야 한다. 눈앞의 상황이 선한 것과는 거리가 멀어 보여도 우리를 향한 하나님의 계획과 목적은 선하다고 믿을 수 있어야 한다. 하나님은 각 사람을 역사 속의 특정한 순간에 특정한 도시나 마을, 특정한 환경 속에 두셨다. 이런 특정한 요소들이 하나로 작용해서 요셉처럼 세상에 복이 될 수 있는 사람으로 빚어낸다. 하나님은 우리의 가족과 과거를 통해 역사하신다. 다만 그 방법이 대개 숨겨져 있고 신비로워서 우리가 이해하기 힘들 뿐이다. 요셉은 자신의 고통스러운 과거를 부인하지 않았다. 그도 극심한 상실에 눈물을 흘렸을 것이다. 하지만 그 슬픔의 한복판에서도 하나님의 뜻에 순종하고 그분의 선하심을 믿었다.

하나님은 우리가 첫 숨을 내쉬기도 전에 우리의 삶에서 역사하기 시작하셨다. 하나님은 우리의 과거를 취해 위대한 미래를 짓고자 하신다. 우리가 고통과 실패를 하나님께 맡기기만 하면 하나님은 그 무엇도 헛되이 낭비하시지 않는다.

마가렛 실프(Margaret Silf)는 *Inner Compass*(내적 나침반)에서 하나님이 예비

하신 미래로 나아가기 위해 과거를 내려놓는 것이 무슨 의미인지를 생생하게 보여 준다.[12]

당신이 급류가 흐르는 거대한 강둑 위에 서 있다고 상상해 보라. 강을 건너야 하는데 사방을 둘러봐도 다리가 보이지 않는다. 그때 예수님이 큼지막한 돌을 짊어지고 와서 당신 앞쪽 강 속에 놓으신다. 그러고 나서 그 돌을 딛고 건너라고 손짓하신다. 매일 예수님은 또 다른 돌을 가져오신다. 그 다음날에도, 그 다음날에도. 그렇게 당신은 매일 조금씩 강을 건너간다.

그런데 하루는 물이 사방에서 맹렬하게 흐르는 강 한복판에 서 있는데 새로운 돌이 나타나지 않는다. 더 이상 나아갈 수 없자 공포감이 밀려온다. 고개를 돌려 해변을 보자 그제야 돌이 어디서 왔는지 알게 된다. 예수님이 해변의 오두막집을 허물고 계셨다. 당신이 평생 살아왔던 그 집에서 돌을 하나씩 빼서 당신의 미래를 위한 징검돌로 만들고 계셨다.

당신은 심호흡을 하고 예수님을 기다린다. 마음이 고요하게 가라앉자 예수님이 조용히 당신 앞에 다음 돌을 놓으신다. 그리고 그 돌을 밟고 급류를 건너가라고 손짓하신다.

이제 예수님이 새날이 밝으면 변함없이 또 다른 돌을 놓아 주시리란 것을 알게 되었다. 한 번에 돌 하나씩이다. 예수님이 계속해서 당신의 과거에서 돌을 취해 당신을 좋은 미래로 이끄실 것이다. 그분이 그 일을 멈추지 않으실 줄 믿어도 된다는 것을 알게 된다.

하나님은 위대한 미래를 위해 과거를 떠나라고 말씀하신다. 물론 이 또한 느린 과정이다. 하지만 하나님을 따라 새로운 곳으로 발걸음을 내딛으면 그분은 우리 인생의 망가진 부분들을 취하여 세상에 선물로 줄 수 있는 아름다운 뭔가를 만들어 주신다. 그 옛날 요셉에게 해 주셨던 것처럼 말이다.

삶과 리더십의 모든 영역에서 과거의 힘을 깨뜨리다

하나님이 예비하신 미래를 붙잡기 위해 과거의 힘을 깨뜨리는 것은 생각보다 훨씬 더 광범위한 개념이다. 돈을 다루는 방식부터 윗사람들과 관계를 맺는 법, 갈등을 다루는 법, 성 역할에 관한 시각, 휴가에 대한 생각, 죽음에 대한 접근법까지 모든 것을 아우른다. 범위만 포괄적인 것이 아니라 끝없이 변하기까지 한다. 인생의 새로운 계절이 올 때마다 새로운 상황과 난관이 나타나기 때문이다. 나도 과거의 힘을 깨뜨리기 위해 많은 영역을 다루었다. 그중 몇 가지 예를 들어보겠다.

설교와 가르침. 나는 성경을 공부할 때마다 이렇게 묻는다. "이 구절의 진리가 내가 어릴 적 가정에서 혹은 다른 곳에서 배운 것과 어떻게 다른가?" 예를 들어, 야고보서에 관한 설교를 전할 때 한 설교에서는 차별에 관한 주제를 다루었다(약 2:1-13). 그 설교를 위한 준비 작업 중 하나는 우리 집안이 사람들의 가치를 어떻게 평가했는지 돌아보는 것이었다. 우리 집은 돈이 많거나 많이 배운 사람들을 어떻게 보고 대했는가? 가난하고 못 배운 사람들은 어떻게 대했는가?

양육. 최근에 이런 부탁을 받은 적이 있다. "10대들과 청년들의 부모에게 가장 중요한 조언을 하나만 해 주세요." 내 대답은 이러했다. "부모는 양육을 받은 대로 양육하게 되어 있습니다. 이것이 자녀의 가장 큰 문제점은 '부모'인 이유죠. 더도 말고 중고등부 목사님께 물어보세요!"

아내와 나는 4명의 딸을 키웠다. 딸들이 어렸을 적에는 녀석들과의 관계에서 우리가 위에 있었다. 대부분의 결정을 우리가 대신 내려 주었다. 전형적인 부모 자식 관계였다. 하지만 딸들이 나이를 먹을수록 우리 쪽으로 기울었던 무게의 추가 점점 올라갔다. 딸들이 성인이 되자 우리의 관계는 대등한 관계에 가깝게 변했다. 우리는 딸들이 요청하기 전까지는 되도록 조언을 하지 않는다. 우리가 더 나이가 들어 보살핌을 필요로 하게 되면 힘의 역학은 또 다시 변할 것이다. 이제 딸들이 우리의 '부모' 역할을 맡아 우리 대신 결정을 내릴 것이다.

나는 이것이 정말 쉽지 않았다. 나의 부모는 평생 나를 품 안의 자식으로 여겼기 때문이다. 심지어 80세가 되어 돌아가시기 직전까지도 나와 형제들에게 어떤 결정을 내리고 어떻게 살라고 일일이 간섭하셨다. 이런 과거의 유산에서 벗어나 자녀들과 친근한 관계를 이루기 위해 노력하자 이루 말할 수 없는 좋은 결과가 나타났다.

노년. 50세의 막바지가 되어 26년 동안 사명으로 삼아 힘써 온 담임목사의 자리를 내려오게 될 때 무척 힘들었다. 내가 속한 가문과 문화에서 노년기는 절망적인 시기였다. 노년기를 육체와 정신이 쇠해서 더 이상 생산적이고 의미 있는 삶을 영위할 수 없는 시기로 보았다. 나는 예수님의 새가족 안에서 올바로 늙어가기 위한 제자훈련의 필요성을 깨달았다.[13] 그래서 그 주제에 관한 책도 읽고, 인생의 이 새로운 계절에 주님을 온전히 따르도록 도와줄 3명의 멘토를 찾아갔다.

무엇을 배웠을까? 나는 은퇴가 성경적인 개념이 아니라는 사실을 발견했다. 모든 크리스천은 하나님께 소명을 받는데, 그 소명은 꼭 돈을 받고 하는 일만 해당하지 않는다. 그래서 나는 현재의 역할을 그만두는 것에 은퇴 대신 '이동'이란 단어를 사용했다. 또한 성경은 노년에도 하나님께 새로운 소명을 받은 사람들의 이야기로 가득하다는 사실을 발견했다. 예를 들어, 아브라함은 75세에 고향을 떠나라는 하나님의 부르심을 받았다. 안나는 84세에 성전에서 할례를 받으러 온 예수님을 보았다. 모세는 80세에 이스라엘 백성을 애굽에서 이끌고 나오라는 소명을 받았다. 심지어 죽음을 앞둔 120세에도 그는 열매를 맺었고, 신명기에 기록된 3편의 강력한 설교를 통해 다음 세대에 약속의 땅에 관한 조언을 해 주었다.[14]

50대 때(지금은 60대다) 나보다 나이가 많은 한 멘토에게서 놀라운 지혜의 말을 들었다. 주님께 충성을 다하면 60대가 가장 큰 열매를 맺는 시기가 될 수 있고 두 번째로 좋은 시기는 70대이며 50대는 세 번째로 좋은 시기라는 것이었다. 지금 와서 생각해 보니 과연 그렇다. 늙어가는 것은 전혀 위기가 아니다. 하나님의 뜻을 따르는 사람에게는 늙어가는 것이 오히려 교만과 이기주의를 버리고 세상을 위해 생명을 내어 주는 법을 배울 좋은 기회가 될 수 있다.[15]

건강한 팀 구축. 우리 모두가 가족사에서 비롯한 정서적 관계적 짐을 안고 살아간다는 사실을 깨닫고 나서 팀 구축에 관한 나의 접근법이 크게 바뀌었다. 이것을 알지 못하고 같은 회의실 내의 '보이지 않는' 사람들을 다루지 않았을 때는 종종 혼란이 빚어졌다.

당신이 다음과 같은 5명의 운영위원이 모인 회의를 진행하고 있다고 가정해 보자. 이 그림에서 각 사람에게서 뻗어 나오는 선과 원은 인격 형성의 가장 중요한 시기에 결정적인 영향을 미친 어릴 적 가족원들을 의미한다.

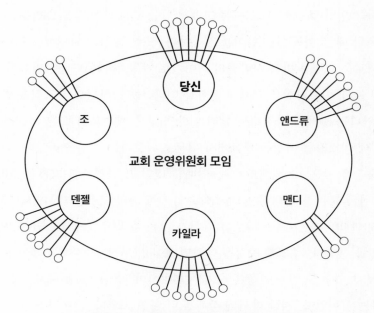

〈그림16〉 각 사람의 가족 관계들에서 비롯한 반응들

　　이번 운영위원회에서는 담임목사인 당신의 비서 고용이라는 까다로운 문제를 결정해야 한다. 2주째부터 비서에게 지급될 월급을 승인해 달라고 위원회에 요청해 둔 상태다. 비서를 고용할 경우 이미 벌여 놓은 일이 많아서 금년의 남은 기간 동안 예산이 팍팍해질 것이다. 그래서 테이블을 돌며 위원들에게 의견을 묻다보니 저마다 특정한 불문율과 가치, 일 처리 방식을 가진 가정에서 자랐다는 점이 확실히 느껴진다.[16]

　　위원장인 조는 한 소프트웨어 업체에서 높은 자리에 있는 중역이다. 워낙 모험을 즐기는 인물이라, 교회가 야심차게 추진하는 일로 재정에 공백이 생기면 개인의 돈이라도 넣을 마음을 가지고 있었다. 하지만 다른 위원들에게는 그런 이야기를 한 번도 하지 않았다. 가난했던 그의 아버지가 돈 자랑하는 사람을 극도로 혐오했기 때문이다. 그래서 그는 금전적인 지원을 하더라도 조용히 할 생각이다. 생색을 낼 생각은 추호도 없다.

덴젤은 마을에서 작은 철물점을 운영하고 있다. 그는 교회의 예비금이 6개월 정도 사용할 만큼만 남았다는 사실이 영 마음에 들지 않는다. 자신의 사업체를 그런 식으로 운영하지 않을 것이라고 생각한다. 그의 아버지도 사업체를 그렇게 운영하지 않았다. 당신은 비서가 왜 필요한지 조목조목 설명하지만 그것을 듣는 내내 덴젤의 속은 부글부글 끓는다. 그에게는 분별없는 행동으로만 보일 뿐이다. 생각 같아서는 당장 테이블을 뒤엎고 싶지만 분란을 일으키기는 싫다. 그래서 그는 좀 더 기도하면서 하나님의 음성을 기다려 보자는 말로 시간을 끌려고 한다.

카일라는 화난 얼굴로 앉아 있다. 그녀는 3주 전에 당신이 설교 시간에 미혼남녀들을 배려하지 않고서 한 말을 곱씹고 있다. '목사라는 사람이 어쩜 그렇게 배려가 없을 수가 있지?' 카일라는 당신에게 서운함을 직접 표현하는 대신, 6개월 뒤 위원 임기가 끝나는 대로 교회를 옮길 생각을 하고 있다. 이것이 어릴 적 그의 가정에서 갈등을 다루어 온 방식이다. 직접적으로 부딪히지 않고 그냥 관계를 끊어 버렸다. 이런 이유로 카일라는 이번 지출에 반대하는 입장이다.

맨디는 잘 나가는 소아과 전문의다. 현재 3명의 의사와 5명의 간호사를 둔 병원장이다. 최근에 건물을 사서 병원을 확장했다. 작년에 위원회에 들어올 때 교회가 성장과 변화에 집중해야 들어오겠다는 뜻을 모두에게 분명히 밝혔다. 그의 성향은 모험과 실패를 두려워하지 않고 뭐든 시도하라고 가르친 아버지의 교육 방식의 영향을 받았다.

앤드류는 교회에서 협동목사와 장로 역할을 맡고 있다. 그는 거기서 오는 막강한 힘을 즐기고 있다. 하지만 당신에 대해서는 늘 불만이 가득하다. 당신에 대해 차려진 밥상에 숟가락만 얹는 사람이라고 생각한다. 그는 홀어머니 아래서 자라 스스로 대학과 신학교 학비를 벌기 위해 밤낮으로 아르바이트를 해야 했다. 그런데 당신이 또 다른 특혜를 누리려 한다는 사실에 심기가 무척 불편하다. '왜 담임목사만 원하는 것을 다 얻고 나는 그러지 못하는 것일까?'

이 회의의 리더로서 당신은 각 사람의 가족사를 일일이 다 알 수는 없지만 적어도 그들의 과거가 현재에 큰 영향을 미치고 있다는 사실만큼은 분명히 느낄 수 있을 것이다. 아울러 비서 고용을 둘러싼 대화가 진행되는 내내 회의실 안에는 긴장이 가득하다. 어떻게 하면 이 회의에서 성숙한 영적 리더십을 발휘할 수 있을까? 3가지가 중요하다.

첫째, 이 결정에 관해 고민하면서 당신의 동기, 목표, 가족 역학을 철저히 돌아보라. 자신의 감정과 생각을 정확히 알고서 위원들에게 솔직하고도 정중하게 표현할 수 있어야 한다.

둘째, 위원들이 각자의 생각을 솔직하게 표현할 수 있는 환경을 조성해야 한다. 그러려면 시간이 필요하다. 호기심을 발휘하라. 귀를 기울이고 질문을 던지라. 서로 다른 의견을 편하게 말할 수 있도록 적절한 가이드라인을 마련할 필요도 있다.

셋째, 위원들의 영적, 정서적 성장에 투자하라. 이들에 대한 제자훈련이 필요하다. 특히 올바른 관계를 맺는 법, 과거가 현재에 미치는 영향을 다루는 법(가계도), (차이를 조율해가며) 정당하게 논쟁하는 법을 훈련시켜야 한다.[17]

조직의 부정적인 유산들을 찾아서 없앤다

가족이 수세대에 걸쳐 패턴과 유산을 전해 주는 것처럼 교회와 교단, 선교 단체, 비영리 단체도 그렇게 한다. 모르는 것은 바꿀 수 없다는 불변의 진리는 우리의 사역에 대해서도 동일하게 적용된다. 하지만 일단 부정적인 유산들의 근본 원인과 증상을 파악하기만 해도 그 힘은 당장 와해되지는 않더라도 크게 약해진다.

같은 교단에 속한 수백 명의 목사들에게 그 교단의 가계도를 그리고 각자의 개인적인 삶과 리더십이 어떤 영향을 받고 있는지 돌아보게 했다. 나는 1970년대 중반 교단의 설립 이후로 내려온 긍정적인 유산과 부정적인 유산을 찾는 활동을 진행했다. 그 결과는 다음 〈표4〉와 같았다.

긍정적인 유산	부정적인 유산
다른 교단에 관대하다.	외부 기관과 훈련을 불신한다.
각 교회의 리더가 여러 명이다.	강한 리더를 바람직하게 여기지 않는다.
조직에 대한 구성원들의 충성도가 높다.	건강한 비판을 불충으로 본다.
지상대명령 수행에 열심이다.	너무 바쁘고 빠르게 움직인다.
친절하고 온유하다.	갈등을 피하려고 한다.
겸손하다.	다른 교회들과 다르다는 점을 지나치게 자랑한다.
개인적인 제자훈련에 전념한다.	제자훈련을 인종 정의, 가난하고 소외된 자들에 대한 돌봄, 환경 보호 등에 적용하는 데는 무관심하다.

〈표4〉 긍정적인 유산과 부정적인 유산 비교

이 활동을 하기 위해서는 큰 용기가 필요했다. 보다시피 대부분의 긍정적인 유산에 어두운 측면이 있었다. 예를 들어, 리더가 많다는 점은 긍정적인 유산이지만 그 유산은 재능이 뛰어난 사람에게 권한을 집중시키는 데 방해 요인으로 작용하고 있었다. 이 교단은 혁신적이었지만 그 혁신은 교단 내부에서만 나타났고, 외부에서 혁신이 들어오는 데는 소극적이었다.

이 교단은 1970년대 베트남 전쟁 패배와 워터게이트 스캔들에 환멸을 느낀 사람들을 중심으로 대학 캠퍼스에서 시작되었다. 이 배경을 돌아본 것만으로도 큰 결실이 있었다. 신학교와 같은 기관들을 불신하고 한 명의 강한 리더가 나타나는 것을 우려하는 경향은 성경보다 교단의 역사에서 기인했다. 결국 목사들은 이 점을 보게 되었다.

교단의 리더들은 긍정적인 유산과 부정적인 유산을 돌아본 결과를 바탕으로 이후 2년간 부정적인 유산들을 다루었다. 동시에, 긍정적인 유산에서 비롯한 독특한 은사와 소명을 더욱 강화시켰다.[18] 이 5가지 방법 중 적어도 1가지를 첫 단계로 실천하고, 나머지도 차례로 실천하라.

이 5가지 방법을 실천하면 큰 도움이 될 것이다. 하지만 가장 중요한 것은 그 모든 과정 가운데 예수님의 음성에 귀를 기울이는 것이다. 이 깊은 물을 항해하는 내내 주님께 방향타를 맡기라.

변화를 꿈꾼다면
나를 바꾸는 일이 먼저다

과거를 무시하지 않고 과거의 힘을 깨뜨리기로 선택하는 일은 예수님을 따르기 위해 자기 십자가를 지는 행동이다. 처음에는 고통스럽고 두렵기 마련이다. 사방이 어두워서 바닥없는 심연으로 추락하는 것처럼 느낄 수도 있다. 하지만 장담컨대, 진리가 당신과 사역을 자유하게 할 것이다. 예수님 안에 머물면 반드시 부활을 경험하게 될 것이다.

단, 정서적으로 건강한 제자훈련의 핵심 원칙을 늘 기억하기를 바란다. 언제나 자신을 돌아보는 것에서부터 시작해야 한다. 교회는 어디까지나 리더가 성숙한 만큼은 성숙해질 수 있다. 다른 사람의 눈에 있는 들보와 티를 지적하기 전에 먼저 자신의 고칠 점을 고쳐야 리더라고 말할 수 있다.

나는 한 하시디즘 랍비가 임종 자리에서 한 다음 말을 오랫동안 소중히 여겨왔다.

> 어릴 때는 세상을 바꾸고자 했다. 나이를 조금 더 먹고서는 그것이 너무 버겁다는 것을 깨닫고 우리나라를 바꾸고자 했다. 하지만 나이를 더 먹으니 그것도 너무 버겁다는 것을 깨닫고 우리 마을을 바꾸고자 했다. 그것도 할 수 없다는 것을 깨닫고는 우리 가족을 바꾸려고 했다. 이제 다 늙고 보니 나 자신을 바꾸는 일부터 시작했어야 한다는 것을 알겠다. 나 자신부터 시작했다면 우리 가족과 마을, 나아가 우리나라를 바꾸는 데 성공했을 것이다. 아니, 세상을 바꾸었을지도 모른다![19]

하나님은 이 말을 사용해 나를 흔들리지 않게 붙잡아 주셨다. 당신에게도 그렇게 해 주시기를 간절히 기도한다.

Chapter 9

약함을 통해
하나님의 일을
이루라

영어에서 '약한'(vulnerable)이란 단어는 '상처를 받다'를 의미하는 라틴어 '불네라레'(vulnerare)에서 파생했다.[1] 이 타락한 세상에서 한 번도 상처를 받지 않고 살아가는 사람은 아무도 없다. 나도 예외는 아니었다.

우리 집은 안전하지 않았다. 엄마의 심한 우울증과 잦은 입원, 나를 사랑하면서도 주기적으로 매질을 가했던 아버지, 내 인생에는 볕들 날은 영원히 오지 않을 것만 같았다.

혼란만 가득한 어린 시절이었다. 하지만 부모가 꾸준히 던지는 메시지만큼은 더없이 분명했다. "부모가 원하는 사람이 되어라. 부모가 시키는 대로 해라. 부모에게 자랑스러운 자식이 되어라. 안 그랬단 봐라!"

바깥 세상은 안전할지도 모른다는 희망을 품고 학교에 들어갔다. 하지만 마음속에 뚫린 정서적인 구멍으로 인해 나는 다른 아이들과 잘 어울리지 못했다. 학교 전체를 통틀어 나처럼 심각한 문제 가정에서 자란 아이는 없을 것이라고 생각했다. 파티를 즐기는 외향적인 성격이면서도 작은 조롱이나 거부에도 마음속의 상처가 다시 터졌다. 그때마다 더 두꺼운 갑옷 속으로 피신했다.

예수님을 믿고 나서 내가 모델로 삼았던 목회자들은 대개 재능, 특히 화술이 뛰어났었다. 그들은 성경에 대한 완벽한 지식과 성령의 강력한 은사로 대형 교회를 이끌고 있었다. 하나같이 내게는 없는 자신감과 확신이 넘치는 인물들이었다. 내가 남들 앞에서 예수님을 전할 때마다 확신도 없이 신앙을 전하는 사기꾼처럼 느껴지곤 했다.

담임목사가 되기 전에 나는 모든 설교에서 성도들과 교감하기 위해 나의 약함을 보여 주는 사례를 최소한 하나 이상 나누라는 조언을 받았다. 하지만 그것은 어디까지나 목적을 위한 수단이었을 뿐이다. 설교 때 단주 모임(Alcoholics Anonymous)의 12단계 프로그램을 언급했지만 실제로 이 프로그램을 해 본 사람을 만나본 적이 없었다. 약점을 솔직히 드러낼 수 있어야 한다고 설교했지만 내 약점은 몇 겹이나 되는 두터운 갑옷 아래에 고이 숨겨져 있었다. 크리스천, 특히 크리스천 리더가 약한 모습을 보인다는 것은 상상도 할 수 없었다.

약한 모습을 드러내지 않으려는 성향은 내 삶에 전방위적으로 악영향을 끼쳤다. 아내를 비롯해서 사람들과 깊이 관계를 맺지 못했다. 나도 나를 모르니 남들은 물론이고 아내가 나의 진짜 모습을 알 수가 없었다. 슬픔과 두려움의 감정을 억누르고 표출할 수 없었다. 남들이 부족하고 약한 모습을 보이면 믿음이 부족한 것이라 여겼다. 하나님의 능력을 힙입지 못한 것으로 여겨, 그것을 바로잡아야 할 문제로 다루었다.

어느 순간 나는 매사에 실패를 피하려고만 했다. 앞서도 말했지만 내가 그 두터운 갑옷을 벗고 사람들에게 진짜 내 모습을 보이기 위해서는 극심한 위기가 필요했다. 나는 1900년 당시 기상청장이었던 아이작 클라인(Isaac Cline)과 다름없었다. 그는 최악의 허리케인이 미국을 강타하기 전 텍사스 주 갤버스턴 섬(Galveston Island) 주민들에게 대피령을 내리기를 한사코 거부했다. 그것은 허리케인이 자신의 도시에 심각한 위험이 될 수 있다는 두려움을 "터무니없는 착각"으로 여겼기 때문이다. 그 지나친 자신감으로 인해 높이 3미터와 넓이 15미터의 파도나 초속 300킬로미터가 넘는 광풍을 전혀 예측하지 못했다. 그의 오만과 방어적인 태도로 인해 수

많은 사람이 익사했고, 그들의 시체가 수개월 동안 해변으로 떠밀려 왔다.[2]

나도 아이작 클라인만큼이나 교만하고 고집이 셌다. 나는 '성공적인' 리더십을 위해 지식, 기술, 경험까지 최선을 다해 준비했다. 하나님이 나를 통해 하시려는 일을 그 무엇도 막을 수 없으리라 확신했다. 내 안에 계신 이가 세상에 있는 자보다 크시다는 사실을 밤낮으로 되새겼다(요일 4:4). "내가 주를 의뢰하고 적진으로 달리며 내 하나님을 의지하고 성벽을 뛰어넘나이다"(삼하 22:30). 틈만 나면 이 약속의 말씀을 암송했다.

나는 끝까지 강하고 충성스러운 모습만 보이기로 마음을 먹었다. 하나님이 내게 열정과 재능과 충분한 목회 경험을 주셨기 때문에 무너질 일이 없다고 자만했다. 하나님과 교회를 위한 전사요 모범적인 종이 될 수 있으리라 확신했다. "남들은 다 지쳐서 나가떨어져도 나만큼은 절대 그러지 않으리라."

내 목회 준비에는 성숙한 영적 권위와 리더십으로 가는 가장 중요한 성경적인 통로 중 하나가 빠져 있었다. 그것은 바로 약함을 드러내는 태도였다. 그 결과 나는 정말 무시무시한 풍랑이 들이쳤을 때 준비가 되어 있지 못했다.

나는 텍사스 주 갤버스턴의 아이작 클라인만큼이나 어리석었다. 성경 공부나 설교, 신학교에서 깨어짐에 관해서 어설프게 들은 탓에 그 중요한 진리가 나 자신을 꽁꽁 싸맨 두터운 갑옷을 뚫고 들어가지 못했다.[3] 정확하고도 세세한 헬라어와 히브리어 성경 주석도 내가 입고 있던 무거운 자기보호와 방어의 층들을 걷어내지 못했다.

하나님이 내 관심을 끌기 위해 파괴적인 허리케인에 버금가는 위기를 사용하실 수밖에 없었다는 사실이 참으로 안타깝다. 내가 조금만 정신을 차렸다면 그런 방법까지는 필요 없었을 텐데 말이다. 나는 약함을 통해 우리를 제자로 훈련시키시는 하나님의 역사를 일찍부터 깨달은 사람들을 수없이 보고도 알지 못했다. 약함에 관한 성경적인 틀 덕분에 그들은 인생의 허리케인 속에서도 하나님의 뜻에 순종하고 굳게 설 수 있었다.

우리가 약함의 삶을 살고 약함 위에 교회를 세운다면 불가해한 일이 벌어진다. 사람들이 그리스도 안에서 하나님의 아름다우심과 임재를 맛보게 된다. 사람들이 진리와 천국을 엿보게 된다.[4] 하나님의 온유한 능력이 흘러넘친다. 사람들이 부드러워진다. 하지만 약함의 미덕은 우리 세상에서 좀처럼 보기 힘들다. 안타깝지만 교회 안에서도 별반 다르지 않다.

진짜 힘을 얻고 싶다면
약함의 신학을 배우라

서구 문화는 힘과 영향력에 큰 가치를 둔다. 우리는 유명인, 유명 예술가, 수백만 명의 팔로워를 거느린 사람들을 우러러본다. 돈이 많거나 지적으로 탁월하거나 운동 재능이 뛰어난 것을 곧 힘으로 여긴다. 미래로 가는 새로운 길을 개척하는 혁신자들과 기업가들을 높이 평가한다.

안타깝지만 21세기 교회도 힘과 영향력에 큰 가치를 둔다. 교회에 많은 사람이 오고가고 건물과 목회자들의 이력이 화려하고 사회에 막대한 영향력을 발휘하면 모두가 주목한다. 우리는 교회 안의 유명인들과 뛰어난 사람들을 부러워한다.

나도 이것을 당연하게 생각하여 세상적인 정의에서의 힘을 지향했다. 약한 모습을 없애려고 최선을 다했다. 그 결과, 나 자신은 물론이고 다른 많은 사람들에게 큰 대가가 따랐다.

나는 성경적인 시각에서의 힘과 강함을 구성하는 것이 무엇인지를 전혀 모르고 있었다. 그것이 세상의 시각과 얼마나 다른지도 몰랐다. 내게는 하나님이 어떤 분이시며 어떻게 역사하시는지에 관한 강한 계시가 필요했다. 곧 약함의 신학이 필요했다.

나는 약함에 관한 정서적으로 건강한 제자훈련의 4가지 핵심적인 특징을 규명했다.

1. 약함의 신학을 개발하라.
2. 핸디캡이라는 선물을 받아들이라.
3. 약함을 바탕으로 한 교회로 변화하라.
4. 매일 약함을 실천하라.

이 4가지 특징은 모두 수많은 시행착오 끝에 나온 것이다. 이것들을 실천하기 위해서는 닫히고 방어적인 자세에서 열린 자세로 변화해야만 했다. 나머지 3가지의 기초인 약함의 신학부터 시작하여 각 특징을 더 자세히 살펴보자.

약함의 신학을 개발하라

하나님이 스스로를 약하게 낮추신 겸손함은 인류를 향한 부단한 추구에서 엿볼 수 있다. 특히, 창세기에서 하나님이 아담과 하와에게 선택의 자유를 주시는 장면을 통해 겸손을 보게 된다. 아울러 성경은 약하고 흠 많은 사람들을 통해 역사하시는 하나님을 계속해서 보여 준다. 예를 들어, 아브라함과 사라, 라합, 룻, 모세의 경우가 그러했다. 모세에 대해 성경은 "이 사람 모세는 온유함이 지면의 모든 사람보다 더하더라"라고 말한다(민 12:3).

하지만 리더십과 진정한 제자훈련에 관한 내 생각을 근본적으로 바꿔 놓은 성경 인물은 예수님과 사도 바울, 다윗이다.

예수님

교회의 리더들은 말할 필요도 없고 예수님의 제자들에게 교만과 방어적인 태도는 전혀 어울리지 않는다. 그런데 나와 내가 섬긴 교회들이 이 점을 보지 못했다는 사실이 지금도 놀랍기만 하다. 특히, 목회자요 리더로 훈련을 받기 위해 수많은 시간을 투자한 내가 이 점을 놓쳤다는 것이 참으로 어처구니없다.

생각해 보라. 하나님은 화려한 기적과 경이 속에서 이 땅에 오시지 않았다. 하나님은 가난한 무명인들의 가정에 힘없는 아기로 태어나셨다. 애굽에서 한동안 도망자로 사신 뒤에는 대도시에서 한참 떨어진 변방 마을인 나사렛에서 어린 시절을 보내셨다. 거기서 30년을 기다리신 뒤에야 비로소 공생애를 시작하셨고, 그 뒤로도 사람들이 요구하는 대로 기적을 선보이거나 초월적인 지성으로 사람들을 놀랍게 하시지 않았다. 예수님의 사역은 세상의 기준에서는 거의 눈에 띄지 않을 정도로 규모가 작았다. 예수님은 사역하시는 내내 사람들이 단순히 기적을 보고 그분을 따르지 않도록 힘을 매우 신중하게 사용하셨다. 예수님은 믿음이 가능하도록

288

자신을 충분히 드러내면서도 믿음이 필요하도록 자신을 어느 정도 숨기셨다.[5]

예수님은 예루살렘에 입성하실 때 알렉산더 대왕처럼 위풍당당한 전투마가 아닌 초라한 나귀를 타셨다. 그리고 기꺼이 체포를 당하셨고 마치 상습범처럼 취급을 받으셨다. 예수님이 십자가에 달려서 마지막으로 하신 기도는 시편에서 인용한 질문이었다. "나의 하나님, 나의 하나님, 어찌하여 나를 버리셨나이까?"(마 27:46; 시 22:1) 리더십의 모델과는 거리가 멀어도 한참 멀어 보이지 않는가? "여호와는 나의 목자시니 내게 부족함이 없으리로다"(시 23:1)와 같은 다른 시편을 인용해서 흔들리지 않는 믿음을 보여 주셔야 옳지 않았을까?

겟세마네 동산에서 약해지신 예수님을 묘사한 다음 구절을 보자. 당신이 그곳에서 예수님과 함께 있다고 상상하면서 천천히 읽어 보라. 이 장면에서 예수님의 인간적인 모습이 적나라하게 드러난다. 예로부터 학자들과 설교자들은 이 약하고 깨어진 예수님의 이미지를 지우기 위해 노력했다.[6]

이에 예수께서 제자들과 함께 겟세마네라 하는 곳에 이르러 제자들에게 이르시되 내가 저기 가서 기도할 동안에 너희는 여기 앉아 있으라 하시고 베드로와 세베대의 두 아들을 데리고 가실새 고민하고 슬퍼하사 이에 말씀하시되 내 마음이 매우 고민하여 죽게 되었으니 너희는 여기 머물러 나와 함께 깨어 있으라 하시고 조금 나아가사 얼굴을 땅에 대시고 엎드려 기도하여 이르시되 내 아버지여 만일 할 만하시거든 이 잔을 내게서 지나가게 하옵소서 그러나 나의 원대로 마시옵고 아버지의 원대로 하옵소서 하시고 … 다시 두 번째 나아가 기도하여 이르시되 내 아버지여 만일 내가 마시지 않고는 이 잔이 내게서 지나갈 수 없거든 아버지의 원대로 되기를 원하나이다 하시고 … 또 그들을 두시고 나아가 세 번째 같은 말씀으로 기도하신 후(마 26:36-39, 42, 44).

예수님은 대담한 영웅처럼 죽음을 맞지 않으셨다. 사실, 죽음 앞에서 예수님이 보여 주신 모습은 폴리캅 주교와 대조를 이룬다. 그는 AD155년에 말뚝에서 화형을 당하기 직전 "86년간 예수를 섬겼다 … 뭘 꾸물대는가. 하려는 걸 어서 하라"라고 당당하게 말했다.[7]

당대 최고의 신학자였던 알렉산드리아의 오리겐(Origen of Alexandria)은 겟세마네 동산에서 예수님이 보인 행동이 너무 꺼림칙해서 이런 식으로 설명하려고 했다. "예수님은 겨우 고민하고 슬퍼하기 '시작하셨을'(성경의 원문에는 'began to be sorrowful and troubled'로 되어 있다-역주) 뿐이다. 성부 하나님은 예수님의 감정이 극에 달하지 않도록 붙잡아 주셨다."

영향력 높은 교회의 젊은 목사인 넬슨(Nelson)은 '정서적으로 건강한 영성 코스'(Emotionally Healthy Spirituality Course)에서 이 구절에 관해 공부한 뒤에 내게 이메일을 보냈다. "목사님, 저는 어릴 적부터 일반 분야와 기독교 분야를 막론하고 많은 리더십 책을 읽었습니다. 교회 리더십에 관한 강연도 많이 들었고요. 그런데 솔직히 제가 이 구절의 예수님처럼 행동했다면 저 스스로를 실패한 리더로 여길 것 같습니다."

나는 이메일을 끝까지 읽고 나서 겟세마네 동산에서 예수님이 보여 주신 약함의 리더십과 오늘날 리더들이 흔히 보여 주는 교만하고 방어적인 리더십을 비교한 간단한 표를 개발했다. 두 리더십의 특징을 읽으면서 당신은 어디에 속했는지 돌아보라.

약하고 솔직한 리더십	교만하고 방어적인 리더십
고민하고 슬퍼하는 모습을 기꺼이 보여 준다.	슬픔과 혼란의 감정을 감춘다.
힘들면 힘들다고 말한다.	다른 사람 앞에서는 무너지는 모습을 보이지 않고 항상 강한 모습만 보여 주려고 한다.
언제라도 도움과 기도를 요청한다.	좀처럼 약한 모습을 보이지 않는다. 남을 돕기 위해서는 언제라도 발 벗고 나서지만 남에게 도움을 요청하지는 않는다.
나의 뜻을 온전히 하나님의 뜻 앞에 내려놓는 기도를 한다.	어떻게 하면 위기 상황을 극복하고 사역을 확장할지 알려 달라고 기도한다.
하나님의 납득할 수 없는 뜻을 받아들이기 힘들 때는 주저앉아 하나님께 울부짖는 데 전혀 거리낌이 없다.	사람들이 나를 의지할 수 있도록 위기 속에서도 단호하고 흔들리지 않는 모습만 보여 주려고 노력한다.

〈표5〉 2가지 리더십 비교

오른쪽 칸은 예수님의 본보기와 정반대이며, 우리가 되어야 할 사람과 세워야 할 교회의 모습과 극명한 대조를 이룬다. 성경은 "하나님의 약하심이 사람보다 강하니라"라고 말하고, "하나님께서 … 세상의 약한 것들을 택하사 강한 것들을 부끄럽게" 하신다고 말한다(고전 1:25, 27). 진실, 깨어짐, 겸손이 있는 곳에 하나님의 사랑과 능력이 나타난다. 반면, 거짓, 자랑, 교만은 하나님의 사랑과 능력이 흐르는 심혈관을 막히게 만든다.

필시 사도 바울은 이 점을 누구보다도 잘 알았을 것이다.

사도 바울

사도 바울은 역사상 가장 영향력 높은 크리스천이다. 신약성경의 절반이 그에 의해 기록되었고 복음 전파를 위한 전 세계를 누빈 공로는 지금까지도 따라올 자가 없다. 그럼에도 사도로서 바울의 권위와 지위는 여러 번이나 극심한 도전을 받았다. 공격의 주된 이유 중 하나는 약함에 대한 그의 시각과 관련이 있었다. 고린도교회의 사례가 대표적인 경우이다.

고린도교회에서 "지극히 크다는 사도들"이 나타나 바울의 사역을 무색하게 하는 표적과 기사를 보여 주기 시작했다. 그들은 계시와 신비로운 경험을 이야기했고 화려한 언변을 자랑했다. 고린도 교인들의 마음은 점점 바울에게서 멀어져 하나님의 특별한 기름 부음을 주장하는 그들 쪽으로 향했다.

스스로 고린도교회의 진정한 리더라는 그들의 주장에 바울은 하나님으로부터 온 환상이나 계시, 혹은 자신의 성공과 은사로 맞서지 않았다. 오히려 그는 약함이라는 카드를 사용했다. 그는 하나님이 "육체에 가시"로 자신을 겸손하게 낮추셨다는 사실을 언급했다. 가시가 정확히 무엇인지에 관해서는 의견이 분분하지만 그것이 괴롭고 답답한 것이었음은 확실하다. 그럼에도 바울은 그 가시를 하나님이 주신 선물로 여겼다.

이것이 내게서 떠나가게 하기 위하여 내가 세 번 주께 간구하였더니 나에게 이르시기를 내 은혜가 네게 족하도다 이는 내 능력이 약한 데서 온전하여짐이라 하신지라 그러므로 도리어 크게 기뻐함으로 나의 여러 약한 것들에 대하여 자랑하리니 이는 그리스도의 능력이 내게 머물게 하려 함이라 그러므로 내가 그리스도를 위하여 약한 것들과 능욕과 궁핍과 박해와 곤고를 기뻐하노니 이는 내가 약한 그때에 강함이라(고후 12:8-10).

바울은 자신의 약함을 하나님으로부터 온 사도의 권위에 대한 증거로 보았다. 그랬기 때문에 오히려 약함을 자랑할 수 있었다. 그는 약함이야말로 예수님의 능력이 자신을 통해 흘러가는 방법이자 이유라고 주장했다.

만약 바울이 오늘날 리더십 세미나에서 설교를 한다면 그의 주제는 '소아시아에서 교회 개척에 성공하는 법'이 아닐 것이다. '최고의 리더들을 기르는 6단계 비법'으로 세미나의 포문을 열 가능성도 없다. 필시 자신을 치유해 달라는 기도에 하나님이 어떻게 응답해 주시지 '않았는지'에 관한 설교가 첫 번째가 될 것이다. 자신이 얼마나 약하고 얼마나 철저히 깨어졌는지부터 짚고 넘어갈 것이다. 그리고 마지막에 이렇게 덧붙일 것이다. "여러분, 바로 이것입니다. 하나님이 저 같은 사람도 사용하셨다면 그 누구라도 사용하실 수 있습니다!"

바울도 약함을 바탕으로 사람들을 이끌고 싶지는 않았을 것이다. 하지만 하나님은 이 가시 없이는 바울이 고압적인 태도로 흐르기 쉽다는 점을 잘 아셨다. 바울은 누구보다도 지성이 뛰어나고 야심만만하며 열정적인 사람이었다. 회심 이전 그의 삶은 특권과 광신과 독선의 삶이었다. 끊임없이 고집을 꺾는 장치가 없었다면 바울이 기독교에 어떤 피해를 입혔을지 아무도 모른다. 내가 이것을 너무도 잘 아는 이유는 나도 나를 자멸하게 놔 두시지 못하는 하나님의 사랑을 분명하게 경험했기 때문이다.

오랫동안 나는 크리스천 리더십 세미나를 다니며 교회의 성공에 관해 설파했다. 나의 강조점은 언제나 잘하는 분야에 집중하라는 것이었다.

나는 교회를 이끄는 일에 관해 완벽히 아는 사람이라는 인상을 풍기기 위해 무척 노력했다. 쉬는 시간과 식사 시간에도 주변에 모인 사람들에게 내 전문 지식을 뽐냈다.

반면, 내가 개인적으로 혹은 교회 안에서 겪은 실패에 관해서는 철저히 숨겼다. 오로지 성공만 부풀려서 자랑했다. 나의 외적 모습은 누가 봐도 성공한 리더였다. 실제로 거짓말을 하지는 않았지만, 성공만 강조한 것이 나의 대응 전략이었다는 사실을 나중에는 분명히 깨닫게 되었다. 그것은 내가 실제로는 얼마나 망가지고 불완전하고 부족한 인간인지를 솔직히 들여다보지 않기 위한 하나의 방편이었다.

부흥한 소그룹에 관해서만 자랑하고 시들해져서 해체된 소그룹에 대해서는 웬만해선 언급하지 않았다. 우리 교회에 새로 찾아온 사람들에 관해서만 이야기하고 떠난 사람들이나 그 이유에 관한 언급은 피했다. 가장 반응이 뜨거웠던 1-2편의 설교만 자랑하고 졸음을 유발했던 설교들에 관해서는 일체 언급하지 않았다. 최상의 결정만 언급하고 최악의 결정에 대해서는 쉬쉬했다.

그 즈음 한 교회 성장 세미나에서 어떤 강사가 행사 직전에 몸이 아파 갑자기 내게 대신 강의해 달라는 요청이 들어왔다. 하지만 나는 갈 수 없었다. 그런 세미나에서 강연을 할 때마다 내 영혼에서 뭔가가 죽어간다는 것을 스스로 인정했기 때문이다. 진실을 있는 그대로 다 전하지 않을 때마다 속에서 끔찍하고 불편한 감정이 들끓었다. 물론 하나님이 우리 교회를 통해 놀라운 일을 많이 행하셨지만 우리 교회의 이야기, 그리고 나의 이야기에는 다른 측면도 있었다.

나는 그 초대를 정중히 거절하고, 그 뒤로 거의 10년간 교회 밖의 강연을 멈추었다. 하나님이 내 안의 깊은 곳, 나아가 우리가 교회를 운영하는 방식을 근본적으로 변화시키고자 하신다는 것을 분명히 느꼈다.

하나님은 내 눈을 서서히 열어 약함으로 사는 것이 무엇인지를 진정으로 보게 하셨다. 또 다른 리더십의 비전으로 마침내 내 삶을 통째로 변화시킨 인물은 내가 가장 좋아하는 성경 인물 중 하나인 다윗이다.

다윗

다윗에 대해 가장 자주 사용되는 표현은 "하나님의 마음에 맞는 사람"이다. 물론 우리는 그가 쓴 많은 시편과 그가 거둔 많은 승리에서 이 마음을 엿볼 수 있다. 하지만 그의 마음을 가장 생생하게 보여 주는 그림은 승리보다도 극심한 도덕적 실패에 있다. 바로, 밧세바와 불륜을 저지른 것도 모자라 그녀의 남편 우리아를 살해하기까지 한 사건이다.

나단 선지자가 죄를 지적했을 때 다윗은 자신이 저지른 짓을 부인하거나 은폐하거나 이스라엘 역사에서 지워 버리려고 하지 않았다. 오히려 솔직히 인정하고 회개했다. 나아가 그 엄청난 실패가 미래 세대의 교훈으로 상세히 기록되는 것을 막지 않았다(삼하 12장). 심지어 그 창피한 이야기를 예배 때 불릴 찬송으로 써서 이스라엘 찬송가집에 실어 출간하기까지 했다(시 51편)!

오늘날 지독한 실패 뒤에 이런 행동을 할 수 있는 사람이 과연 몇이나 될까. 다음 시편에서 보듯이 다윗은 하나님이 어떤 분이시며 어떤 식으로 역사하시는지를 잘 이해했던 것이 분명하다.

주께서는 제사를 기뻐하지 아니하시나니 그렇지 아니하면 내가 드렸을 것이라 주는 번제를 기뻐하지 아니하시나이다 하나님께서 구하시는 제사는 상한 심령이라 하나님이여 상하고 통회하는 마음을 주께서 멸시하지 아니하시리이다(시 51:16-17).

다윗에게 나는 설교, 성경 공부, 제자훈련, 저술, 회의 등을 통해 내 실패와 고민을 솔직히 털어놓는 것이 얼마나 중요한지를 배웠다. 다윗은 자신의 불완전함을 인정하는 것이 자신의 영적 건강만이 아니라 자신이 이끄는 사람들의 건강을 위해서도 너무도 중요함을 알았다.

다윗은 이스라엘 국가의 존재 자체가 국민들의 성과가 아닌 오직 하나님의 사랑과 긍휼에 의존한다는 메시지를 삶으로 보여 준 인물이다. 하나님이 그토록 끔찍한 죄를 용서하시고 다윗과 같은 사람을 사용하셨다면 그 누구도, 심지어 당신과 나도 사용하실 수 있다!

약함의 신학을 개발하는 것이 중요하다. 약함을 바탕으로 한 제자훈련 문화를 구축하려면 실로 막대한 변화가 필요하기 때문이다. 그야말로 우리의 모든 것이 변해야 한다. 따라서 오직 성경적인 비전만이 그 변화를 끝까지 이루게 해 줄 수 있다.

핸디캡이라는 선물을 받아들이라

메시지 성경은 "육체에 가시"를 "핸디캡"으로 번역한다. 하나님께 이 핸디캡이라는 선물을 받은 사람은 바울만이 아니다. 모든 신자에게 매일 무릎을 꿇게 만드는 뭔가가 있다. 없다면, 조만간 생긴다.

당신의 핸디캡은 무엇인가? 장애를 가진 자녀인가? 중독인가? 우울증이나 걱정, 외로움에 자주 빠지는 연약한 감정인가? 어릴 시절의 학대로 인해 영혼에 난 상처인가? 어릴 적부터 몸에 배어서 바꾸고 싶지만 잘 바뀌지지 않는 그릇된 관계 방식인가? 육체적 장애, 암, 분노나 분개, 미움, 비판적인 태도에 잘 빠지는 성향인가?

그것이 무엇이든 당신만 그런 것이 아니다. 세상 모든 사람이 그렇다.

약함은 모든 인간의 공통분모이다. 신학자 위르겐 몰트만(Jürgen Moltmann)은 이렇게 말했다. "건강한 사람들이나 장애를 가진 사람들이나 차이가 없다. 모든 인간은 한계와 약점을 안고 살아간다. 우리는 부족한 모습으로 태어나 무기력한 모습으로 죽는다."[9] 그리고 나이를 먹을수록 한계와 약점은 더 늘어갈 수밖에 없다.

하나님은 타락의 결과로서 우리를 깨어지고 약하게 만드셨다(창 3:16-19). 하나님은 이제 모든 관계가, 심지어 최상의 공동체도 고통과 오해로 얼룩지게 될 것이고 우리의 모든 노력이 좌절과 한계에 부딪힐 것이라고 선언하셨다. 이는 우리가 약함으로 인해 그분을 찾고 구주의 필요성을 깨닫게 만드시기 위함이었다.[10] 이생에 완벽한 것은 하나도 없다.

세상은 약함과 실패를 짐으로만 여기지만 하나님은 우리의 약함을 선물로 보신다. 우리를 향한 하나님의 메시지는 격려의 메시지이다. "너무 괴로워하지 말라. 약함과 실패는 어느 시대, 문화, 인종, 사회 계급에나 다 있는 것이다. 네가 나처럼 약한 가운데서 사람들에게 사랑을 전할 수 있도록 약함과 실패 속에 선물을 숨겨 놓았다."

신앙생활과 목회 초기에는 하나님이 내 약함을 완전히 치유해 주길 원하신다고 생각했다. 바울의 경우처럼 내 약함이 나를 위한 하나님의 계획과 뜻의 일부라는 생각은 전혀 해 보지 못했다. 오래전 나는 바울이 그리스도 안에서 성숙해질수록 자신의 약함과 죄성을 더 절실히 깨닫게 되었다는 놀라운 사실을 발견했다.

바울은 갈라디아교회에 쓴 편지에서 다른 사도들에 관해서 이렇게 말했다. "유력하다는 이들 중에 (본래 어떤 이들이든지 내게 상관이 없으며…)"(갈 2:6). 이 문장에서 열두 사도와의 경쟁심을 엿볼 수 있다. 이 편지는 바울이 크리스천이 된 지 약 14년 후인 AD49년에 쓰인 것으로 추정된다. 6년 뒤인 AD55년, 바울은 고린도교회에 보내는 편지를 좀 더 겸손한 태도로 쓴다. "나는 사도 중에 가장 작은 자라"(고전 15:9). 다시 5년 뒤(약 AD60년), 즉 크리스천이 된 지 25년 후에는 이렇게 선포한다. "모든 성도 중에 지극히 작은 자보다 더 작은 나"(엡 3:8). 세상을 떠나기 2년 전, 약 30년간 그리스도와 동행한 그는 한층 더 놀라운 고백을 한다. "죄인 중에 내가 괴수니라"(딤전 1:15).[11]

어떻게 된 것일까? 세월이 흐를수록 하나님의 사랑에 대한 이해가 더 깊어진 것이다. 바울은 자신의 약점을 피하지 않고 끌어안음으로써 그리스도 안에서 더 강해졌다.

나중 된 자가 먼저 되고, 약자가 복을 받고, 낮은 자가 높임을 받고, 빈 것이 채워지고, 가난한 자가 부요하고, 고난이 기적의 기회라는 예수님의 이상하고도 반문화적인 지혜를 세상은 결코 이해할 수 없다.

인간으로서 우리의 본질적인 약함은 치유하거나 극복해야 할 것이 아니라 가장 큰 힘의 근원으로서 받아들여야 할 것이다.

깨어짐을 사용하시는 하나님의 역사를 설명해 주는 예화로서 일본의 킨츠기(kintsugi) 기법만한 것도 없을 것이다. 14세기 일본에서 개발된 킨츠기 기법은 깨진 도자기 조각들을 옻과 아름다운 금가루로 접합하는 기술이다.[12] '킨츠기'란 단어 자체가 '금으로 접합하다'라는 뜻이다. 킨츠기 기법은 깨진 조각들을 아예 버리거나 교묘하게 감추어서 수리하지 않고 오히려 강조한다는 점에서 독보적이다.

〈그림17〉 킨츠키 기법의 도자기

킨츠기 기법은 흠, 망가짐, 불완전함에서 아름다움을 보는 일본의 와비사비 철학을 담고 있다. 이 기법은 망가진 이력까지 포함해서 도자기의 역사 전체를 중시한다. 깨진 선이 아름다운 금빛 선으로 바뀌기 때문에 다시 붙여서 복원한 도자기는 처음보다 더 아름답고 우아하게 여겨진다. 또한 깨진 부분들을 붙이면서 오히려 전보다 더 강해진다.

하나님도 나름의 와비사비 철학을 펼치신다. 하나님은 그분의 모든 백성에게 킨츠기 기법을 사용하신다. 우리 모두에게는 자신의 어리석은 선택이나 남들의 가해로 인해 깨진 구석들이 있다. 하지만 그 깨어짐을 하나님께 맡기면 전보다 더 눈부시고 아름답게 회복시켜 주신다. 금간 틈들이 남아 있지만 우주 최고의 예술가께서 손수 금으로 그 틈들을 채우셨기에 더 아름답다.

하나님이 역사하시는 방식은 언제나 이와 같다. 성경 속 영웅들의 흠과 불완전을 생각해 보라.

- 베드로는 욱하는 성격에다 말투가 거칠고 어리석었다.
- 마가 요한은 바울을 버렸다.
- 디모데는 궤양이 있었고 두려움에 시달렸다.
- 모세는 말을 더듬었다.

- 라합은 매춘부였다.

- 아모스가 받은 교육은 농사 기술이 전부였다.

- 야곱은 거짓말쟁이였다.

- 사마리아 여인은 여러 명의 남자를 남편으로 두었다.

- 삼손은 바람둥이였다.

- 나오미는 찢어지게 가난한 과부였다.

- 요나는 하나님의 뜻을 피해 도망쳤다.

- 기드온과 도마는 의심이 많았다.

- 예레미야는 의기소침해서 자살까지 생각했다.

- 엘리야는 모든 의욕을 잃었다.

- 세례 요한은 시끄럽고 거칠었다.

- 마르다는 남 탓을 잘했다.

- 노아는 만취 상태에 빠졌다.

하나님은 "심히 큰 능력은 하나님께 있고 우리에게 있지 아니함을 알게 하려"고 늘 깨진 그릇들을 사용하셨다(고후 4:7).[13]

이것이 적어도 내게는 극적인 신학적인 패러다임 전환이었다. 이제 어떻게 해야 할까? 내가 얼마나 형편없이 깨진 그릇인지 사람들이 보면 더 이상 내 리더십을 신뢰하지 않을까? 내 약한 모습을 솔직히 드러내도 괜찮을까? 교회가 이런 종류의 약함을 거부할까? 이것이 당시의 나의 고민이었다.

약함을 바탕으로 한 교회로 변화하라

거의 8년간 강함과 성공을 중심으로 교회를 이끌어 온 끝에 마침내 나는 내 개인적인 삶과 결혼생활이 심각하게 무너져 있다는 사실을 교인들 앞에서 인정했다. 그때부터 우리 교회는 대변혁이 시작됐다. 당시 아내와 나는 우리 부부의 모든 문제점과 치유해 가는 여정을 온 교인에게 솔직히 공개하기로 마음을 먹었다.

나로부터 시작

나의 실수와 약함과 실패를 거리낌 없이 이야기했다. 회의에서 "어떻게 할지 모르겠습니다"라고 내 한계를 인정하기 시작했다. 나의 불안감과 두려움을 솔직히 말했다. 사람들과 함께하고 그들의 말에 귀를 기울이기 위한 시간을 내었다. 전에는 창피해서 숨기기에 급급했던 분노나 질투, 의기소침, 슬픔, 절망 같은 감정을 아내에게 고백했다.

용서하는 법이 달라졌다. 그냥 "미안합니다"라고 간단히 말하고 나서 넘어갔던 과거와 달리 이제는 "저를 용서해 주시겠습니까?"라고 말하고 나서 상대방의 반응을 기다렸다.

아내와 함께 첫 결혼 세미나를 진행하면서 우리 부부의 가슴 아픈 가정사를 자세히 풀어놓았을 때 30대 초반의 새댁인 제인(Jane)이 평평 울며 세미나 장소를 뛰쳐나갔다. 그녀는 나중에 그 연유를 이렇게 설명했다. "자신의 치부를 그렇게 솔직히 드러내는 사람이 있을 줄은 몰랐어요. 더군다나 우리 목사님이 그럴 줄은 상상도 못했어요!" 약함에서 비롯한 하나님 사랑의 거대한 물결이 우리를 휩쓸자 너도나도 숨김없이 모든 것을 털어놓기 시작했다.

처음에는 좀 두렵기도 했지만 기분은 조금도 나빠지지 않았다. 오히려 오랜만에 진정으로 살아 있는 기분과 상쾌한 기분을 느꼈다. 가식의 방어막이 걷히니 하나님의 사랑과 성령의 능력을 전혀 새로운 차원에서 경험하게 되었다.

1996년 이전과 이후의 내 설교를 모두 들어본 사람이라면 차이를 확연히 느꼈을 것이다. 1996년 이후에는 내 성공이 아닌 실패와 약함, 고민에 초점을 맞춘 설교를 했다. 처음에는 꽤 어색하고 두려웠다. 하지만 계속해서 시도하고 또 시도했다. 본문을 성도들에게 설명하기에 앞서 먼저 그 말씀대로 순종하지 못하는 나 자신의 부족함과 씨름했다.

물론 본문을 올바로 해석하고 적절한 예화를 찾고 일관된 논리를 유지하려는 노력은 계속했다. 하지만 완벽해야 한다는 강박관념을 벗어던졌다. 왜일까? 본문대로 살지 못하는 내 약함을 통해 예수님의 능력이 가장 강하게 나타난다는 점을 마침내 깨달았기 때문이다. 그런 면에서 바울의 말이 참으로 옳다(고후 12:7-12). 설교에서 내 약함을 다루는 부분이 불과 10여 분에 불과해도 그 부분을 제대로 준비하기 위해서는 꽤 많은 시간이 필요했다. 덕분에 목회자를 포함한 모든 성도가 하나님 말씀에 순종하기 위해 이를 악물고 노력해야 하는, 똑같은 인간이라는 동질의식이 생겼다.

리더는 진정성을 보여 줌으로써 건강한 제자훈련 문화를 창출해야 한다. 그래서 약함과 흠이 드러나는 순간에 어떻게 헌신할 것인가는 매우 중요하다. 그리고 그런 순간은 우리 모두에게 찾아온다.

다음과 같을 때 나는 교만하고 방어적이다

- 흠과 실수를 감추고 변명한다.
- 가까운 사람들에게 방어적이고 쉽게 서운해 한다는 말을 자주 듣는다.
- 사람들의 흠과 실수와 불완전한 구석이 쉽게 눈에 들어온다.
- 상대방이 묻지 않아도 내 의견을 자주 말한다.
- 급한 상황이 아닌데도 성급하게 조언하거나 나선다.
- 원망을 잘하고 용서를 잘 구하지 못한다.
- 나를 어떻게 개선하거나 바꿔야 할지에 관해서 좀처럼 사람들의 의견을 구하지 않는다.
- 사람들에게 도와달라는 말을 하기 싫어한다.
- 사람들 앞에서 "모른다"라고 말하기를 싫어한다.

리더를 통해 퍼져나가다

뉴 라이프 펠로십 교회의 탁월한 점 가운데 하나는 리더들이 자신의 약점을 거리낌 없이 고백한다는 것이다. 최근 우리 목사 중 한 명은 이런 말을 했다. "자신의 약점을 드러내지 않는 리더가 팀원들의 약점을 지적해 봐야 역효과만 낳을 뿐이다."[14]

자신의 문제점을 솔직히 드러내고 회복을 위해 노력하며 남들의 조언을 받아들일 줄 알아야 한다는 말이다. 우리 교회에 신앙의 영웅 따위는 없다. 그저 인간들만 있을 뿐이다.

우리 교회에서는 목회자와 소그룹 리더들, 중직들, 평신도 사역자들에게 사람들을 이끌면서 늘 자신의 약함과 실패에 관한 이야기를 하도록 권유한다. 사실, 이것은 뉴 라이프 펠로십 교회에서 사역하기 위한 필수 불가결한 덕목 중 하나이다. 하지만 예전부터 그랬던 것은 아니다. 하나님의 혁신적인 문화 방법을 신뢰하도록 한 번에 한 명씩 코치하고 권면한 결과, 조금씩 변화가 이루어져 지금에 이르렀다. 드류(Drew)의 이야기를 들어보라.

젊고 유능한 리더 드류는 수년 전 뉴욕 시로 이사왔다. 그가 직접 전해 주는 다음 이야기는 그가 뉴 라이프 펠로십 교회에서 경험한 문화 충돌과 약함을 받아들이기까지의 여정을 생생하게 보여 준다.

내 삶은 모든 면에서 완벽했다. 목회도 완벽했다. 나는 자신만만했다. 스스로 무적이라고 믿어 의심치 않았다. 10년 넘게 신앙생활을 했으니 그 어떤 복잡한 문제나 힘든 상황도 나를 넘어뜨릴 수 없으리라고 자신했다. 주변에서 모두가 나를 재능이 넘치는 천부적인 리더라고 치켜세웠다. 그러다 보니 점점 방어적이고 공격적인 사람으로 변했다. 겸손한 영웅의 허울을 쓰고 있었지만 속으로는 누구의 말도 들으려고 하지 않는 교만 덩어리였다. 다른 사람을 잘 참아 주지 못하고, 모든 사람을 가르치려고 했다. 약함보다 강함을, 깨어짐보다 완벽함에 가치를 두었다. 하나님이 내게 주신 능력을 자랑하며 콧대가 하늘을 찔렀다. 약함에 관한 설교를 듣고서 뒤통수를 맞은 것 같은 충격을 느꼈다. 좋은 것 같으면서도 좀 위험해 보이기도 했다. 솔직히, 약간 겁도 났다.

하지만 동시에 후련한 해방감을 느꼈다. 복음과 은혜를 보는 새로운 눈을 얻었다. 모든 것에 대한 답을 얻지 못해도 하나님을 믿는 법, 그리고 사람들의 말에 귀를 여는 법을 배웠다. 정말 모를 때는 모른다고 솔직히 인정할 줄 알게 되었다.

요컨대 내가 생각만큼 완벽하지 않다는 것을 깨달았다. 하나님 앞에서, 그리고 물론 사람들 앞에서 깨어지고 약한 모습을 보이면 오히려 온전한 리더요 친구가 될 수 있다는 이상한 진리를 마침내 깨달았다. 거기서 비롯한 해방감이란!

드류의 이야기는 아주 중요한 교훈을 담고 있다. 약함을 통해 사람들을 이끄는 법을 배우는 데는 오랜 시간이 걸린다는 점이다. 2년간의 인턴 과정이 끝났을 때 드류는 놀라울만큼 성장해 있었다. 이후 그는 교회를 개척했으며, 그 교회에서 또 다른 많은 교회가 파생되었다. 약함의 영역에서 그의 성장은 멈추지 않고 그 후로도 계속되었다.

우리는 예수님과 열두 제자에게서 이 더딘 과정을 확인할 수 있다. 예수님은 완벽한 겸손과 약함의 본을 보여 주셨지만 제자들은 교만과 힘, 지위의 늪에서 허덕였다. 그들은 예수님이 십자가에 달리실 때까지도 정신을 차리지 못했다.

이런 종류의 제자훈련은 특히 팀을 이루어서 할 때 많은 시간이 걸리지만 그 효과는 폭발적이다. 이 제자훈련은 언제나 리더들을 변화의 출발점으로 삼기 때문이다. 리더가 바뀌면 조직은 자연스럽게 바뀌게 되어 있다.

교회 전체로 번지다

일단 리더가 변화된 다음에는, 교회 전체적으로 약함의 문화를 구축하기 위한 노력을 시작했다. 짐작했겠지만 이 변화는 하루아침에 이루어지지 않았다.

먼저 우리는 성도들이 실패와 약함 속에서 하나님을 만난 일에 관해서 간증할 자리를 자주 마련했다. 교인들이 자기 영혼의 균열을 솔직히 인정하기를 바랐다. 죄의 결과로 인해 누구에게나 상처가 있기 마련이다. 우리는 예배, 기혼자나 미혼자 수련회, 훈련 모임, 세례식, 소그룹 모임 등 모든 기회를 통해 교인들이 각자의 약함에 관한 사연을 나누게 권면했다. 처음에는 부담을 느끼는 교인들이 많았다. 하지만 우리의 코칭과 일대일 대화 덕분에 점점 믿음으로 나서서 솔직하게 간증하는 분위기가 조성되었다. 그렇게 우리 교회의 문화는 바뀌었고 지금도 계속해서 바뀌고 있다.

요즘 우리 교회 예배 시간에 헤로인 중독자였던 찬양 인도자나 사회적으로 존경받지만 포르노 중독으로 사투를 벌이고 있는 아버지들의 간증을 듣는 것은 전혀 특별한 일이 아니다. 모든 사람의 이야기 속에는 약함이 흐르고 있다. 그래서 우리는 교인들이 약함이라는 공통의 기반 위에서 서로 연결될 수 있는 기회를 하나라도 놓치지 않으려고 한다.

매일 약함을 실천하라

매일같이 약함의 삶을 살기란 여간 어렵지 않다. 내가 누구보다도 잘 알고 있다. 내가 약한 모습을 보이기 싫어하는 몇 가지 영역을 소개해 보면 다음과 같다.

- 하나님이 주신 꿈과 통찰로 새로운 지평을 열고 있는 젊은 리더들에게 배우려고 하지 않는다. "왕년에 나는 더했어!"라는 말이 목구멍까지 올라온다.
- 사람들이 건설적인 비판과 이견을 편하게 제시할 수 있는 환경을 조

성하지 않는다. "무조건 이것이 옳아!"라고 말하고 싶다.

- 나이를 먹어도 한계를 인정하지 않으려고 한다. 육체적으로나 정서적으로나 전혀 느려지지 않은 것처럼 행동하고 싶다.

- 성인이 된 4명의 딸을 성인처럼 대하지 않는다. 그들의 지혜와 인생 여정에서 배우려고 하지 않는다. 요청하지 않아도 조언을 해 주고 싶다.

- 아내와의 관계를 계속해서 가꾸기 위한 시간을 투자하지 않는다. "이만하면 됐지. 여기서 뭘 더 어쩌라고?"라고 말하고 싶다.

내가 쉬운 길로 가지 않도록 막아 준 것 중 하나는 건강한 두려움이다. 나는 마음이 완악해지는 것을 원하지 않는다. 그리고 방심하면 누구라도 완악한 마음이 될 수 있다.[15]

약함의 삶을 살기 위한 가장 중요한 영적 훈련 중 하나는 항복이다. 이 원칙을 가장 잘 보여 주는 사례는 바로 누가복음 13장 11-32절에 기록된 탕자의 비유이다. 나는 렘브란트(Rembrandt)의 그림 '탕자의 귀향'(The Return of the Prodigal Son)에 담긴 상봉 장면에 특히 끌린다. 이 장면은 깨어짐, 약함, 겸손의 길을 가도록 도와주는 훌륭한 시각 자료가 되어 준다.

그림에서 보듯이 둘째 아들은 무릎을 꿇은 채 아버지의 품에 고개를 묻고 있다. 머리카락은 한 올도 남아 있지 않고 몸은 지치고 쇠약해 보인다. 겉옷도 없이 너덜해진 신발을 한 짝만 걸치고 겨우 몸만 가린 옷은 단정하지 못하게 흐트러져 있다. 망가지고 깨어진 삶을 그대로 보여 주는 모습이다.

둘째 아들은 미리 받은 유산을 들고 집을 나가 온갖 추잡한 행실로 가문에 먹칠을 한다. 하지만 상황은 점점 나빠지더니 결국 돼지나 치는 신세로 전락한다. 예수님 당시 돼지우리는 시궁창 중에서도 시궁창이었다. 당시 돼지를 만지면 매춘부와 뒹군 사람만큼이나 불결한 사람 취급을 받았다.

마침내 정신을 차린 둘째 아들은 집으로 돌아가기로 마음을 먹는다. 창피함에 고개를 푹 숙이고 아버지의 집에 거의 이른다. 아버지는 아들을 보자마자 버선발로 달려 나간다. 아들이 준비한 대사를 읊기도 전에 와락 안는다. 그리고 전혀 뜻밖의 상황이 펼쳐진다.

아버지가 반복적으로 아들에게 입을 맞춘다. 헬라어 원문에는 '반복적'이란 의미가 함축되어 있다. 아버지의 사랑은 과도할 정도이다. 아버

〈그림18〉 탕자의 귀향

지는 누더기 옷을 가장 좋은 예복으로 갈아입히고 법적인 권위를 상징하는 인장 반지를 손가락에 끼워 준다. 가문에 속한 자유인의 신발도 신겨 준다. 그렇게 아들의 지위를 회복시켜 준다. 그러고 나서 요란한 풍악과 함께 성대한 잔치를 연다. 렘브란트의 이 그림은 매일 약함을 실천하는 것이 무엇인지를 생생하게 보여 준다.

둘째 아들의 망가진 모습

잠시 그림을 한 번 더 보라. 특히 둘째 아들을 눈여겨보라. 둘째 아들의 깨어진 모습은 크리스천의 삶이 어떠해야 하는지를 잘 보여 준다. 우리는 회개하고 구원받을 때만 무릎을 꿇지 않는다. 하나님을 향한 우리의 자세는 늘 깨어짐과 약함의 자세여야 한다. 하나님의 품에 안겨 그분의 사랑에 흠뻑 취해야 한다. 그러기 위해서는 의지가 필요하다. 그렇지 않으면 그림에서 아버지 바로 뒤에 서 있는 첫째 아들처럼 되기 쉽다.

의지가 관건이다. 둘째 아들은 강압에 의해서가 아니라 자신의 의지에 따라 무릎을 꿇은 것이다. 그는 자신의 옛 삶이 철저히 이기적이었고 현재 자신이 아무것도 없는 신세임을 알고서 무릎을 꿇었다. 하나님 앞에서 우리 모두가 이런 신세이다.

렘브란트의 그림을 다룬 역작 《탕자의 귀향》(*The Return of the Prodigal Son*)에서 헨리 나우웬은 둘째 아들이 집을 떠난 것을 아버지의 사랑이 있는 곳, 존재의 깊은 곳에서 "너는 내 사랑하는 아들이라 내가 너를 기뻐하노라"라는 음성을 들을 수 있는 곳에서 떠난 것이라고 말한다. 그의 말을 들어 보자.

하지만 나는 반복해서 집을 떠났다. 축복의 손을 뿌리치고 사랑을 찾아 머나먼 곳으로 갔다! 이것이 내 삶, 나아가 내 여정 중에 만난 수많은 사람들의 크나큰 비극이다. 어떤 이유에서인지 나를 사랑하는 자로 부르시는 음성에 귀가 멀어버렸다. … 다른 목소리가 사방에서 들려온다. … 주변의 어두운 목소리들은 내가 형편없는 자이고, 스스로 성공의 사다리를 올라가야만 나아질 수 있다고 속삭인다.[16]

리더라면 누구나 공감이 갈 만한 이야기라고 생각한다. 우리는 사람들의 눈에 들고 성공을 이루고 인정을 받기 위해 부단히 애를 쓴다. 하지만 그 과정에서 한계라는 하나님의 선물을 놓치고 집을 떠난다. 아버지의 사랑이 가득한 곳을 떠나 결국 길을 잃는다.

설교 중 실수한 발언을 정중하게 지적해 주는 말을 듣고 의기소침해진다. 타인의 성공을 시기한다. 미안해서 차마 거절하지 못한다. 이 모든 것이 길을 잃은 것이다. 하나님의 사랑 안에서 쉴 수 있는 집을 떠난 것이다. 나를 모욕한 사람을 봐도 아는 체하지 않는 식으로 복수를 한다면 집을 떠난 것이다. 길을 잃은 것이다. 어서 몸을 돌려 그리스도께로 돌아가야 한다.

나는 둘째 아들이 사는 곳에서 살고 싶다. 무릎을 꿇은 채 머리를 아버지의 품에 묻고서 아버지의 따스한 포옹을 받고 싶다. 그런 자세로 내가 얼마나 연약한지를 절감할 때 "그리스도의 사랑(의)…너비와 길이와 높이와 깊이가 어떠함을" 만분지일이나마 경험할 수 있다(엡 3:18-19).

첫째 아들, 길을 잃은 모습

약함의 삶에서 벗어나 길을 헤매는 것은 구체적으로 어떤 모습일까? 첫째 아들이 그런 삶을 잘 보여 준다. 렘브란트의 그림에서 첫째 아들은 아버지처럼 황금색으로 수놓인 최고급 옷을 잘 차려입고 있다. 하지만 아버지와 달리 얼굴에 짜증이 가득하다. 가문에 먹칠을 하고 가족의 재산을 탕진한 동생을 위한 아버지의 성대한 잔치에 불만을 품고 있다.

큰아들은 특별히 잘못을 저지르지 않지만 마음이 잘못되어도 한참 잘못되었다. 자신이 얼마나 길을 잃었는지를 전혀 모르고 있다는 점에서 오히려 동생보다도 더 심각하다. 의무를 충실히 수행하면서 훌륭한 외향만 추구하다 보니 자신의 내적 상태를 보지 못하게 되었다.

첫째 아들은 몸은 아버지와 살고 있지만 마음은 집을 떠나 아버지의 사랑에서 멀어져 있다. 첫째 아들은 하나님의 집에서 그분의 명령을 잘 수행하면서도 얼마든지 길을 잃은 상태일 수 있다는 경종을 울린다. 매일 의지적으로 나의 약함을 직시하고 받아들이지 않으면 언제라도 첫째 아들처럼 될 수 있다.

화를 다스리지 않고 부글부글 끓일 때, 수시로 불평하고 투덜거릴 때, 상처를 털어버리지 못할 때, 그럴 때마다 나는 큰아들의 영역으로 들어간다. 이것들은 내가 첫째 아들이라는 확실한 증거들이다.

교회는 집에서 도망치는 둘째 아들과 분노와 불만을 삭이는 큰아들로 가득하다. 내가 누구보다 잘 안다. 나는 둘 다이기 때문이다. 이것이 내가 매일 약함을 실천해야 하는 이유이다. 예수님의 탕자 비유와 렘브란트의 그림 덕분에 나는 그렇게 할 수 있었다. 특히, 침묵 가운데 예수님과 교제하는 시간이 약함을 실천하기에 안성맞춤이다.

이 여정의 끝에는
부활이 기다리고 있다

약함으로 살고 약함의 리더십을 발휘하는 쪽으로 한걸음 나가려면 많은 두려움과 질문을 다루어야 한다. 나와 비슷한 사람이라면 온갖 최악의 시나리오들이 머릿속에서 맴돌 수도 있다.

이번 장에서 우리는 약함을 실천하는 교회의 4가지 핵심적인 특징을 살펴보았다. 약함의 신학을 개발하는 것, 핸디캡이라는 선물을 받아들이는 것, 약함을 바탕으로 한 교회로 변화하는 것, 매일 약함을 실천하는 것이 그 특징들이었다.

이런 변화는 정말 힘들기 때문에 이 여정의 끝에는 부활이 기다리고 있다는 말로 당신을 격려하고 싶다. 사실 이는 기독교의 핵심이다. 즉 죽음에서 생명이 나오고, 낮은 자가 높아지고, 나중 된 자가 먼저가 되고, 심령이 가난한 자가 천국을 기업으로 받는다.

다음 기도로 시각을 바꾸어 보기를 강권한다. 하나님은 이 기도를 통해 내가 이 약함의 여행을 포기하지 않도록 격려해 주셨다. 당신에게도 큰 힘이 되리라 믿어 의심치 않는다.

> 성공하고 싶어 힘을 구했지만
> 겸손히 순종하는 법을 배우도록 약하게 만드셨습니다.
> 더 큰일을 행하고 싶어 건강을 구했지만
> 더 나은 일을 하도록 허약하게 만드셨습니다.
> 행복해지고 싶어 부를 구했지만

지혜로워지도록 가난하게 만드셨습니다.

세상의 찬사를 받고 싶어 힘을 구했지만

하나님을 갈구하도록 약함을 받았습니다.

삶을 즐길 수 있게 해 줄 모든 것을 구했지만

모든 것을 즐길 수 있도록 생명을 받았습니다.

구한 것은 하나도 받지 못했지만 소망하던 것은 모두 받았습니다.

구하지 않은 기도는 뜻밖에도 다 이루어졌습니다.

그래서 저는 누구보다도 복 받은 사람입니다.

정서적으로
건강한 제자훈련
운영체제

앞서 설명한 것처럼 사람들을 깊이 변화시키는 제자훈련을 실행하려면 단순히 몇 가지만 고치는 것으로는 불가능하다. 컴퓨터의 운영체제를 통째로 바꾸는 것보다도 더 큰 변화가 필요하다.

새로운 운영체제로서의
제자훈련

컴퓨터는 운영체제로 돌아간다. 알다시피 운영체제는 하드웨어와 다른 프로그램들이 실행되도록 돕는 기본 프로그램이다. 운영체제가 깔리지 않은 컴퓨터는 쓸모가 없다.

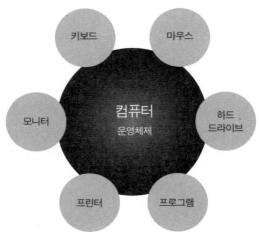

〈그림19〉 컴퓨터 운영체제

가장 흔한 컴퓨터 운영체제는 마이크로소프트(Microsoft)의 윈도우와 애플(Apple)의 맥 OS다. 각 운영체제는 각기 다른 프로세스를 통해 프로그램과 하드웨어의 다양한 기능을 통제한다. 각 프로세스는 특정한 규칙과 한계를 지니고 있다. 그래서 한 운영체제에서 사용할 수 있는 프로그램을 다른 운영체제에서는 사용할 수 없다.[1] 한 운영체제에서 사용되는 프로그램은 다른 운영체제와는 호환되지 않는다. 운영체제마다 다른 프로그램이 사용 가능하다.[2]

내가 운영체제에 관해서 아는 지식은 겨우 이 정도이지만 운영체제의 비유가 제자훈련에 아주 잘 들어맞는다. 생각해 보라. 이메일, 스프레드시트, 워드 프로세서 등 우리가 매일 사용하는 프로그램 이면에서 기능하는 운영체제는 눈에 보이지 않는다. 마찬가지로, 제자훈련에 관한 모든 접근법도 저마다 잘 눈에 보이지 않는 운영체제를 가지고 있다.

우리는 그냥 기도하고 갈등을 다루고 믿음을 전할 뿐이라고 생각하지만, 이 모든 활동에 대한 우리의 접근법을 통제하는 운영체제가 존재한다. 이 체제에는 제자훈련과 영적 성장에 대한 우리의 접근법을 결정하는 온갖 종류의 가정들이 포함되어 있다. 그래서 많은 사람이 수십 년 동안 똑같은 방식으로 기도하고 갈등을 다루고 믿음을 전해 왔다. 그 방식이 효과적인지와는 상관없이 말이다.

우리는 삶의 깊은 변화를 촉진시키지 못하는 전통적인 제자훈련 운영체제를 계속해서 사용하고 있다. 이것은 일종의 운영체제이기 때문에 눈에 보이지 않는다. 이것이 문제이다. 보이지 않으면 이해할 수 없어서 도움이 되지 않기 때문이다. 그렇게 되면 하나님이 예비하신 것들을 온전히 누릴 수 없다. 그것들이야말로 우리에게 절실히 필요한 것인데 말이다.

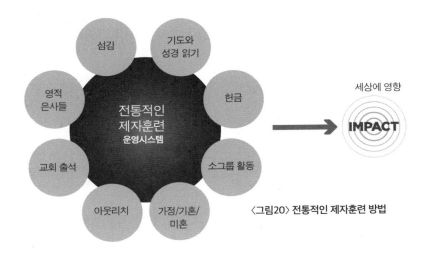

〈그림20〉 전통적인 제자훈련 방법

전통적인 제자훈련 운영체제는 그리스도를 위해 세상에 영향을 미치
는 제자 양성이라는 분명한 목적과 프로세스로 돌아간다. 여기에는 교회
출석, 소그룹 참여, 섬김에 시간과 재능, 물질을 투자하는 것 같은 훈련이
포함된다.

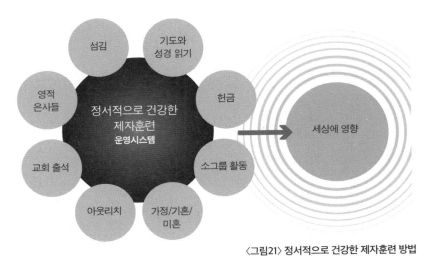

〈그림21〉 정서적으로 건강한 제자훈련 방법

새로운 프로그램, 새로운 예배와 아웃리치 방식, 특정한 성경 진리들
에 대한 심화 학습 같은 독특한 요소들을 추가할 수는 있다. 하지만 전통
적인 접근법의 기본 가정과 프로세스는 동일하다. 교인들의 삶을 변화시
켜 그들이 세상에 영향을 미칠 수 있도록 교제와 섬김과 헌금의 훈련을
시키는 것이다.

문제는 우리가 이런 전통적인 제자훈련 운영체제의 한계에 관해 잘
생각하지 않는다는 점이다. 정서적으로 건강한 제자훈련은 다음과 같은
3가지 특징을 가진 새 운영체제라고 말할 수 있다.

1. 전통적인 제자훈련 모델에서 빠진 성경적인 진리들을 반영한다. 한계
   라는 선물을 받아들이기, 슬픔과 상실을 받아들이기, 과거의 힘을 깨
   뜨리기, 사랑을 영적 성숙의 척도로 삼는 것, 약함 속에서 사는 것이
   그 진리들이다.
2. 하나님, 우리 자신, 남들을 머리로만이 아니라 실질적인 삶으로 사랑
   하게 된다.
3. 외적인 행동보다는 내적인 상태에 초점을 맞춘다. 삶의 속도를 늦춰
   예수님 안에서 내적으로 변화된다.

그렇다면 정서적으로 건강한 제자훈련을 교회에서 구체적으로 어떻
게 실행하고 유지해야 할까? 구체적인 단계들을 밟기 전에 정서적으로
건강한 제자훈련을 떠받치는 3가지 이면의 요소를 알고 인정하는 것이
매우 중요하다. 첫째, 교회를 위한 크고 장기적인 비전이다. 둘째, 7년에
서 10년이 걸리는 성경적인 패러다임의 전환이다. 셋째, 안에서 밖으로 뻗

어간다. 즉 리더에서 핵심 팀원들에게로 그리고 교회 전체로 뻗어간다.

이 3가지 요소를 이해하는 것이 중요한 이유는 다음과 같다. 먼저 현실적인 기대가 필요하다. 사람들이 영적 여행을 처음 시작할 때는 의욕이 넘치기 때문이다. 그들에게 이제 긴 여행의 겨우 시작일 뿐이라는 점을 알려 주어야 한다. 또 제자훈련은 느린 과정이니만큼 장기적인 비전이 필요하다. 그래야 예수님과 함께하는 이 새로운 여행에서 사람들이 끝까지 버틸 수 있다.

정서적으로 건강한 제자훈련을 위한
3가지 요소

정서적으로 건강한 제자훈련의 기초 위에 사역 단체나 교회나 비영리 단체를 세우는 것은 새로운 컴퓨터 운영체제를 구축하는 것과 매우 흡사하다. (메인모드, 저장장치, CPU 같은) 핵심 요소들을 모아서 조합해야 한다. 정서적으로 건강한 제자훈련의 경우에는 3가지 요소를 조합해야 한다.

교회를 위한 크고 장기적인 비전

보통 우리의 목표는 교인들이 예배에 출석하고 소그룹에 참여하고 재정적으로 기여하고 섬김을 실천하는 교회를 세우는 것이다. 우리는 이런 활동에 적극적으로 참여하는 것이 곧 개인적으로 예수님과 사랑의 연합이 이루어진 증거라고 생각한다. 하지만 그것은 오산이다. 전혀 그렇지 않을 수 있다.

사실, 제자훈련이 주로 설교를 통해 이루어진다고 생각하는 목회자들이 너무 많다는 사실이 나로서는 의외이다. 그것은 마치 신생아실에 들어가서 아기들에게 우유를 뿌리고 난 후 잘 먹였다고 말하는 것과도 같다.[3]

정서적으로 건강한 제자훈련은 세상을 위해 예수님의 진정한 제자들을 키우겠다는 굳은 결단 위에서 이루어진다. 그래서 성공의 척도는 머릿수(출석하고 참석하고 섬기는 사람들의 숫자와 헌금 액수)에서 깊은 변화를 이룬 제자가 또 다른 제자들을 키운다는 장기적인 비전으로 이동한다. 다음 그림을 보면 이런 제자훈련이 구체적으로 어떤 모습이며 전통적인 제자훈련과 어떻게 다른지에 관해 어느 정도 감이 잡히리라 생각한다.

전통적인 제자훈련

변화적인 제자훈련

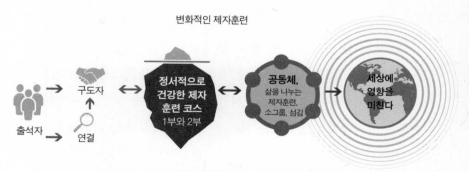

〈그림22〉 전통적인 제자훈련과 변화적인 제자훈련의 경로

정서적으로 건강한 제자훈련은 되는 대로 하는 제자훈련이 아니다. 지혜롭고도 계획적인 제자훈련을 위한 성경적인 콘텐츠와 구조를 제공해 준다.

예수님은 잘 훈련받은 12명의 제자가 자신과 함께 하나님 나라를 만들어 가는 데 있어 중요한 역할을 할 것임을 아셨다. 디트리히 본회퍼(Dietrich Bonhoeffer)의 말처럼 "살아 계신 그리스도가 빠진 기독교는 제자훈련이 빠진 기독교일 수밖에 없고, 제자훈련이 빠진 기독교는 언제나 그리스도가 빠진 기독교다."[4]

다시 말해, 깊은 변화를 이끌어 내는 제자훈련이란 길고도 더딘 과정을 포기하고 빠른 수적인 성장을 위한 피상적인 방식으로 회귀하기 쉽지만, 그렇게 해서는 교인들이나 교회들의 깊은 변화는 불가능하다. 그저 겉으로만 그럴싸해 보일 뿐이다.

교회 안에 자리를 잡기까지의 시간

그렇다. 7-10년이나 걸린다. 정서적으로 건강한 제자훈련은 짧은 기간에 뚝딱 이룰 수 있는 일이 아니다. 하나님의 나라는 언제나 거의 눈에 띄지 않을 정도로 천천히 자라는 겨자씨와도 같다(막 4:26-32). 우리가 머리로 아는 진리를 경험적으로 알고 일상 속에서 꾸준히 그 진리대로 살기까지는 많은 시간이 걸린다.

현대 교인들은 3가지 큰 요인에 의해 심각한 기형으로 변형되었다. 무조건 더 크고 좋고 빠른 것을 외치는 현대 문화, 어릴 적 가정환경, 자신이 속한 민족의 가치관이 그 요인들이다. 그렇다면 이 모든 요인을 바꾸어야 한다는 뜻이다. 기존에 배운 것을 버려야 할 것도 많고, 예수님의 새

가족 안에서의 삶에 관해서 새롭게 배워야 할 것도 많다.

예수님이 제자들을 훈련시키신 일에서 느린 변화의 과정을 볼 수 있다. 예수님은 거의 3년 동안 매일 그들에게 온 삶을 쏟아 부으셨다. 정서적으로 건강한 제자훈련은 삶의 모든 영역을 변화시킬 정도로 포괄적인 새로운 제자훈련의 패러다임이다.

나는 정서적으로 건강한 제자훈련을 실행하기 위해 필요한 변화를 코페르니쿠스 혁명에 빗대곤 한다. 그 이야기를 기억하는가? 16세기 폴란드 과학자 니콜라스 코페르니쿠스(Nicolaus Copernicus)는 거의 1400년간 사람들이 믿어 왔던, 지구가 우주의 중심이라는 가정에 이의를 제기했다. 지구가 방대한 우주에서 태양을 도는 많은 행성 중 하나라는 발견은 사회의 기초 자체를 흔들었고 많은 사람에게 큰 충격을 안겨 주었다. 그때부터 모든 사람은 우주와 그 안에서 자신의 자리를 완전히 새로운 시각으로 보기 시작했다. 그 전까지의 모든 정보와 데이터를 새로운 시각으로 보고 분석하게 되었다.

요즘에도 커다란 패러다임 전환에 대해 코페르니쿠스 혁명이란 표현을 갖다 붙인다. 삶을 바라보는 시각을 송두리째 바꿔 놓는 개념, 세상과 그 안에서 우리의 자리를 이해하는 방식을 근본적으로 바꿔 놓는 개념을 만나면 코페르니쿠스 혁명과도 같다고 말한다. 정서적으로 건강한 제자훈련은 많은 교인들과 교회들 안에서 코페르니쿠스 혁명과도 같은 대지진을 일으킬 것이다.

나아가, 7-10년 안에 교회 문화 전체에 대변혁을 가져올 것이다. 제자훈련을 둘러싼 신학만이 아니라 건강한 공동체에서 올바른 리더십과 건강한 가정까지 모든 것을 정의하는 방식을 근본적으로 바꿔 놓을 것이다.

리더

정서적으로 건강한 제자훈련은 머리로 이해하기는 어렵지 않다. 이 책에서 소개한 성경의 진리들은 설교에서 흔히 들을 수 있는 내용이다. 하지만 하나님은 우리가 이 진리들을 지식적으로만 아는 것이 아니라 이 진리들을 통해 깊은 변화를 경험하기를 원하신다. 그렇지 않으면 그저 교회에 또 다른 프로그램과 활동 하나를 더한 것에 지나지 않는다. 그것은 우리 교인들에게 진정으로 필요한 것이 아니다.

아내는 자전거를 배우는 것에 빗대어 이 역학을 설명하곤 한다. 내가 당신에게 자전거 타는 법에 관한 책을 읽어 줄 수도 있고 동영상을 보여 줄 수도 있다. 내가 직접 자전거를 타고 시범을 보여 줄 수도 있다. 하지만 내가 아무리 그렇게 해 주어도 당신은 자전거를 타는 법을 터득할 수 없다. 스스로 타고 몸으로 터득해야 한다.

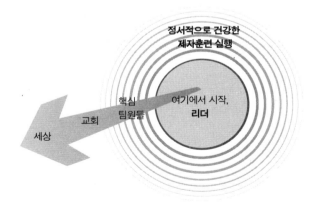

〈그림23〉 정서적으로 건강한 제자훈련의 방향성

마찬가지로, 이 책에서 설명한 정서적으로 건강한 제자훈련의 7가지 지표는 당신이 직접 삶으로 살아내야 하는 것들이다. 당신의 독특한 기질과 소명을 통해 당신의 배경 속에서, 예수님과 함께 걷는 당신 자신의 여행 속에서 직접 살아내야 한다.

명심하라. 우리가 외적으로 무엇을 하느냐보다 우리가 내적으로 어떤 상태이냐가 훨씬 더 중요하다. 우리가 가지지 못한 것을 줄 수는 없다. 그렇기 때문에 우리가 섬기는 사람들에게 베풀 수 있는 가장 큰 사랑은 그들에게 뭔가를 가르치기 전에 먼저 그들을 하나님의 느린 변화 속으로 던지는 것이다.

핵심 팀원들

핵심 팀원들에게 사역 기술만 가르칠 것이 아니라 그들의 개인적인 성장에 투자해야 한다. 그들은 리더와 함께 조직 문화의 가치를 수호하는 역할을 맡아야 한다. 과거의 나는 핵심 팀원들이 알아서 모든 것을 잘할 것이라고 생각했었다. 그래서 그들이 교회 안에서 건강하지 못한 관계를 보여줄 때마다 혼란스러웠고, 그런 상황이 반복되자 화를 내기도 했다.

물론 그들은 미성숙한 행동과 모난 구석들을 계속해서 드러냈다. 하지만 그럴 수밖에 없었다. 그들이 아는 전부였기 때문이다. 많은 리더들이 이미 성숙하게 변한 사람들이 짠하고 나타나기를 바라지만 그런 경우는 거의 없다.

예수님은 12명의 핵심 팀원들에게 자신을 쏟아 부으셨고, 훗날 그들은 새롭게 탄생한 교회의 문화를 형성했다. 이 과정은 시간이 걸렸다. 그것도 아주 많은 시간이 걸렸다.

크리스천 리더로서 우리는 핵심 팀원들을 키우는 일에 우리 시간의 많은 부분을 투자해야 한다. 우리가 권장하는 신학을 사람들이 실천하게 되려면 먼저 핵심 팀원들이 그 신학을 삶으로 구현해야 한다. 또한 핵심 팀원들에게 특히 스트레스와 갈등 상황에서 유용한 새로운 관계 기술들을 가르쳐야 한다. 핵심 팀원들은 이 자료를 완벽히 터득해서 삶의 다양한 상황에 적응할 수 있어야 한다. 그래야 남들도 그렇게 하도록 훈련시킬 수 있다. 공식은 다음과 같이 간단하다.

> 분명한 신학 + 새로운 기술 + 새로운 언어 +
> 의식적인 실천 = 변화된 공동체

특히 스트레스와 갈등 상황 속에서 누군가를 계획적이고 진지하게 훈련시킬수록 사역 전체의 성숙도가 몇 갑절이나 높아진다.

교회

정서적으로 건강한 제자훈련은 프로그램은 아니지만 교회 안에 장기적이고도 구조적인 변화가 나타나려면 사람들이 피상적인 제자훈련에서 예수 안에서의 깊은 변화로 나아가도록 돕는 실천적인 요소들이 필요하다. 깊이 있는 양질의 제자훈련을 사역의 중심에 두고서, 예수님을 따르는 일을 중심으로 모든 공동체를 연합시키기 위한 성경적인 틀을 제공해야 한다는 뜻이다.

이것이 중요한 이유는 오늘날 세상 문화의 모든 것이 쉬운 길을 권장하기 때문이다. 그래서 예수님을 닮은 믿음의 아비와 어미를 키우는 느리고 힘든 과정보다 피상적인 제자훈련으로 흐르기 쉽다. 우리 사람들이 변화되어서 새로운 삶을 살기를 바란다면 제자훈련이 단순한 영적 활동들의 집합이 아니라 실제로 살아내야 할 삶이라는 점을 가르쳐야 한다. 바로 이것이 우리가 '정서적으로 건강한 제자훈련 코스'를 개발한 취지이다.

정서적으로 건강한
제자훈련 코스

우리는 21년 넘게 연구하고 개발하고 실험한 끝에 오늘날 제자훈련에서 빠져 있다고 확신하는 핵심 요소들을 찾아 '정서적으로 건강한 제자훈련 코스 : 1부와 2부'를 개발할 수 있었다. 이것은 예수님과 함께하는 진지한 제자훈련을 시작하게 도와주는 기초적인 코스다. 전체 코스는 8주간이며 총 2개로 이루어져 있다.

1부 정서적으로 건강한 영성
1. 정서적으로 건강하지 못한 영성의 문제
2. 참 자아를 찾기 위해 거짓 자아를 벗어 버리라
3. 당신의 발목을 잡는 과거와 화해하라
4. 한계를 깨달아 그 너머의 삶을 보라
5. 슬픔과 상실을 통해 영혼을 확장하라
6. 매일기도가 삶의 리듬이 되게 하라
7. 정서적 성숙을 통해 예수의 참 제자가 되라
8. 하나님의 길을 신실하게 따라갈 삶의 규칙을 세우라

2부 정서적으로 건강한 관계

　　우리가 이 활동을 소그룹 커리큘럼이 아닌 코스라고 부르는 것은 그만큼 기대하는 바가 크기 때문이다. 정서적으로 건강한 제자훈련 코스에 참여하면 숙제도 해야 하고, 훈련된 조장과 진행자가 진행해야 한다. 대부분의 소그룹과 비슷하게 목회적 돌봄과 공동체의 요소를 갖고 있지만 매주 성경을 읽고 공부하고 기도하고 함께 모이는 시간적 투자를 필요로 한다. 주중에 자료를 읽고 묵상하고 실천하는 일도 중요하다.

　　이 코스는 삶의 깊은 밑바닥을 스스로 확인하고 거기에 있는 것들을 하나님 앞으로 가져가게 해 준다. 주된 목표는 예수님과의 개인적인 관계를 가꾸는 것이다. 그러기 위해서 자주 하나님의 임재 안에서 조용히 있는 시간을 갖고, 성무일도를 통해 매일 두 번씩 예수님을 만나는 리듬을 기르도록 한다.

　　우리는 이 코스를 진행하려는 사람들에게 2가지 조건을 이야기해 준다. 첫째, 리더가 먼저 훈련하기 전에 교회에서 이 코스를 진행하지 않게 한다(www.emotionallyhealthy.org/lead에서 훈련 자료를 무료로 구할 수 있다). 둘째, 조장이 이 코스를 그룹원에게 가르치기 전에 먼저 자신부터 삶 속에서 이것들을 실천하기 시작할 것을 권한다. 우리가 이 2가지 조건이 충족되지 않으면 반드시 (성무일도와 새로운 기술 연습 같은) 핵심 요소들이 실종된다는 사실을 발견했다. 숙제를 최소한도로 축소해서 내어 주거나, 참여자들에게 출석 외에 특별한 것을 기대하지 않는 일이 발생한다. 이런 운영체제로는 사람들이 예수님 안에서 깊이 변화될 수 없다.

지금 수많은 리더들이 증언하고 있듯이, 리더들이 이 코스를 제대로 훈련하고 먼저 삶으로 실천하면 교회 전체가 몰라보게 달라진다. 그러니 제발 성급하게 굴지 말기를 바란다. 우리가 피상적인 제자훈련에 빠진 것이 하루아침에 일어난 일이 아닌 것처럼 문제 해결도 하루아침에 되지 않는다.

'정서적으로 건강한 영성 : 1부'의 목표는 하나님을 향한 사랑에서 자라도록 만드는 것이다. 정서적으로 미성숙하면 영적으로 성숙해질 수 없다. 1부는 정서적으로 건강한 제자훈련을 위한 신학적 기초를 제공해 준다. 1부에는 《정서적으로 건강한 영성》(*Emotionally Healthy Spirituality*)을 읽고 《정서적으로 건강한 영성 하루 묵상》(*Emotionally Healthy Spirituality Day by Day : A 40-Day Journey with the Daily Office*)을 사용하여 하루에 두 번씩 예수님을 만나는 리듬을 기르는 것이 포함된다. 《정서적으로 건강한 영성 하루 묵상》의 8가지 묵상은 이 8주 코스의 8개 주제에 대응된다. 참여자들은 코스 중에 《정서적으로 건강한 영성 소그룹 워크북》(*The Emotionally Healthy Spirituality Course Workbook*)을 사용하게 된다. 8개의 수업은 다음과 같다.

1. 정서적으로 건강하지 못한 영성의 문제(사울)
2. 참 자아를 찾기 위해 거짓 자아를 벗어 버리라(다윗)
3. 당신의 발목을 잡는 과거와 화해하라(요셉)

4. 한계를 깨달아 그 너머의 삶을 보라(아브라함)

5. 슬픔과 상실을 통해 영혼을 확장하라(예수님)

6. 매일기도가 삶의 리듬이 되게 하라(다니엘)

7. 정서적 성숙을 통해 예수의 참 제자가 되라(선한 사마리아인)

8. 하나님의 길을 신실하게 따라갈 삶의 규칙을 세우라(초대 교회)

우리 교회를 비롯한 많은 교회가 1년에 2-3번 '정서적으로 건강한 영성: 1부'를 진행한다. 그렇게 되면 정서적으로 건강한 영성이 교회 전체 제자훈련의 기초가 될 수 있다. 우리 웹사이트인 www.emotionallyhealthy. org/lead는 수준 높은 훈련과 코칭 지원, 추가 자료들을 제공하고 있다.

'정서적으로 건강한 관계: 2부'는 남들을 성숙한 방식으로 사랑하기 위한 8가지 핵심 기술을 가르친다. 우리는 이 8가지 도구를 '정서적으로 건강한 기술들'이라고 부른다. 보기에는 간단하지만 각 기술은 심오한 신학적 기초를 바탕으로 하며, 이해하고 적용해야 할 다양한 영역을 포함하고 있다. 예를 들어, 참여자들은 분명하고도 예의 바르고 솔직하게 말하는 법, 예수님처럼 경청하는 법, 기대와 가정을 분명히 하는 법, 상대방과 더러운 싸움이 아닌 깨끗한 싸움을 하는 법을 배우게 된다. 이 2부는 다음과 같은 수업으로 이루어져 있다.

1. 공동체의 온도를 읽으라

2. 독심술을 그만두라

3. 기대를 분명하라

4. 가계도를 그리라

5. 빙산을 탐험하라

6. 성육신적인 경청을 실천하라

7. 진정성의 사다리를 오르라

8. 깨끗하게 싸우라

모든 기술은 매일의 삶과 관계에 성경 말씀을 적용하는 것을 바탕으로 한다. 또한 참가자들은 《정서적으로 건강한 영성 소그룹 워크북》을 사용하여 하루에 2번씩 예수님을 만나는 리듬을 기르게 된다. 이 워크북의 8가지 묵상은 이 8주 코스의 8개 주제에 대응된다.

나는 우리 교인들뿐 아니라 다른 목회자와 리더들을 대상으로 10년 넘게 '정서적으로 건강한 제자훈련' 1, 2부를 진행해 왔다. 매번 하나님은 나를 새롭게 만나 주신다. 왜일까? 성경의 진리는 끝이 없기 때문이다. 성경 말씀을 마주할 때마다 하나님은 나를 더 깊이 이끌어 그 말씀을 내 신앙 여정의 현 시점에 또 다시 새롭게 적용하게 해 주신다.

당신을 위한
축복의 기도

깊이 변화된 제자들을 키우는 일이 힘들까? 물론이다. 수많은 성경 구절 및 진리와 씨름해야 그 일을 감당할 수 있다. 많은 시간이 걸릴까? 물론이다. 리더의 희생이 따를까? 당연하다. 하지만 이 노력을 하지 않았을 때의 희생이 훨씬 더 클 것이다.

330

예수님은 그분의 멍에가 쉽고 그분의 짐은 가볍다고 약속하신다(마 11:28-30). 이는 무엇보다도 그분을 따라 이 느리고 고된 제자훈련 과정을 묵묵히 수행하는 이들에게 주시는 약속이다.

정서적으로 건강한 제자훈련은 당신의 교인들을 하나님 앞으로 이끌어 성경을 통해 철저히 변하게 만들 것이다. 이 훈련은 이생을 넘어 영원까지 뻗어갈 만큼 넓고도 깊은 열매를 만들어 낼 힘이 있다. 아무쪼록 이 비전에서 제자훈련이라는 고된 길을 끝까지 걸을 용기와 힘을 얻기를 바란다.

우리 집 현관에 걸려 있는 아름다운 축복 기도로 이 책을 마치고자 한다. 아내와 나는 우리 집에 찾아오는 이들, 특히 다시 보기 힘든 이들에게 이 축복의 기도를 해 주곤 한다. 언젠가 천국에서 다시 볼 것을 기대하며 기도한다. 예수님의 손을 붙잡고 이 낯선 제자훈련의 길을 떠나는 당신에게도 이 축복의 기도를 해 주기를 원한다.

> 주님이 어디로 보내시든
> 주님의 평강이 함께하기를 기도합니다.
> 광야를 무사히 통과하도록 주님이 인도하시고
> 풍랑을 무사히 지나도록 보호하시기를 기도합니다.
> 주님이 그동안 보여 주신 것들로 인해 기뻐하며
> 집으로 돌아오게 되기를 기도합니다.
> 집으로 돌아와 기뻐하며
> 이 문으로 다시 들어오게 되기를 기도합니다.[5]

건강한
교회문화의
여섯 가지 지표

내가 전 세계 수많은 교회와 협력하면서 얻은 가장 귀한 통찰 가운데 하나는 건강한 문화를 창출하는 것이 사람들의 삶에 영향을 미치는 일뿐 아니라 교회의 장기적인 사명을 위해서도 매우 효과적인 전략이라는 점이다. 세상을 위해 깊이 변화된 제자와 리더들을 키우는 것을 목표로 삼는다면 건강한 문화 창출이 더없이 중요하다. 배경과 문화, 자라온 환경까지 사람들의 온갖 차이를 잘 버무려, 예수님의 새로운 가족으로서 세상과 전혀 다른 문화를 이루어내야 한다.

그렇다면 문화란 정확히 무엇인가? 문화는 주로 불문율과 관행으로 이루어져 있기 때문에 정의하기가 여간 까다롭지 않다. 문화는 한 장소의 불명확하고 부정확한 분위기 혹은 특성이다. 그래서 실제로 경험해 보지 않고서는 기술하기가 어렵다. 말로 표현한 설명을 듣고 이해하는 것보다 직접 느껴보는 편이 훨씬 쉽다. 문화에 관해서 내가 본 가장 단순하면서도 가장 좋은 정의는 특정 집단의 "학습된 생각과 행동 패턴의 총합"[1]과 "인류가 세상을 재료로 만드는 것"[2]이다.

구글(Google), 애플, IBM 같은 다국적 기업들은 매우 독특한 문화를 갖고 있다. 민족과 정치 집단, 국가들도 저마다 다른 문화를 꽃피우고 있다. 교단과 선교 단체들도 문화를 가지고 있다. 모든 교회, 사역 단체, 프로젝트 팀도 그 집단의 정신이나 기풍을 형성하는 독특한 스타일을 갖고 있다. 그렇다고 해서 문화가 늘 '저절로' 형성되는 것은 아니다. 문화는 인간이 창출하고 형성하고 유지해야 하는 것이기도 하다. 그리고 그렇게 할 책임은 리더에게 있다.

이것이 실제로 어떤 의미인지를 이해하도록 돕기 위해 정서적으로 건강한 교회 '문화'의 6가지 특성을 규명했다.

1. 느림의 영성
2. 리더의 진정성
3. 표면 아래를 다루는 제자훈련
4. 건강한 공동체
5. 사랑 가득한 결혼생활과 싱글생활
6. 모든 사람이 전임 사역자

각 특징을 정리해 놓았다. 각 특징에 관한 설명 뒤에 간단한 평가 도구가 이어진다. 그 다음은 개인적인 반성과 그룹 토론을 위한 질문들이다. 아무쪼록 이 활동을 통해 그 여파가 수세대 이후까지 이어질 만큼 당신 사역의 문화를 철저히 바꿀 용기와 비전을 얻기를 소망한다.

특징1:
삶의 속도를 늦추는 느림의 영성

우리는 예수님과 함께하기 위해 삶의 속도를 늦춘다. 이런 내적 상태는 외적 활동이 흘러나오는 원천이다.

인생을 변화시키는 교회 문화 속에서는 사람들이 정신없는 세상 문화의 속도를 따라 살기를 거부한다. 대신, 더 느리고 신중한 리듬대로 산다. 매일 성경 읽기, 침묵, 혼자만의 시간을 통해 예수님과 교제할 시간을 따로 떼어놓는다. 하나님을 위한 일이 하나님과 함께하는 상태에서 흘러나온다.

그 결과, 안식일 준수와 분별 같은 다른 영적 훈련들도 꾸준히 실천함으로 남들의 영성에 기대지 않고 스스로 예수님과의 개인적인 관계를 가꿀 줄 알게 된다. 2천 년의 교회 역사와 다른 교단들로부터 느림의 영성의 여러 방식들을 기꺼이 배우고 받아들인다. 예수님 안에 거하지 않으면 개인적으로나 공동체로서나 오래 가는 열매를 맺는 것이 불가능함을 늘 깊이 인식하고 살아간다.

평가

당신이 속한 공동체의 문화는 느림의 영성의 특징을 갖고 있는가?
맞는 답에 동그라미를 치고, 그렇게 답한 이유를 간단히 설명해 보라.

1	2	3	4	5	6	7	8	9	10
전혀 그렇지 않다.									매우 그렇다.

반성과 토론을 위한 질문들

• 당신이 속한 공동체의 문화가 어떤 면에서 속도를 늦춰 예수님과의 관계를 가꾸는 데 도움이 되는가? 속도를 늦추는 데 걸림돌이 되는 것은 무엇인가?

• 잠시 지난 한 달간 당신의 일과 리더십을 돌아보라. 어떤 면에서 느림의 영성의 특징이 가장 두드러지게 나타났는가? 예를 들어, 당신의 태도나 행동과 삶의 속도 등을 돌아보라. 느림의 영성의 부재를 가장 분명히 보여 준 영역은 무엇인가?

특징 2 :
정서적으로 건강한 리더의 진정성

우리는 실제 자신과 다른 사람인 척하지 않는다. 인생을 변화시키는 교회 문화 속에서는 리더들(목회자와 평신도 사역자)이 약함의 삶을 살기 위해 노력한다. 가식이나 이미지 관리를 하지 않는다. 혼자 있을 때나 남들과 함께 있을 때나 한결같은 모습을 보이기 위해 노력한다. 가장 중요하고도 가장 어려운 과제 중 하나가 자기 자신을 이끄는 것임을 분명히 이해한다. 하나님과 함께하는 깊은 내적 삶이 하나님을 위한 외적 일에 자양분을 공급해야 하기 때문이다.

그래서 그들의 리더십은 권력욕, 남들의 인정, 세상이 말하는 성공 같은 불순한 동기로 이루어지지 않는다. 그들은 누구나 편하게 질문을 던지고 유용한 의견을 내놓을 수 있도록 자신의 삶과 리더십을 통해 안전한 환경을 조성한다. 또한 하나님의 뜻을 분간하고 적절한 한계를 정해서 상황에 따라 남들의 요청을 적절히 거절할 줄 안다.

평가

당신이 속한 공동체의 문화는 리더의 진정성이라는 특징을 가지고 있는가?
맞는 답에 동그라미를 치고, 그렇게 답한 이유를 간단히 설명해 보라.

1	2	3	4	5	6	7	8	9	10

전혀 그렇지 않다.   매우 그렇다.

반성과 토론을 위한 질문들

· 다음 진술을 완성해 보라.

  _____ 면에서 우리의 문화는 직간접적으로 가식을 용인하고 이미지 관리를
  은근히 권장한다.

  _____ 면에서 우리의 문화는 투명성과 약함의 삶을 권장한다.

· 삶이나 리더십의 어떤 측면에서 당신은 진실의 일부를 얼버무리거나 자신의
  약점을 감추거나 부정적인 감정을 부인하거나 자신을 실제보다 낫게 포장하
  고 싶은 유혹을 가장 강하게 느끼는가?

특징 3 :
표면 아래를 다루는 제자훈련

모르는 것은 바꿀 수 없기 때문에 우리는 자기인식을 기른다. 인생을 변화시키는 교회 문화 속에서는 누구도 교회 출석, 소그룹 참여, 섬김 같은 외적 활동을 기반으로 사람이 성숙해진다고 생각하지 않는다. 성숙이 십자가에 달리신 예수님을 따르는 느리고도 고된 과정 속에서 이루어진다는 점을 모두가 이해한다. 그래서 리더들은 교인들이 어린 시절 가정과 문화에서 비롯한 건강하지 못하거나 파괴적인 패턴에서 벗어나 예수님의 새가족 안에서 다른 삶을 살도록 세심히 가르친다. 교인들은 자신의 과거가 현재에 영향을 미친다는 점을 분명히 이해하고서 표면 아래의 문제점들(악한 성향, 치유되지 않은 상처, 화를 촉발하는 요인들)을 찾아 직면하기 위해 노력한다.

은혜의 복음과 성경의 진리를 삶의 모든 영역에 적용한다. 상실과 한계 속에서 예수님을 만나 그분처럼 남들을 사랑하는 법을 배운다. 방어적인 태도, 남들과의 거리, 가식 등, 흔히 죄로 여기지 않는 죄에 대해서도 죽어야 한다는 점을 이해한다. 물론 거짓말이나 시기 같은 분명한 죄도 경계한다. 동시에 하나님이 마음에 주신 건강한 갈망을 추구하고 아름다움, 자연, 웃음, 음악, 우정 같은 하나님의 좋은 선물을 누릴 줄 안다.

당신이 속한 공동체의 문화는 표면 아래를 다루는 제자훈련의 특징을 가지고 있는가? 맞는 답에 동그라미를 치고, 그렇게 답한 이유를 간단히 설명해 보라.

1	2	3	4	5	6	7	8	9	10
전혀 그렇지 않다.								매우 그렇다.	

반성과 토론을 위한 질문들

• 어떤 면에서 당신이 속한 문화가 프로그램이나 행사, 섬김에 대한 참석률을 그리스도 안에서의 성장 및 변화와 동일시하고 있는가?

• 어떤 이면의 문제들(악한 성향, 약점, 상처, 지난 실패, 자기방어 등)이 최근까지 당신의 리더십에 가장 큰 악영향을 미쳤는가?

특징 4 :
건강한 공동체

　우리는 예수님처럼 남들을 사랑하기 위한 기술과 행동을 있는 힘껏 배운다. 인생을 변화시키는 교회 문화 속에서는 예수님을 사랑한다면서 방어적이고 비판적이고 부담스럽고 공격적으로 구는 것이 얼마나 큰 모순인지를 사람들이 분명히 인식한다. 그래서 리더들은 사람들에게 예수님의 관계법을 가르치고 훈련시킨다. 예를 들면, 분명하고도 예의 바르면서도 솔직하게 말하는 법, 경청하는 법, 기대 사항을 분명히 하는 법을 가르친다. '지저분한 싸움'을 경계하고 협상으로 상황을 해결하는 '깨끗한 싸움'의 방법을 가르쳐야 한다.

　공동체로 모인 만큼 서로의 관점과 선택, 영적 여행을 존중할 줄 알아야 한다. 상대방을 비난하거나 모욕하지 말고 각자 자신의 인생을 책임감 있게 살아가면 된다. 아울러 서로 약한 부분을 고백하고 하나님의 은혜라는 선물을 베풀면서 살아가야 한다. 그럴 때 서로 진정으로 연결될 수 있고, 세상 사람들에게도 똑같은 선물을 줄 수 있다.

평가

당신이 속한 공동체의 문화는 건강한 공동체의 특징을 가지고 있는가?
맞는 답에 동그라미를 치고, 그렇게 답한 이유를 간단히 설명해 보라.

1	2	3	4	5	6	7	8	9	10

전혀 그렇지 않다.   매우 그렇다.

반성과 토론을 위한 질문들

• 모든 문화는 갈등을 다루고 서로 다른 관점들을 조율하는 기본적인 방식을 가지고 있다. 갈등과 이견을 다루는 당신 교회의 기본적인 방식을 3-4개의 단어나 문장으로 표현해 보라. 어떤 면에서 이 방식이 건강한 문화를 보여 주고 있는가? 혹은 건강하지 못한 문화를 보여 주고 있는가?

• 갈등과 이견을 다루는 당신의 기본적인 방식을 서너 단어나 문장으로 표현해 보라. 당신의 방식과 교회 전체의 방식이 어떤 면에서 비슷하고 어떤 면에서 다른가?

특징 5 :
사랑 가득한 결혼생활과 싱글생활

우리는 결혼생활 혹은 싱글생활을 통해 세상을 향한 하나님의 열정적인 사랑을 드러낸다.

인생을 변화시키는 교회 문화 속에서는 얼마나 안정적인지 혹은 그리스도에 대한 헌신이 얼마나 강한지만이 아니라 세상을 향한 하나님의 사랑을 얼마나 잘 보여 주는지에 따라 결혼생활이나 싱글생활을 평가한다. 사람들이 열정적이고 친밀하고 자유롭고 생명을 내어 주는 사랑을 실천한다. 그것은 그리스도와의 연합이 배우자 혹은 주변 사람들과의 연합과 하나로 연결되어 있다는 점을 분명히 이해하기 때문이다.

그리스도와 교회의 친밀한 관계가 남편과 아내의 친밀한 성적 관계 혹은 미혼인 사람의 순결에서 그대로 반영되어야 한다는 점을 이해하고 성에 대해서 거리낌 없이 이야기한다. 자신의 마음을 잘 점검하고 남들을 하나님의 형상에 따라 지음 받은 유일무이하고 더없이 귀한 존재로 여기기 때문에 누구도 자신의 이익을 위해 이용하지 않고 진심으로 사랑해 준다.

평가

당신이 속한 공동체의 문화는 사랑 가득한 결혼생활과 싱글생활의 특징을 가지고 있는가? 맞는 답에 동그라미를 치고, 그렇게 답한 이유를 간단히 설명해 보라.

1	2	3	4	5	6	7	8	9	10

전혀 그렇지 않다.   매우 그렇다.

반성과 토론을 위한 질문들

- 당신이 속한 공동체의 문화가 어떤 면에서 결혼생활과 싱글생활을 둘 다 소명으로, 즉 세상을 향한 하나님의 열정적인 사랑을 보여 주기 위한 2가지 방법으로 인정하고 있는가? 기혼자와 미혼자가 각자의 소명을 잘 감당하도록 어떤 식으로 훈련시키고 있는가?

- 당신의 소명(기혼이나 미혼)이 당신의 리더십에서 어떤 역할을 하고 있는지 간단히 설명해 보라. 당신의 시간 사용은 사역이 아닌 결혼생활/싱글생활이 우선이라는 점을 얼마나 잘 반영하고 있는가?

특징 6 :

모든 사람이 전임 사역자

우리는 모든 신자에게 일터와 매일의 삶 속에서 예수님의 권위로 살 것을 권면한다. 인생을 변화시키는 교회 문화 속에서는 인간을 관중과 소비자로 여기는 세상 문화를 거부한다. 모든 신자가 예수님을 위한 전임사역으로 부름을 받은 것으로 여긴다. 유급으로 일하는 사람이든 무급으로 봉사하는 사람이든 은퇴자이든 상관없이 모든 신자에게는 일상 활동의 모든 영역이 선교지이다. 이 문화에서는 일과 신앙생활을 구분하지 않는다. 모든 일을, 혼란에서 질서를 일으키고 하나님의 나라를 세우는 예배 행위로 본다.

각자 영향력을 발휘하는 영역에서 하나님의 사랑과 후하심을 나타내며 공동체를 세운다. 일과 일상 활동 속에서 예수님을 보여 주고, 제자를 키우는 느리고 고된 과정에 참여한다. 복음의 힘으로 인종주의, 계급주의, 성차별처럼 비인간적인 악에서 비롯한 언어와 태도와 행동에 맞서 싸운다.

평가

당신이 속한 공동체의 문화는 모든 사람이 전임사역자인 특징을 가지고 있는가?
맞는 답에 동그라미를 치고, 그렇게 답한 이유를 간단히 설명해 보라.

1	2	3	4	5	6	7	8	9	10

전혀 그렇지 않다.   매우 그렇다.

반성과 토론을 위한 질문들

• 교인들에게 자신의 사역이 무엇이냐고 물으면 몇 퍼센트나 교회 내에서의 봉사를 언급할까? 몇 퍼센트나 일상 활동을 언급할까? 얼마나 많은 교인이 일과 신앙생활을 구분하고 있는가?

• 모든 사람이 전임사역자라는 사실이 리더로서 당신에게 어떤 과제를 던져 주는가? 그 사실이 어떤 면에서 힘이 되는가?

니케아
신경

교회는 처음 3세기 동안 혹독한 환경을 버텨왔다. 외부에서는 핍박이 거셌고 내부에서는 성경과 상충하는 개념들이 난무했다. 예를 들어, 신약을 보면 바울은 디모데에게 "내게 들은 바 바른 말을 본받아 지키고" 진리를 오류에서 보호하라고 권고한다(딤후 1:13). 교회가 3세기 동안 바른 말로 여겨온 것은 다양한 신경으로 성문화되었다. 그 중 가장 유명한 것이 '사도신경'이다.

콘스탄티누스 대제(Constantine)는 AD 313년 기독교를 공인할 때 로마 제국이 신학적 논쟁, 특히 예수 그리스도의 본질에 관한 이견으로 갈가리 찢어져 있다는 사실을 발견했다. 알렉산드리아교회의 사제 아리우스(Arius)는 예수님이 온전히 하나님이 아니라 하나님에 의해 창조된 존재라고 주장했다. 그때부터 교회, 나아가 제국이 분열되기 시작했다. 이에 콘스탄티누스는 교회 전체의 교리를 확정하기 위해 제국 전역에서 주교들을 소집했다. 그 결과 탄생한 것이 AD 325년의 '니케아 신경'이다. AD 381년, 기존의 신경을 개정하고 확장하기 위해 콘스탄티노플(현재의 이스탄불)에서 두 번째 공의회가 열렸다. 거기서 지금과 같은 니케아 신경 최종본이 확정되었다.

니케아 신경이 그토록 중요한 것은 기독교 정통 신앙을 완벽히 정의한 문서로 1600년간 인정받아 왔기 때문이다. 기독교의 3가지 분파인 로마 가톨릭과 동방정교회, 개신교가 모두 이 '믿음의 규칙'이 기독교 신앙의 경계들을 설정하고 올바른 성경 읽기의 틀을 마련해 주는 것으로 인정하고 있다.

니케아 신경은 단어 하나하나를 더없이 신중히 고르고 많은 의미를 집약시켜 완성한 문서이다. 지금도 매일 수많은 크리스천들이 이 신경을 암송하고 있다. 니케아 신경은 하나님에 관한 우리 믿음의 놀라운 속성과 인류 역사 속에서 하나님이 행하시는 일에 관한 원대한 비전을 돌아보게 만든다.

니케아
신경

우리는 아버지이시며 전능자시요 천지의 보이는 것과 보이지 않는 모든 것을 창조하신 유일하신 하나님을 믿습니다.[1]

우리는 하나님의 독생자이시요 성부에게서 영원하게 출생하신[2] 유일하신 주 예수 그리스도를 믿습니다. 그는 하나님에게서 나오신 하나님, 빛에서 나오신 빛, 참된 하나님에게서 나오신 참된 하나님이십니다. 창조된 것이 아니라 출생하신 분입니다. 성부와 하나의 존재이신 분입니다.[3] 그를 통해 만물이 창조되었습니다. 그는 우리와 우리의 구원을 위해 하늘에서 내려오셨고; 성령의 능력으로 동정녀 마리아에게서 인간으로 태어나셨습니다.[4]

그는 우리를 위하여 본디오 빌라도에게 십자가에 달려 죽으셨고 장사되셨습니다. 하지만 성경대로 3일째 되던 날 다시 살아나셨고 하늘에 올라 아버지의 우편에 앉아 계십니다. 산 자와 죽은 자를 심판하러 영광중에 다시 오실 것이며 그의 나라는 영원할 것입니다.

우리는 성부(와 성자)에게서 나오시어[5] 생명을 주시는 주 성령을 믿습니다. 그는 성부 성자와 함께 경배와 찬양을 받으실 분입니다.[6] 그는 선지자들을 통해 말씀하셨습니다.

우리는 하나의 거룩한 보편적이고 사도적인 교회를 믿습니다.[7]

우리는 죄 용서를 위한 하나의 세례를 인정합니다.[8]

우리는 죽은 자의 부활과 내세의 삶을 고대합니다. 아멘.

주해

1. "우리는 믿습니다": 우리는 우리를 하나의 공동체로서 묶어 주는 신념들을 고백합니다. 우리는 함께 이 신경을 암송합니다. 우리는 이 고백과 진리로 정의되는 사람들입니다.

2. "성부에게서 영원하게 출생하신": 여기서부터 예수님에 관한 고백은 그분이 완벽히 하나님이시라는 점을 분명히 밝히고 있다. 이는 성경에서 나온 표현들로서, 예수님이 "하나님의 독생자"이시라는 단순하면서도 무한히 어려운 진리를 주장하고 있다. 이 언어와 내용은 예수님이 성부가 피조물의 일부로 지으신 분이 아니라 성부 자신의 존재의 연장선이라는 요한복음 1장 1, 2, 14절의 말씀을 근거로 한다. 예수님은 창조된 분이 아니라 성부의 존재를 공유하시는 분이다.

3. "하나의 존재": 성부와 성자의 연합을 의미한다.

4. 이 부분이 신경의 핵심이다. 전능하신 우주의 창조주가 우리를 구원하기 위해 우리 인간의 상태와 역사 속으로 들어오셨다.

5. "성부와 성자에게서 나오시어": 이 짧은 진술은 지금까지도 동방 교회와 서방 교회 사이에 갈등을 일으키고 있다. 이것은 AD 1054년 로마 가톨릭과 동방정교회가 분리된 명백한 이유 중 하나였다.

6. "성령"도 경배와 찬양을 받으실 분이다. 그분은 권능이실 뿐 아니라 인격적 존재이시다. 그분을 성부 성자에 대해서와 같은 식으로 생각해야 한다.

7. "하나의 거룩한 보편적(catholic)이고 사도적인 교회": 여기서 가톨릭(catholic)은 '로마 가톨릭교회'가 아닌 '보편적'을 의미한다. 이는 예수 그리스도의 교회가 특정한 한 교단이나 교회만이 아니라 전 세계에 존재한다는 사실을 지칭한다.

8. "죄 용서를 위한 하나의 세례": 에베소서 4장 5절은 "주도 한 분이시요 믿음도 하나요 세례도 하나요"라고 말한다. 물론 구원은 오직 믿음을 통해 은혜로 얻는 것이다. 하지만 우리 모두는 세례를, 세상을 떠나 용서를 받고 예수 그리스도의 교회의 일부가 되었다는 중요한 표시로 인정한다.

Prologue

1. 아내의 이야기 전체와 이후 15년간 아내가 배운 것들에 관해서는 아내의 책 *The Emotionally Healthy Woman: Eight Things You Have to Quit to Change Your Life* (Grand Rapids, MI: Zondervan, 2014)를 보시오. 피터 스카지로, 《정서적으로 건강한 여성》(두란노 역간).

2. 리더로서의 개인적인 변화에 관해서 더 알고 싶다면 내 책 *The Emotionally Healthy Leader* (Grand Rapids, MI: Zondervan, 2015)를 보시오. 피터 스카지로, 《정서적으로 건강한 리더》(두란노 역간).

__PART 1

Chapter 1

1. Oliver Sacks, *The Man Who Mistook His Wife for a Hat* (New York: Summit Books, 1985), 63-68. 올리버 색스, 《아내를 모자로 착각한 남자》(알마 역간).

2. 오랫동안 많은 연구가 이루어졌다. 최근 몇 십 년간 가장 유명한 연구에는 2008년 윌로우크릭커뮤니티교회(Willow Creek Community Church)에서 발표한 '리빌'(Reveal) 연구와 2015년 발표된 The State of Discipleship: *A Barna Report Produced in Partnership with The Navigators*가 있다. John Jefferson Davis의 *Worship and the Reality of God* (2010)과 Timothy Tennent이 patheos.com에 올린 글 "The Clarion Call to Watered Down Evangelicalism" (2011)은 둘 다 북미 복음주의 교회가 피상적이고 얄팍해서 세상 문화와 구별이 되지 않는다고 평했다.

3. Richard Foster의 *Celebration of Discipline: The Path to Spiritual Growth*는 1978년 처음 출간된 이후로 계속해서 스테디셀러로 남아 있다. 그 책은 이렇게 시작된다. "피상적인 것은 시대의 저주이다 … 오늘날 절박하게 필요한 것은 지적인 사람들이나 재능 있는 사람들이 아니라 깊은 사람들이다." 리처드 포스터, 《영적 훈련과 성장》(생명의말씀사 역간).

4. 나는 수많은 리더들이 개인적으로 깊은 제자훈련을 경험하지 못한 채 남들을 이끌고 있는 안타까운 현실을 다루기 위해 *The Emotionally Healthy Leader*라는 책 한 권을 다 할애했다.

5. 또 다른 좋은 예는, 예수님이 마태의 집에서 식사를 하실 때 바리새인들에게 호세아에 기록된 말씀을 다시 공부하라고 지시하신 일이다(마 9:13).

6. Frederick Dale Bruner, *Matthew: A Commentary*, vol. 1 (Dallas: Word Publishing, 1987), 177-80.

7. Richard J. Foster, *Streams of Living Water: Celebrating the Great Traditions of Christian Faith* (San Francisco: HarperSanFrancisco, 1998), 189. 리처드 포스터, 《생수의 강》(두란노 역간).

8. 초기의 이단 가운데 하나는 가현설(Docetism)이다. 이는 신의 세상과 인간의 세상 사이에 도저히 넘을 수 없는 차이가 있기 때문에 그리스도가 실제로 인간이 되신 것은 아니라는 주장이다. 예수님이 인간처럼 보였을 뿐, 실제로 신성 혹은 신의 정수를 포기하시지는 않았다는 주장이다. Helmut Koester, *History, Culture, and Religion of the Hellenistic Age* (Minneapolis: Fortress Press, 1995), 414를 보시오.

   AD451년 칼케돈 공의회(Council of Chalcedon)에서 교회 리더들은 예수님이 온전한 하나님인 동시에 온전한 인간임을 선언했다. 이것이 성경에 대한 널리 인정되는 역사적 해석이다. 나도 이 해석을 받아들인다. 이 공의회는 말씀이 육신이 되어 우리 가운데 거하신 사건을 통해 하나님이 이 지구를 방문하셨다고 선언했다(요 1:14). 이 공의회는 그리스도의 두 본성이 서로 연관되면서도 서로 혼동되고 충돌되지 않는 것으로 정의했다. Henry Bettenson and Chris Maunder 편집, *Documents of the Christian Church*, 2nd ed. (London: Oxford University Press, 1963), 51을 보시오.

9. 사도 바울은 몸을 인간의 영혼을 덮고 있는 일종의 외피나 버려야 마땅한 영혼의 감옥 정도로 보지 않았다. 바울에게 사람의 몸은 그 사람 자체였다. R.H. Gundry, *Soma in Biblical Theology* (Cambridge: Cambridge University Press, 1976)를 보시오.

10. Dr. Dan B. Allender and Dr. Tremper Longman III, *The Cry of the Soul: How Our Emotions Reveal Our Deepest Questions about God* (Colorado Springs: NavPress, 1994), 24, 25.

11. 교회 역사 내내 죽음에 이르는 7가지 죄악 중 하나는 나태 혹은 무사안일이다. 나태는 단순히 게으른 것만을 말하지 않는다. 엉뚱한 것들로 바쁜 것도 역시 나태다. 그렇다면 기도 생활과 하

나님과 단 둘이 보내는 시간을 위한 노력을 하지 않으려고 하나님의 일에 바삐 매달리는 것을 나태라고 말할 수 있다.

12. 무지의 영향에 관한 흥미로운 학술적 연구를 원한다면 Daniel R. DeNicola, *Understanding Ignorance: The Surprising Impact of What We Don't Know* (Cambridge, MA: MIT Press, 2018)을 보시오.

13. Tara Westover, *Educated: A Memoir* (New York: Random House, 2018), 238. 타라 웨스트오버, 《배움의 발견》(열린책들 역간).

14. 이는 David Bebbington, *Evangelicalism in Modern Britain: A History from the 1730s to the 1980s*의 내용을 정리한 것이다. Mark Noll, *The Rise of Evangelicalism: The Age of Edwards, Whitefield and the Wesleys*와 Dale Irvin and Scott Sunquist, *History of the World Christian Movement, Volume II: Modern Christianity from 1454 to 1900*도 보시오.

15. 교회 역사 속의 다양한 기독교 전통 혹은 지류에 관해 더 알고 싶다면 Richard J. Foster, *Streams of Living Water: Celebrating the Great Traditions of Christian Faith*를 보시오. 포스터는 묵상, 성결, 카리스마, 사회 정의, 복음 전도, 성육신, 이렇게 6개의 굵직한 전통을 다룬다.

16. 나의 좋은 친구인 글로벌 교회 역사학자인 스콧 선퀴스트(Scott Sunquist)는 네 번째 분파가 있다고 주장한다. 아프리카와 중국, 브라질의 '영적 교회들(Spiritual churches)'이 그것이다. "20세기 초반에 형성된 다른 교회들은 … 엄밀하게 보면 경험 측면에서나 신학 측면에서나 오순절파가 아니다. 그 교회들은 기존 교회들(개신교나 가톨릭, 정교회)과 별개로 시작되어 성경의 증언과 성령으로부터 직접 영감으로 얻으려고 했다…" Scott W. Sunquist, *The Unexpected Christian Century* (Grand Rapids, MI: Baker Academic, 2015), 31-35. Timothy C. Tennent, *Theology in the Context of World Christianity: How the Global Church is Influencing the Way We Think About and Discuss Theology* (Grand Rapids, MI: Zondervan, 2007), 17-20도 보시오.

17. 정교회 교회들은 주로 세상의 동쪽에 위치해 있다. 콥트 정교회(Coptic Orthodox Church)(이집트), 시리아 정교회(Syriac Orthodox Church), 러시아 정교회(Russian Orthodox Church), 그리스 정교회(Greek Orthodox Church), 아르메니아 사도 교회(Armenian Apostolic Church)뿐 아니라 이란과 이라크를 비롯해서 아랍 세계 전역에 있는 다른 교회들이 정교회에 속한다.

18. 범위에서 세계적 혹은 보편적으로 인정되는 공의회는 일곱 개뿐이다. AD325년 니케아(Nicea) 공의회, AD381년 콘스탄티노플(Constantinople) 공의회, 431년 에페수스(Ephesus) 공의회, 451년 칼케돈(Chalcedon) 공의회, 553년 2차 콘스탄티노플 공의회, 680년 3차 콘스탄티노플 공의회, 787년 2차 니케아 공의회가 그것들이다. 공의회들에 관해서 가볍게 배우고 싶다면 Justin S. Holcomb, *Know the Creeds and Councils* (Grand Rapids, MI: Zondervan, 2014)를 보시오. 저스틴 홀콤, 《신조를 알면 교회사가 보인다》(부흥과개혁사 역간).

19. 여러 개신교 및 로마 가톨릭 학자들에게서 교회사를 배우고 나니 정교회의 형제자매들에게도 배워야 할 필요성이 느껴진다. 이 차트를 만든 피터 길퀴스트(Peter Gillquist)는 대학생 선교회(Campus Crusade) 간사였지만 1967년 300명의 사람들과 함께 복음주의에서 안티오크 정교회(Antiochian Orthodoxy)로 개종했다. 우리 동네에 사는 한 러시아 정교회 사제는 어느 주일 내게 개신교를 바라보는 정교회의 시각을 이렇게 정리했다. "목사님, 대학에서 예수님을 영접하셨다니

정말 잘하셨습니다. 하지만 이제는 집(정교회)으로 돌아올 때입니다. 우리는 사도들의 신앙을 떠난 적이 없습니다. 하지만 목사님은 참된 교회 밖에 있습니다. 어서 뿌리로 돌아오시지요."

20. 이에 관한 중요한 사례를 원한다면 John H. Coe and Kyle C. Strobel 편집, *Embracing Contemplation: Reclaiming a Christian Spiritual Practice* (Downers Grove, IL: InterVarsity Press, 2019)을 보시오. 이 책은 기독교의 묵상을 성경적으로 역사적으로 깊이 파헤쳐 묵상이 오늘날 우리의 영적 형성에 얼마나 중요한지를 잘 보여 준다.

21. "어디서 시작해야 하지? 나는 교회사를 몰라도 너무 몰라." 이런 사람에게는 Bruce L. Shelley, *Church History in Plain Language*, Fourth Edition (Nashville: Thomas Nelson, 2008, 2013)으로 시작하라고 권하고 싶다. 브루스 셸리, 《현대인을 위한 교회사》(CH북스 역간). 교회의 초기 역사에 관해서 더 알고 싶다면 Thomas C. Oden, The Rebirth of Orthodoxy: Signs of New Life in Christianity; D. H. Williams, Evangelicals and Tradition: The Formative Influence of the Early Church; Bryan M. Litfin, Getting to Know the Church Fathers: An Evangelical Introduction; D. H. Williams, Retrieving the Tradition and Renewing Evangelicalism: A Primer for Suspicious Protestants를 보시오.

22. 신학적 차이들을 다룰 때 자주 인용되는 금언은 "본질적인 것에서는 연합을, 비본질적인 것에서는 자유를, 모든 일에서 사랑을"이다.

23. Helmut Koester, *Introduction to the New Testament: History and Literature of Early Christianity*, vol. 2 (New York: Walter de Gruyter & Co., 1982, 2000), 77-78.

_ _ PART 2

Chapter 3

1. 적극적인 삶(외적 일)과 묵상적인 삶(내적 상태)을 비교한 글은 기독교 역사의 모든 세대에서 나타난다. 거의 교회 역사 내내, 하나님의 사랑에만 집중하는 묵상적인 삶(내적 상태)을 남들을 섬기는 적극적인 삶(외적 일)보다 더 중요하게 여겼다. 하지만 14세기에 신학자 토마스 아퀴나스(Thomas Aquinas)는 처음으로 묵상에서 흘러나오는 적극적인 삶이 가장 고귀하면서도 가장 어려운 소명이라고 주장했다. Thomas Aquinas, Summa Theologica, Second and Revised Edition, "Question 182," Fathers of the English Dominican Province, 번역. (1920), 토머스 아퀴나스, 《신학대전》; Kevin Knight의 New Advent에서 개정 편집 (2017), https://www.newadvent.org/summa/3182.htm.

2. 기독교 초기의 학습(catechumenate)에 관해 방대하고도 훌륭한 학술 자료가 존재한다. Michel Dujarier, A History of the Catechumenate: *The First Six Centuries*, Edward J. Haasl 번역 (New York: Sadlier, 1979); Alan Kreider, *The Change of Conversion and the Origin of Christendom* (Eugene,

OR: Wipf & Stock, 1999); Robert Louis Wilken, "Christian Formation in the Early Church," *Educating People of Faith: Exploring the History of Jewish and Christian Communities*, John Van Engen (Grand Rapids, MI: Eerdmans, 2004), 48-62; Gerald L. Sittser, *Resilient Faith: How the Early Christian "Third Way" Changed the World* (Grand Rapids, MI: Baker Publishing, 2019), 155-78을 보시오.

3. 초대 교회가 북아프리카에서 어떻게 '배교' 문제로 골머리를 썩였는지 자세히 알고 싶다면 David E. Wilhite, *Ancient African Christianity* (New York: Routledge, 2017), 141-60을 보시오. 제럴드 싯처, 《회복력 있는 신앙》(성서유니온선교회 역간).

4. "여성들은 어떤가?"라고 묻는다면, 안타깝게도 옛 시대는 남성 중심 사회였기 때문에 여성들이 남성들처럼 일할 기회는 거의 없었고, 여성들이 기여한 일이 있어도 대개 주목하거나 기록으로 남기지 않았다. 하지만 몇 가지 사례는 알려져 있다. 예를 들어, 대 바실리우스와 니사의 그레고리우스(Gregory of Nyssa)의 누이 성녀 마크리나(Macrina the Younger)(324-79년)는 그녀의 가문에서 최고의 신학자로 여겨졌다. 이집트의 일부 공동체들은 여성이 5천 명이나 있고 여성들이 리더로서 이끌었다. 초대 교회의 여성들에 관해서 자세히 알고 싶다면 Lynn H. Cohick and Amy Brown Hughes, *Christian Women in the Patristic World: Their Influence, Authority, and Legacy in the Second through Fifth Centuries* (Grand Rapids, MI: Baker Academic, 2017).

5. Richard Rohr, https://cac.org/what-is-the-false-self-2017-08-07/를 보시오.

6. M. Robert Mulholland Jr., *The Deeper Journey: The Spirituality of Discovering Your True Self* (Downers Grove, IL: InterVarsity Press, 2006). M. 로버트 멀홀랜드, 《예수의 길에서 나를 만나다》(살림출판사 역간). 이런 결과에 관한 자세한 분석을 원한다면 2장과 3장을 보시오. 하나님을 알기 위해 자신을 아는 것을 더 자세히 다룬 내 책 *Emotionally Healthy Spirituality* 4장도 보시오. 피터 스카지로, 《정서적으로 건강한 영성》(두란노 역간).

7. David Benner, *The Gift of Being Yourself: The Sacred Call to Self-Discovery* (Downers Grove, IL: InterVarsity Press, 2004), 91. 데이비드 배너, 《나, 주님의 사랑에 안기다》(생명의말씀사 역간).

8. 사막으로 들어갔던 토머스 머튼(Thomas Merton)은 세상을 이렇게 보았다. "난파되어 모든 사람이 살기 위해 헤엄을 쳐야 하는 상황 … 이들은 사회의 주의와 가치를 수동적으로 받아들이며 표류하는 것을 지독한 재난으로 여긴 사람들이었다." Thomas Merton, *The Wisdom of the Desert: Sayings from the Desert Fathers of the Fourth Century* (Boston: Shambhala, 1960, 2004), 1-2, 25-26을 보시오. 323년 파코미우스는 최초의 수도원 공동체를 세우고 공동생활을 위한 분명한 구조를 정했다. 그 뒤로 다른 수도회들이 점차 생겨났다(개중에는 수도원을 수천 개나 세운 수도회들도 있었다). 수도원 운동의 정점은 이탈리아에서 발생한 베네딕투스(Benedict)의 수도회다. 베네딕투스는 '성 베네딕투스의 규칙'(Rule of Saint Benedict)을 중심으로 공동체를 세웠다.

9. John Wortley, 편집과 번역, *The Book of the Elders: Sayings of the Desert Fathers* (Collegeville, MN: Liturgical Press, 2012), 15.

10. Benedicta Ward, 번역, *The Sayings of the Desert Fathers: The Alphabetical Collection* (Kalamazoo, MI: Cistercian Publications, 1975), 9.

11. Anselm Gruen, *Heaven Begins within You: Wisdom from the Desert Fathers* (New York: Crossroad, 1999). 사막 교부들의 영성에 관한 통찰과 "이 땅의 영성(earthy spirituality)"이란 표현에 대해 Gruen에게 감사한다.

12. 세상적인 그림자를 직시하고 다루는 것에 관해서 더 알고 싶다면 내 책기 *The Emotionally Healthy Leader* 2장을 보시오.

13. Robert E. Sinkewicz, *Evagrius of Pontus: The Greek Ascetic Corpus* (New York: Oxford University Press, 2003), Maxims 2, Maxim 2, 230.

14. 신약에 나타난 감정들에 관해 자세히 알고 싶다면 Matthew A. Elliot, *Faithful Feelings: Rethinking Emotion in the New Testament* (Grand Rapids, MI: Kregel Publications, 2006)을 보시오.

15. 예일 정서 지능 센터(Yale Center for Emotional Intelligence) 센터장이 쓴 한 책이 사회 과학과 연구의 관점에서 인간 감정들을 쉽고도 자세히 분석하고 있다. *Marc Brackett, Permission to Feel: Unlocking the Power of Emotions to Help Our Kids, Ourselves, and Our Society Thrive* (New York: Macmillan, 2019). 마크 브래킷, 《감정의 발견》(북라이프 역간).

16. Thomas Keating, *Intimacy with God: An Introduction to Centering Prayer* (New York: Crossroads, 1996), 82-84, 54-55. 토머스 키팅, 《하나님과의 친밀》(성바오로출판사 역간).

17. 사막 교부들 중에서 에바그리우스(Evagrius)는 인간 마음의 생각과 욕구들에 관한 전문가로 불린다. 그가 꼽은 여덟 가지 악한 혹은 치명적인 생각은 식탐, 간음, 돈 사랑, 슬픔, 분노, 냉담, 허영, 교만이다. 이 목록은 동방 교회와 서방 교회를 막론하고 중세 내내 신앙생활의 기준점으로 사용되었다. William Harmless, S. J., *Desert Christians: An Introduction to the Literature of Early Monasticism* (New York: Oxford University Press, 2004), 311-1.

18. 침묵 훈련에 관한 좋은 자료가 많다. 우리 웹사이트 www.emotionallyhealthy.org에서 하나님과 단 둘이 보내는 침묵의 시간에 관한 자료들을 주기적으로 업데이트하고 있다. 다음 책들도 추천하고 싶다. Cynthia Bourgeault, *Centering Prayer and Inner Awakening* (Lanham, MD: Cowley Publications, 2004), 신시아 부조, 《마음의 길》(한국기독교연구소 역간), Thomas Keating, *Intimacy with God: An Introduction to Centering Prayer* (New York: Crossroads, 1996).

19. 감정의 관심을 기울이기 위한 좋은 출발점 중 하나는 메스꺼움, 두통, 이빨을 가는 것, 주먹을 꽉 쥐는 것, 손바닥의 땀, 뻣뻣한 목, 다리를 흔들며 바닥을 치는 것, 불면증 같은 스트레스 상황의 육체적 반응을 유심히 살피는 것이다. 수시로 이런 질문을 하라. "지금 내 감정에 관해서 내 몸이 뭐라고 말하고 있는가?" 몸의 반응을 살피는 습관만 길러도 큰 발전이라고 할 수 있다.

20. 매주 안식일을 지키는 습관에 관해서 더 자세히 알고 싶다면 내 책 *Emotionally Healthy Leader*의 5장 "Practice Sabbath Delight"를 보시오.

21. 성무일도에 관해서 더 알고 싶다면 내 책 *Emotionally Healthy Spirituality, 139–50*과 *Emotionally Healthy Spirituality Day by Day: A 40-Day Journey with the Daily Office* (Grand Rapids, MI: Zondervan, 2014)를 보시오. 피터 스카지로, 《하루 묵상》(두란노 역간).

22. 삶의 규칙을 세우는 법에 관해서 더 알고 싶다면 *Emotionally Healthy Leader* 8장 "Go the Next

Step to Develop a Rule of Life"을 보시오. *Emotionally Healthy Leader*, 135-41에도 삶의 규칙 샘플을 소개해놓았다.

Chapter 4

1. H. Richard Niebuhr, *Christ and Culture* (New York: Harper and Row, 1951)와 D. A. Carson, *Christ and Culture Revisited* (Grand Rapids, MI: Eerdmans, 2008)을 보시오.

2. "Americanize," *Merriam-Webster*, https://www.merriam-webster.com/dictionary/Americanize.

3. Frederick Dale Bruner, *Matthew: A Commentary, Volume 2: The Churchbook, Matthew 13–28, Revised and Expanded* (Grand Rapids, MI: Eerdmans, 2004), 147.

4. 복음의 전환성에 관한 Lamin Sanneh의 저작에 깊이 감사한다. 그는 가나 출신의 탁월한 선교 학자이자 신학자로 25년간 예일 대학에서 가르쳤다. 이 주제에 관한 그의 책 Lamin Sanneh, *Whose Religion is Christianity? The Gospel Beyond the West* (Grand Rapids, MI: Eerdmans, 2003)을 추천 한다.

5. 두 권의 탁월한 마태복음 주석서를 펴낸 Frederick Dale Bruner에게 말할 수 없이 큰 빚을 졌 다. 그 책들을 읽으면서 이번 장의 내용에 관한 수많은 통찰을 얻었다. Frederick Dale Bruner, *Matthew: A Commentary, Volume 1: The Christbook, Matthew 1–12, Revised and Expanded* (Grand Rapids, MI: Eerdmans, 2004)와 *Matthew: A Commentary, Volume 2: The Churchbook, Matthew 13–28, Revised and Expanded* (Grand Rapids, MI: Eerdmans, 2004)를 보시오. Grant R. Osborne, *Matthew: Exegetical Commentary on the New Testament* (Grand Rapids, MI: Zondervan, 2019)도 보시 오.

6. "Popular," Cambridge Dictionary, https://dictionary.cambridge.org/us/dictionary/english/popular.

7. 예수님은 헌금, 기도, 금식 같은 영적 활동을 '연기하는 것(위선)'이 얼마나 어리석은 짓인지를 강 해하신 산상수훈에서 이런 언행을 분명히 경고하신다(마 6:1-6).

8. Geri Scazzero, *The Emotionally Healthy Woman: Eight Things You Have to Quit to Change Your Life* (Grand Rapids, MI: Zondervan, 2011) 1장 "Quit Being Afraid of What Others Think"를 보시오.

9. 1979년 출간된 독일어판의 번역본인 Josef Pieper, *Happiness and Contemplation* (South Bend, IN: St. Augustine's Press, 1998)을 보시오. Pieper는 토머스 아퀴나스의 저작을 토대로, 행복을 바라는 인 간의 갈망이 얼마나 끝이 없는지 두려울 정도라고 지적한다. 그의 요지는 우리가 오직 하나님 안에서만 온전히 충족될 수 있는 갈망을 품고 있다는 것이다.

10. Frederick Dale Bruner, *Matthew: A Commentary, Volume 2: The Churchbook, Matthew 13-28*, 814.

11. 갈라디아서 전체가 이 점을 말하고 있으며, 이 주장은 유명한 다음 구절에서 정점에 이른다. "너희는 유대인이나 헬라인이나 종이나 자유인이나 남자나 여자나 다 그리스도 예수 안에서 하나이니라." (갈 3:28). Fleming Rutledge는 자신의 책에서 이 진리를 훌륭하게 다루고 있다. *The Crucifixion: Understanding the Death of Jesus Christ* (Grand Rapids, MI: Eerdmans, 2015), 274-77, 450-53.

12. Frederick Dale Bruner, *Matthew: A Commentary, Volume 1: The Christbook*, Matthew 1-2, 111-13을 보시오.

13. Frederick Dale Bruner, *Matthew: A Commentary: The Christbook, Matthew 1–2*, 112.

14. 우리가 넘을 수 있는 도덕적 경계들에는 가벼운 포르노, 배우자 외 다른 이성과의 가벼운 데이트, 가벼운 중독성 소비, 가벼운 분노, 가장 가까운 관계들을 약간 소홀히 하는 것 등이 포함될 수 있다. 그중 하나님과의 관계가 가장 중요하다. 그런데 해야 할 온갖 일에 얽매이다보면 그 관계를 소홀히 할 수밖에 없다.

15. Gordon D. Fee, *The First Epistle to the Corinthians: The New International Commentary of the New Testatment* (Grand Rapids, MI: Eerdmans, 1987), 3.

16. 십자가가 세상의 성공 기준을 완전히 뒤엎었다는 갈라디아서 6장 14절에 관한 훌륭한 강해를 찾는다면 F. F. Bruce, *The Epistle to the Galatians: A Commentary on the Greek Text* (Grand Rapids, MI: Eerdmans, 1982), 270-73을 보시오.

17. 골로새서 1장 24절을 보시오. 이 구절에서 바울은 이렇게 말한다. "나는 이제 너희를 위하여 받는 괴로움을 기뻐하고 그리스도의 남은 고난을 그의 몸된 교회를 위하여 내 육체에 채우노라." 빌립보서 1장 29절에서는 이렇게 말한다. "그리스도를 위하여 너희에게 은혜를 주신 것은 다만 그를 믿을 뿐 아니라 또한 그를 위하여 고난도 받게 하려 하심이라." 고린도전서 4장 8-13절과 고린도후서 4장 7-12절도 보시오. 제자와 리더의 사명을 바라보는 바울의 시각이 얼마나 세상과 다른지를 분명히 확인할 수 있다.

18. Fleming Rutledge, *The Crucifixion*, 69-70.

19. 내 책 *The Emotionally Healthy Leader* 6장 "Planning and Decision Making"에서 이 점을 더 자세히 다루었다.

20. Frederick Dale Bruner, *The Gospel of John: A Commentary* (Grand Rapids, MI: Eerdmans, 2012), 316.

21. Edmund Colledge, O. S. A. and Bernard McGinn, 번역, *Meister Eckhart: The Essential Sermons, Commentaries, Treatises, and Defense* (Mahwah, NJ: Paulist Press, 1981), 288. 마이스터 에크하르트에 관해서 더 알고 싶다면 다음과 같은 책을 추천한다. Bernard McGinn, *The Mystical Thought of Meister Eckhart: The Man from Whom God Hid Nothing* (New York: Crossroad, 2001); Cyprian Smith, OSB, T*he Way of Paradox: Spiritual Life as Taught by Meister Eckhart*, New Edition (London: Short Run Press, 1987, 2004); Oliver Davies, 번역, Meister Eckhart: Selected Writings (New York: Penguin Putnam, Inc., 1994).

22. 나의 내적 괴로움을 포함해서 우리 승계 과정에 관해서 자세히 알고 싶다면 *Emotionally*

Healthy Leader 9장 "Endings and New Beginnings"을 보시오.

23. 우리 승계 과정에 관해서 자세히 알고 싶다면 Scazzero, *The Emotionally Healthy Leader*, 287-298을 보시오.

24. *John Cassian: The Conferences, Boniface Ramsey* 번역 및 주해, O.P. (New York: Paulist Press, 1997), 77-112를 보시오.

Chapter 5

1. Edwin H. Friedman, *Friedman's Fables* (New York: Guilford Press, 1990), 9-13에서 발췌. Guilford Press의 허락 하에 실음. 에드윈 H. 프리드먼, 《프리드먼 우화》(영림카디널 역간).

2. Eugene Peterson, *Under the Unpredictable Plant: An Exploration in Vocational Holiness* (Grand Rapids, MI: Eerdmans, 1994), 17. 유진 피터슨, 《목회자의 소명》(포이에마 역간).

3. 니콜라이 2세(Nicholas II)(1894-1918년)는 26세의 어린 나이에 세상의 거의 1/6을 차지하는 러시아의 황제로 즉위했다. 아버지의 죽음으로 인해 잘 맞지도 않는 자리에 억지로 앉은 니콜라이 2세는 자신이 "비할 데 없는 아버지"라 불렸던 강력한 아버지와는 정반대의 인물이었다. 아버지와 같은 경험이나 권위와 위엄, 당당한 풍채가 없었다. 대신 하나님은 그에게 온화한 성품, 깊은 가족 사랑, 예민한 감수성을 주셨다. 그는 부드러운 말투와 친절한 태도로 인해 황제답지 않다는 비난을 자주 들었다. 한 역사가는 이렇게 말했다. "공직에서 황제의 온화함과 자기주장의 결여는 약점이었다…가족에게는…그것들이 강점이었다."

제국 통치의 요구사항들은 그의 성격에 맞지 않았다. 그는 황제보다 오히려 재단사에 더 어울리는 인물이었다. 그는 집이나 여름 별장에서 아내 및 자녀와 함께 지내는 것을 훨씬 더 좋아했다. 한편, 그의 주변에서 제1차 세계대전의 먹구름이 일어나고 있었고, 1917년에는 레닌(Lenin)의 볼셰비키 혁명이 일어났다. 그는 의무감에 끝까지 버텼지만 왕정 러시아는 결국 무너졌다. 그가 자신이 받은 인생의 대본을 과감히 찢어버리고 리더의 자리를 다른 사람에게 맡겼다면 역사의 방향은 전혀 다른 방향으로 흘러갔을지도 모른다.

4. 이 이야기 전체는 사무엘상 7장 1-29절에 기록되어 있다.

5. 결혼생활과 싱글생활의 한계를 받아들이는 것에 관해서 더 알고 싶다면 내 책 *The Emotionally Healthy Leader* 3장 "Lead Out of Your Marriage or Singleness"를 보시오.

6. 성경은 남성만 센 것이다(남성 5천 명). 학자들은 여성과 아이까지 치면 10,000-15,000명은 족히 넘을 것이라고 추정한다.

7. Martin Buber, *Tales of the Hasidim: The Early Masters* (New York: Schocken, 1975), 251.

8. Søren Kierkegaard, Irvin D. Yalom, *Existential Psychotherapy* (New York: Basic, 1980), 285에 인용.

어빈 얄롬, 《실존주의 심리치료》(학지사 역간).

9. Parker Palmer, *Let Your Life Speak* (San Francisco: Jossey-Bass, 1999), 30-31. 파커 파머, 《삶이 내게 말을 걸어올 때》(한문화 역간).

10. 교인들 중 공격적인 '호랑이들'을 우리에 가두는 법에 관한 좋은 이야기를 듣고 싶다면 내 책 *The Emotionally Healthy Leader* 6장 "Culture and Team Building"을 보시오. Edwin H. Friedman의 DVD, Reinventing Leadership (New York: Guilford, 1996), 42분짜리도 보시오.

11. Geri Scazzero, *The Emotionally Healthy Woman* 6장 "Quit Overfunctioning"을 보시오.

12. Henry Cloud, *Changes That Heal: How to Understand Your Past to Ensure a Healthier Future* (Grand Rapids: Zondervan, 1990), 95. 헨리 클라우드, 《크리스천을 위한 마음 코칭》(생명의말씀사 역간).

13. Michael D. Yapko, *Breaking the Patterns of Depression* (Broadway Books: New York, 2001), 282-86.

14. 이 개념에 관해 더 알고 싶다면 Wendell Berry, *Life Is a Miracle: An Essay Against Modern Superstition* (Washington D.C.: Counterpoint, 2000)을 보시오. 웬델 베리, 《삶은 기적이다》(녹색평론사 역간).

15. *The Emotionally Healthy Spirituality Workbook: Updated Edition* (Grand Rapids, MI: Zondervan, 2017), 11-12 "Guidelines for the *Emotionally Healthy Spirituality Course and the Emotionally Healthy Relationships Course*"와 *The Emotionally Healthy Relationships Workbook: Discipleship that Deeply Changes Your Relationship with Others* (Grand Rapids, MI: Zondervan, 2017), 13-14를 보시오.

16. J.R.R. Tolkein, *Leaf by Niggle* (New York: Harper Collins Publishers, 1964), 31.

Chapter 6

1. Gerald L. Sittser, *A Grace Disguised: How the Soul Grows through Loss* (Grand Rapids, MI: Zondervan, 1995), 18.

2. Gerald L. Sittser, *A Grace Disguised*, 40, 37, 39.

3. John O'Donohue, *Eternal Echoes: Celtic Reflections on Our Yearning to Belong* (New York: HarperCollins, 1999), 3-9를 보시오.

4. 내가 '담'이라고 부르는 영혼의 어두운 밤에 관해서 더 알고 싶다면 내 책 *Emotionally Healthy Spirituality* 4장 "Journey through the Wall"을 보시오.

5. Elisabeth Kubler-Ross, *On Death and Dying* (New York: Simon and Schuster, 1997). 엘리자베스 퀴블러 로스, 《죽음과 죽어감》(청미 역간).

6. Elisabeth Kubler-Ross MD와 David Kessler, *On Grief and Grieving: Finding the Meaning of*

Grief through the Five Stages of Loss (New York: Simon and Schuster, 2005), David Kessler, *Finding Meaning: The Sixth Stage of Grief* (New York: Simon and Schuster, 2019)를 보시오. 엘리자베스 퀴블러 로스와 데이비드 케슬러, 《상실 수업》(인빅투스 역간). 데이비드 케슬러, 《의미 수업》(한국경제신문 사 역간).

7. Bernhard W. Anderson, *Out of the Depths: The Psalms Speak for Us Today* (Philadelphia: Westminster, 1970), 47. 그는 150개 시편 중 30-70퍼센트가 애가라고 설명한다. 그는 적어도 57개의 시편이 개인적인 혹은 집단적인 애가라고 주장한다(46-56페이지를 보시오). 저자 유진 피터슨은 더 높은 숫자를 제시한다. "시편의 70퍼센트가 애가다." Eugene H. Peterson, *Leap Over a Wall: Earthy Spirituality for Everyday Christians* (San Francisco: HarperOne, 1997), 115를 보시오. 유진 피터슨, 《다 윗 : 현실에 뿌리박은 영성》(IVP 역간).

8. Victor Frankl의 말이 이 점을 잘 표현해 준다. "사람에게서 모든 것을 앗아갈 수 있어도 하나만 은 앗아갈 수 없다. 그것은 바로 인간 자유 중 마지막인 어떤 상황에서도 자신의 태도, 자신의 길을 선택할 자유다." Viktor E. Frankl, *Man's Search for Meaning* (Boston: Beacon Press, 1959, 2006), 66. 빅터 프랭클, 《죽음의 수용소에서》(청아출판사 역간).

9. Bessel van der Kolk, MD, *The Body Keeps the Score: Brain, Mind, and Body in the Healing of Trauma* (New York: Penguin Random House, 2014); Peter A. Levine, PhD, In an Unspoken Voice: How the Body Releases Trauma and Restores Goodness (Berkeley, CA: North Atlantic Books, 2010)을 보시오. 베셀 반 데어 콜크, 《몸은 기억한다》(을유출판사 역간).

10. 4과 "Explore the Iceberg", Peter and Geri Scazzero, *The Emotionally Healthy Relationships Workbook and DVD* (Grand Rapids, MI: Zondervan, 2017)을 보시오.

11. 내 멘토 중 한 사람이 이 점을 잘 표현해 주었다. 그에 따르면 감정은 휴가지로 가는 길의 어린 아이와도 같다. 아이를 운전석에 앉혀서도 안 되지만 트렁크에 가둬두어서도 안 된다. 아이의 말을 잘 듣고 돌보고 보호해 주어야 한다. 동시에 때로는 적절한 경계들을 설정하고 가르쳐 주 어야 한다.

12. 신학자이자 저자 월터 부르그만(Walter Brueggemann)은 시편을 올바른 방향(orientation), 방향 상실 (disorientation); 방향 전환(reorientation)의 시편, 이렇게 세 유형으로 나눌 수 있다고 말했다. '올바 른 방향'의 시편에서는 하나님 안에서 누리는 깊은 행복감과 기쁨을 만끽할 수 있다. '방향 상실' 의 시편에서는 상처와 고통, 추방의 시기를 볼 수 있다. 인생의 모든 것이 와르르 무너져서 앞 이 캄캄한 상황이다. 이는 혼란스러운 과도기다. '방향 전환'의 시편에서는 하나님이 개입하셔 서 새로운 일을 행하신다. 이때 기쁨의 빛이 절망을 뚫고 들어온다. Walter Brueggemann, *The Message of the Psalms: A Theological Commentary* (Minneapolis: Augsburg Publishing House, 1984), 9-11. Brueggemann *The Psalms and the Life of Faith*, Patrick D. Miller 편집. (Minneapolis: Augsburg Fortress, 1995)도 보시오.

13. 영혼의 깊은 밤에 관해서 좀 더 자세히 알고 싶다면 내 책 *Emotionally Healthy Spirituality* 4장 "Journey through the Wall"을 보시오.

14. St. John of the Cross, *Dark Night of the Soul*, E. Allison Peers 번역 (New York: Image, Doubleday,

1959).

15. Tertulian, "Of Patience," *New Advent*, 원래 *Ante-Nicene Fathers*에서 출간, vol. 3, S. Thelwall 번역, 이후 Kevin Knight의 *New Advent*에서 개정판 출간, http://www.newadvent.org/fathers/0325.htm. Alan Kreider, "Patience in the Missional Thought and Practice of the Early Church: The Case of Cyprian of Carthage," *International Bulletin of Missionary Research*, vol. 39, no. 4 (October 2015) 220-24, https://journals.sagepub.com/doi/pdf/10.1177/2396939315039004416도 보시오.

16. Alan Kreider, *The Patient Ferment of the Early Church: The Improbable Rise of Christianity in the Roman Empire* (Grand Rapids, MI: Baker Academic, 2016)을 보시오. 그는 처음 300년 동안 교회가 핍박과 압제를 통해서 성장했던 주된 이유 중 하나는 어떤 상황에서도 끝까지 인내하겠다는 결심이었다고 말한다. 그에 따르면 실제로 초기 교부들은 복음 전도보다 크리스천의 인내의 미덕에 관해서 더 많은 글을 썼다고 한다.

17. Barbara Brown Taylor, *Learning to Walk in the Dark* (San Francisco: HarperOne, 2014), 5.

18. Lewis B. Smedes, *The Art of Forgiving: When You Need to Forgive and Don't Know How* (New York: Ballantine, 1996), 137. 루이스 스미디스, 《용서의 미학》(이레서원 역간).

19. Dr. Edith Eger, *The Choice: Embrace the Possible* (London: Rider, 2017), 223-4. 죽음의 수용소에서 생존한 심리학자인 Edith Eger는 90대에 쓴 이 책에서 홀로코스트에서 살아남은 이야기와 수십 년에 걸쳐 얻은 깊은 통찰을 나누고 있다.

20. Cyprian Smith, *The Way of Paradox: Spiritual Life as Taught by Meister Eckhart*, 3rd ed. (London: Darton, Longman and Todd Ltd, 2004), 29-42.

21. Hans Boersma, *Seeing God: The Beatific Vision in Christian Tradition* (Grand Rapids, MI: Eerdmans, 2018), 83-88. 니사의 그레고리우스는 역작 The Life of Moses에서 이에 관해 썼다. 우리는 천국에 들어가 하나님을 대면한 뒤에도 그분 안에서 성장하기를 멈추지 않을 것이다.

22. Henri J. M. Nouwen, *Return of the Prodigal Son: A Meditation on Fathers, Brothers and Sons* (New York: Doubleday, 1992), 120-21. 헨리 나우웬, 《탕자의 귀향》(포이에마 역간).

23. 이 점을 잘 정리한 글을 원한다면 detaching/birthing/breaking-through에 관한 마이스터 에크하르트의 글을 보시오. Bernard McGinn, *The Mystical Thought of Meister Eckhart: The Man from Whom God Hid Nothing* (New York: Crossroad, 2001), 131-47.

Chapter 7

1. Martin Buber, *Between Man and Man* (New York: Routledge, 2002), 16.

2. William E. Kaufman, *Contemporary Jewish Philosophies* (Detroit: Wayne State University Press, 1976), 62-63.

3. 이 사건이 부부에게 미친 영향에 관해서 더 알고 싶다면 Kenneth Paul Kramer with Mechthild Gawlick, *Martin Buber's I and Thou: Practicing Living Dialogue* (Mahwah, N.J.: Paulist Press, 2003), 174-75를 보시오.

4. Martin Buber, *I and Thou*, Walter Kaufmann 번역 (New York: Charles Scribner's Sons, 1970)을 보시오. 마르틴 부버, 《나와 너》. 부버의 풍요롭고도 복합적인 삶과 철학에 관해서 더 자세히 알고 싶다면 Paul Mendes-Flohr, *Martin Buber: A Life of Faith and Dissent* (New Haven, CT: Yale University Press, 2019)도 보시오.

5. 정서적으로 건강한 관계 코스에 관해서 더 많은 정보를 얻고 싶다면 www.emotionallyhealthy.org/lead를 방문하시오.

6. 우리의 삶은 복잡하기 때문에 실제로는 우리가 '나-그것'과 '나-당신' 사이를 오간다는 점을 알아야 한다. 사실, 삶의 반복적인 측면들은 주로 '나-그것' 관계로 이루어진다. 예를 들어, 동네 빵집에서 샌드위치를 주문하고 마트에서 식료품 가격을 지불하고 도서관에 책을 반납하는 반복적인 활동이 그렇다. 따라서 우리의 삶을 '나-그것'과 '나-당신'의 선상에서 끊임없이 양쪽을 오가는 것으로 보는 편이 적절하다.

7. Martin Buber, *I and Thou*, 5.

8. Kenneth Paul Kramer with Mechthild Gawlick, *Martin Buber's I and Thou*, 32.

9. David G. Benner, *Soulful Spirituality: Becoming Fully Alive and Deeply Human* (Grand Rapids, MI: Brazos, 2011), 127. David G. Benner, *Presence and Encounter: The Sacramental Possibilities of Everyday Life* (Grand Rapids, MI: Brazos, 2014)도 보시오.

10. Henri J. M. Nouwen, *Out of Solitude: Three Meditations on the Christian Life* (New York: Ave Maria Press, 1974), 36. 헨리 나우웬, 《나 홀로 주님과 함께》(아침 역간).

11. 첨단기술이 우리의 관계에 미치는 영향에 관해서 자세히 알고 싶다면 Sherry Turkle, *Reclaiming Conversation: The Power of Talk in a Digital Age* (New York: Penguin Random House, 2015)를 보시오.

12. Fleming Rutledge, *The Crucifixion*, 577-1.

13. Karl Barth, *Church Dogmatics, Volume 3, The Doctrine of Reconciliation: Part One* (Edinburgh: T&T Clark, 1956), 231-4.

14. Martin Buber, *Meetings: Autobiographical Fragments* (New York: Routledge, 1967, 2002), 22.

15. Kenneth Paul Kramer with Mechthild Gawlick, *Martin Buber's I and Thou*, 46, 101. 이것이 흥미로운 예 중 하나를 양육 관계에서 찾아볼 수 있다. 예를 들어, 내향적인 부모가 극도로 외향적인 아들이나 딸을 낳을 수 있다. 이 '잘못된 만남'은 평생의 좌절과 괴로움으로 이어질 수 있다. 그러다 보면 결국 부모는 자녀를 그것으로 대하게 될 수 있다.

16. Gregory A. Boyd, *Repenting of Religion: Turning from Judgment to the Love of God* (Grand Rapids:

Baker Books, 2004)를 강력한 추천한다. 성경과 디트리히 본회퍼의 저작을 바탕으로 한 이 책은 원죄에 대한 심판과 성경의 중심 명령인 사랑을 포괄적으로 다룬 책이다. 이 책은 사람들을 비판 없이 사랑하는 것과 거룩한 사람이 되는 것 사이의 균형에 관한 매우 유익한 장으로 마무리된다.

17. Thomas C. Oden, *The Rebirth of Orthodoxy: Signs of New Life in Christianity* (New York: HarperCollins, 2003)과 성경적인 정통 신앙을 향한 그의 여정을 기록한 *A Change of Heart: A Personal and Theological Memoir* (Downers Grove, IL: InterVarsity Press, 2014)를 보시오. D. H. Williams, *Evangelicals and Tradition: The Formative Influence of the Early Church* (Grand Rapids, MI: Baker Books, 2005)도 보시오.

18. John Calvin, *Institutes of the Christian Religion*, John T. McNeill 편집, Ford Lewis Battles 번역 (Philadelphia: Westminster, 1960), 273-74. 장 칼뱅, 《기독교 강요》.

19. Richard J. Mouw, *Restless Faith: Holding Evangelical Beliefs in a World of Contested Labels* (Grand Rapids, MI: Brazos, 2019), 131-32를 보시오.

20. 우리가 사는 세상은 점점 더 다원화되어가고 있다. 이제 우리는 이슬람교도, 힌두교도, 불교도, 무신론자, 정통 유대교도, 복음주의에서 이탈한 신자들까지 다양한 부류와 이웃하며 살아가고 있다. 예를 들어 Terry Muck and Frances S. Adeney, *Christianity Encountering World Religions: The Practice of Mission in the Twenty-First Century* (Grand Rapids, MI: Baker Books, 2009)를 보시오. 풀러신학교(Fuller Theological Seminary) 총장을 지낸 저명한 복음주의 학자 리처드 마우(Richard Mouw)는 여러 기독교 전통의 인사들뿐 아니라 모르몬교도와도 많은 대화를 나누었다. Richard J. Mouw, *Talking with Mormons: An Invitation to Evangelicals* (Grand Rapids, MI: Eerdmans, 2012)를 강력히 추천한다. 종교간 대화에 관한 좋은 가이드라인을 제시한 Dialogue Institute의 "Dialogue Principles" (https://dialogueinstitute.org/dialogue-principles)도 보시오.

21. Ronald Rolheiser, *The Holy Longing: The Search for a Christian Spirituality* (New York: Doubleday, 1999), 76-77.

22. David Augsburger, *Caring Enough to Hear and Be Heard: How to Hear and How to Be Heard in Equal Communication* (Scottdale, PA: Herald, 1982), 12.

23. 대인관계 신경생물학(interpersonal neurobiology) 분야의 저작들이 많이 다루어온 '동조'(attunement) 개념에 관해서 더 자세히 알고 싶다면 Daniel J. Siegel, *Mindsight: The New Science of Personal Transformation* (New York: Bantam Books, 2010), 27을 보시오. 대니얼 J. 시겔, 《마음을 여는 기술》 (21세기북스 역간).

24. 성육신적 경청을 실제로 어떻게 할지 알고 싶다면 Pete and Geri Scazzero, *The Emotionally Healthy Relationships Course: Discipleship that Deeply Changes Your Relationship with Others* (Grand Rapids, MI: Zondervan, 2017)을 활용하시오. workbook 5과 "Listen Incarnationally"와 단계별 과정을 보여 주는 DVD도 활용하시오.

25. 건강한 자기 인식을 기르는 것에 관해서 더 알고 싶다면 Geri Scazzero, *The Emotionally Healthy Woman: Eight Things You Have To Quit to Change Your Life*, 63-87을 보시오.

26. 살인자의 실명을 포함해서 다른 세부 사항들은 영화에서 변경되었다. 이 이야기를 영화에서 그린 대로 소개했지만 책을 읽어볼 것을 강력히 추천한다. Sister Helen Prejean, *Dead Man Walking: The Eyewitness Account of the Death Penalty that Sparked a National Debate* (New York: Vintage Books, 1993).

27. John Paul Lederach, "Advent Manifesto: Does My Soul Still Sing?", *On Being*, 2018년 12월 11 일, https://onbeing.org/blog/advent-manifesto-does-my-soul-still-sing/.

Chapter 8

1. 죄는 우리의 행동만이 아니라 우리의 삶에 영향을 미치는 힘도 지칭한다(롬 6-8). 죄의 힘은 우리를 옭아매고 우리 안에 깊이 뿌리를 틀고 있어서 우리가 그 사악한 힘에서 해방되기 위해서는 하나님의 아들이 십자가에 못 박혀 돌아가셔야 했다. 우리의 의지력을 비롯해서 인간의 그 어떤 능력으로도 이 힘을 극복할 수 없다. 죄를 힘으로 다룬 바울의 글에 관한 주해는 Fleming Rutledge, *The Crucifixtion*, 167-204를 보시오.

2. 내가 그랬듯이 다소의 사울처럼 극적인 회심을 경험한 사람들도 있지만 대부분은 오랜 과정과 기간 중 어느 시점에 회심을 경험한다. 그런가 하면 특히 어릴 적부터 교회에 다닌 사람들의 경우, 회심 시점을 특정하기 어려울 수도 있다. 하지만 상관없이 똑같이 예수님 안에서 거듭남을 경험한 것이다.

3. Rodney Clapp, *Families at the Crossroads: Beyond Traditional and Modern Options* (Downers Grove, IL: InterVarsity Press, 1993)을 보시오.

4. Paul Minear, *Images of the Church in the New Testament, New Testament Library* (Louisville, KY: Westminster John Knox Press, 2004)를 보시오.

5. Ray S. Anderson and Dennis B. Guernsey, *On Being Family: A Social Theology of the Family* (Grand Rapids, MI: Eerdmans, 1985), 158.

6. 이 현상은 1987년 Frank White의 책 *The Overview Effect: Space Exploration and Human Evolution*, 3rd ed. (Reston, VA: American Institute of Aeronautics and Astronautics, 2014)에서 처음 소개되었다. 이 현상에 관해서 더 자세히 알고 싶다면 이 현상을 직접 경험한 우주비행사 등과의 인터뷰를 통해 이 현상을 탐구한 짧은 다큐멘터리 영화 The Overview Effect (https://vimeo.com/55073825)를 보시오.

7. 또 다른 사례는 James Irwin이다. 그는 이렇게 말했다. "마침내 (지구가) 공깃돌 크기로 축소되었다. 인간이 상상할 수 있는 가장 아름다운 공깃돌이다. 이것을 본 사람은 변할 수밖에 없다. 하나님의 피조물과 그분의 사랑에 감사할 수밖에 없게 된다." Kevin W. Kelley, *Association of Space Explorers*의 의뢰로 기획하고 편집한 책, *The Home Planet* (Massachusetts: Addison Wesley

Publishing Company, 1988), 38. 우주선 조종사 Don. L. Lind는 이렇게 말했다. "지식적으로는 완벽히 준비했다. 하지만 감정적인 충격에 대해서는 준비할 길이 없다. Frank White, *The Overview Effect: Space Exploration and Human Evolution*, 3rd ed. (Reston, VA: American Institute of Aeronautics and Astronautics, 2014), 27을 보시오. 가계도를 통해 자신의 역사를 볼 때의 충격이 이와 같다.

8. 더 자세히 알고 싶다면 Monica McGoldrick and Randy Gerson, *Genograms in Family Assessment* (New York: W. W. Norton, 1986)을 보시오.

9. Scazzero, *The Emotionally Healthy Relationships Course*, workbook에서 3과 Session 3, "Genogram Your Family"와 단계별 과정을 보여 주는 DVD를 활용하시오. www.emotionallyhealthy.org/team에서 우리 팀이 변화된 동영상들도 보시오. 당신의 팀이 이 여행을 시작하는 데 도움이 될 것이다. 이 동영상들을 바탕으로 가계도를 그리고 과거가 당신과 당신의 팀, 당신의 리더십에 어떤 영향을 미치고 있는지 점검해 보길 바란다.

10. 교회의 배경에서 과기능(overfunctioning)과 저기능(underfunctioning)을 자세히 다룬 자료를 원한다면 Ronald Richardson, *Creating a Healthier Church: Family Systems Theory, Leadership, and Congregational Life* (Minneapolis: Augsburg Fortress, 1996), 133-37을 보시오. 로널드 리처드슨, 《교회는 관계 시스템이다》(국제제자훈련원 역간). ; Edwin H. Friedman, *Generation to Generation: Family Process in Church and Synagogue* (New York: The Guilford Press, 1985), 210-12도 보시오.

11. Walter Brueggemann, *Genesis: Interpretation: A Bible Commentary for Teaching and Preaching* (Atlanta: John Knox Press, 1982), 376.

12. Margaret Silf, *Inner Compass: An Invitation to Ignatian Spirituality* (Chicago: Loyola Press, 1999), 165-66.

13. *The Emotionally Healthy Leader* podcast on "Growing Older in the New Family of Jesus: Part 1 and 2," www.emotionallyhealthy.org/podcast.

14. 모세는 자신이 힘든 과정을 통해 배운 교훈을 바탕으로 이스라엘 백성들이 약속의 땅에 도착했을 때 그곳에서 어떻게 살아야 할지를 가르쳤다. Peter C. Craigie, *The Book of Deuteronomy: The New International Commentary on the Old Testament* (Grand Rapids, MI: Eerdmans, 1976)을 보시오.

15. 나이 듦, 특히 나이 듦의 신학에 관해서 제대로 알고 싶다면 다음과 같은 책을 추천한다. J. Ellsworth Kalas, *I Love Growing Older, but I'll Never Grow Old* (Nashville: Abingdon Press, 2013); Daniel J. Levitin, *Successful Aging: A Neuroscientist Explores the Power and Potential of Our Lives* (New York: Penguin Random House, 2020). 대니얼 J. 레비틴, 《석세스 에이징》(와이즈베리 역간).

16. 이 예화 이면의 개념은 Dr. Ronald W. Richardson, *Family Ties that Bind: A Self-Help Guide to Change through Family of Origin Therapy* (Bellingham, WA: Self Counsel Press, 1984), 35-39에서 차용한 것이다.

17. 정서적으로 건강한 관계 코스는 이 목적을 위해 거의 20년간에 걸쳐 개발된 것이다. 이 코스는 공동의 문화와 언어를 구축하기 위한 틀을 제공하고 여덟 가지 핵심적인 관계 기술을 가르쳐준다. 더 많은 정보를 얻고 싶다면 www.emotionallyhealthy.org를 방문하시오.

18. 이 개념을 한 차원 더 확장하면, 우리 교회들이 위치한 국가의 긍정적인 유산과 부정적인 유산도 고려해야 한다. 나아가 가부장제나 성차별, 인종차별 같은 더 넓은 범위의 유산들이 우리에게 미치는 영향도 고려해야 한다.

19. Dr. Ronald W. Richardson, *Family Ties that Bind*, 35에 인용.

Chapter 9

1. "Vulnerable," Merriam-Webster, https://www.merriam-webster.com/dictionary/vulnerable.

2. Erik Larson, *Isaac's Storm: A Man, a Time, and the Deadliest Hurricane in History* (Westminster, MD: Crown, 1999).

3. 약함과 불완전에 관한 연구를 선도하는 학자 중 한 명인 브레네 브라운은 자신을 방어하기 위해 사용했던 20톤 무게의 방패를 이야기한다. Brené Brown, *The Gifts of Imperfection: Let Go of Who You Think You're Supposed to Be and Embrace Who You Are* (Center City, MN: Hazelden Publishing, 2010)을 보시오.

4. Hans Boersma, *Seeing God: The Beatific Vision in Christian Tradition* (Grand Rapids, MI: Eerdmans, 2018)을 보시오.

5. Frederick Dale Brunner, *The Gospel of John: A Commentary* (Grand Rapids, MI: Eerdmans, 2012), 596.

6. 고백자 막시무스(Maximus the Confessor)(AD 580-662년)는 이 텍스트를 근거로 예수님이 인성과 신성을 동시에 지니셨다고 주장한 죄로 다시는 글을 쓰지 못하도록 오른손이 잘리고 다시는 가르치지 모사도록 혀가 뽑히는 형벌을 받았다. 이 놀라운 이야기에 관해서 더 알고 싶다면 Robert Louis Wilkins, *The Spirit of Early Christian Thought: Seeking the Face of God* (New Haven, CT: Yale University Press, 2003), 110-35와 George Berthold, *Maximus Confessor: Selected Writings, Classics of Western Spirituality* (New York: Paulist Press, 1983)을 보시오.

7. Polycarp, *Early Christian Fathers*, Cyril C. Richardson 편집 및 번역 (New York: Macmillan, 1970), 152-53에 인용.

8. Frederick Dale Bruner, *Matthew: A Commentary: The Churchbook, Matthew* 13-28, 649.

9. Thomas E. Reynolds, *Vulnerable Communion: A Theology of Disability and Hospitality* (Grand Rapids, MI: Brazos, 2018), 14에 인용. 1990년 미국 장애인법(Americans with Disabilities Act)(ADA)에서 정의한 육체적 혹은 정신적 장애를 우리 모두가 갖고 있는 보편적인 장애의 상태를 구분할 필요성이 있다. Thomas Reynolds는 *Vulnerable Communion*에서 이 둘을 구분해서 설명해 준다. 미국 장애인법은 장애를 이렇게 규정한다. 1)개인의 주요 활동을 한 가지 이상 상당히 제한하는 육체적 혹은 정신적 손상, 2)그런 손상의 이력, 3)그런 손상을 가진 것으로 여겨지는 상태.

10. 갈라디아서 3장 21-25절을 보시오.

11. 바울의 영적 발전에 관한 이 통찰은 오래 전 한 집회에서 목사이자 신학자인 Jack Deere에게 얻은 것이다.

12. 킨츠기의 역사와 기술에 관한 글과 동영상이 많이 나와 있다. 좋은 입문서 중 하나는 Celine Santini, *Kintsugi: Finding Strength in Imperfection* (Kansas City, MO: Andrews McMeel Publishing, 2019) 이다.

13. 킨츠기에 관한 좋은 동영상을 보려면 https://vimeo.com/3304 93 356 /2dbc2e98c5를 보시오.

14. 약함으로 이끄는 것에 관한 훌륭한 자료 중 하나는 Dr. Dan B. Allender, *Leading with a Limp: Take Full Advantage of Your Most Powerful Weakness* (Colorado Springs: Waterbrook Press, 2006)이다. 댄 알렌더, 《약함의 리더십》(복있는사람 역간).

15. 클레르보의 베르나르(Bernard of Clairvaux)(1090-1153년)의 삶에서 이에 관한 좋은 이야기 하나를 발견할 수 있다. 프랑스의 한 시토회 수도원 원장이었던 그는 당시 가장 위대한 크리스천 리더로 불렸다. 영적 아들인 외젠 3세(Eugene III)가 교황이 되었을 때 베르나르는 그의 내적 삶이 교황의 책임을 감당할 만큼 영글지 못했다는 점을 깊이 걱정했다. 그래서 그에게 이렇게 경고했다. "주변의 온갖 요구에 정신이 팔려 마음이 완악해지지 않도록 그것들을 멀리하십시오. 이런 상황이 두렵지 않다면 이미 마음이 완악해진 것입니다." *Bernard of Clairvaux: Selected Works, Classics of Western Spirituality*, G. R. Evans 편집 및 번역 (Mahway, NJ: Paulist, 1987), 173-205를 보시오.

16. Henri J. M. Nouwen, *The Return of the Prodigal Son: A Meditation on Fathers, Brothers, and Sons* (New York: Doubleday, 1992), 39-40, 51.

Epilogue

1. 엄밀히 말하면 특별한 프로그램을 설치해서 한 운영체제 전용 프로그램을 다른 운영체제에서 가용하는 것이 가능하기는 하다. 하지만 추가적인 프로그램 없이는 불가능하다.

2. 세스 고딘(Seth Godin)의 통찰, 특히 '운영체제'에 관한 팟캐스트에 감사한다. 이 팟캐스트에서 그는 운영체제의 비유를 도시, 법, 박물관, 조직 문화에 적용한다. 특히 운영체제가 다른 운영체제들과 상호작용하면서 변할 수 있는 설명이 마음에 든다. 정서적으로 건강한 제자훈련이라는 운영체제도 그렇게 되기를 원한다. 앞으로 더 좋게 변화되기를 기대한다. 이 주제에 관해서 더 알고 싶다면 Seth Godin, "Operating Systems," 2020년 1월 8일, Akimbo: A Podcast from Seth Godin, https://www.listennotes.com/podcasts/akimbo-a-podcast/operating-systems-qW5rMNmf3RF/를 보시오.

3. 이 비유는 Bill Hull, *Conversion and Discipleship: You Can't Have One without the Other* (Grand Rapids, MI: Zondervan, 2016), 184에서 차용한 것이다.

4. Dietrich Bonhoeffer, *The Cost of Discipleship* (New York: Touchstone, 1937), 59.

5. *Celtic Daily Prayer: Prayers and Readings from the Northumbria Community* (New York: HarperCollins, 2002), 19.

부록 A

1. Scott W. Sunquist, *Understanding Christian Mission: Participation in Suffering and Glory* (Grand Rapids, MI: Baker Press, 2013), 244.

2. 이는 문화에 대한 저널리스트 Ken Myers의 정의다. Andy Crouch, *Playing God: Redeeming the Gift of Power* (Carol Stream, IL: InterVarsity Press, 2013), 17에 소개되어 있다.

368